MÉXICO 70

A mais bela Copa do Mundo contada por seus protagonistas

Andrew Downie

MÉXICO 70

A mais bela Copa do Mundo contada por seus protagonistas

Tradução de Liliana Negrello
e Christian Schwartz

Copyright © 2020 Andrew Downie
Copyright desta edição © 2022 Editora Grande Área

Tradução
Liliana Negrello e Christian Schwartz

Preparação
Andressa Bezerra

Revisão
BR75 | Clarisse Cintra

Projeto gráfico de capa e miolo
BR75 | Raquel Soares

Diagramação
BR75 | Catia Soderi

Produção editorial
BR75 | Clarisse Cintra e Silvia Rebello

Ilustrações de miolo
André Bonani

Dados Internacionais de Catalogação na Publicação (CIP)
Angélica Ilacqua CRB-8/7057

D779m Downie, Andrew
      México 70: a mais bela Copa do Mundo contada por seus
      protagonistas/Andrew Downie; tradução de Liliana Negrello,
      Christian Schwartz. Campinas: Editora Grande Área, 2022.
      336 p.

      ISBN: 978-65-88727-19-5

      Título original: The Greatest Show on Earth: The Inside Story
      of the Legendary 1970 World Cup

      1.Copas do Mundo (Futebol) – História 2. Copa do
      Mundo (Futebol) (9.: 1970: México) I. Título II. Negrello,
      Liliana III. Schwartz, Christian

22-1445   CDD 927.96334

Índices para catálogo sistemático:
1.Copas do Mundo (Futebol) – História

Para meu pai e, claro, para Mari

Agradecimentos	9
Prólogo	11
Nota à edição brasileira	15
1. Preparativos pré-Copa	19
2. A fase de grupos: Grupo 1	61
Tabela do grupo	75
3. A fase de grupos: Grupo 2	79
Tabela do grupo	93
4. A fase de grupos: Grupo 3	97
Tabela do grupo	136
5. A fase de grupos: Grupo 4	141
Tabela do grupo	157
6. Quartas de final: União Soviética × Uruguai	161
Informações da partida	166
7. Quartas de final: Itália × México	171
Informações da partida	179
8. Quartas de final: Brasil × Peru	183
Informações da partida	194
9. Quartas de final: Alemanha Ocidental × Inglaterra	199
Informações da partida	227
10. Semifinais: Itália × Alemanha Ocidental	231
Informações da partida	248
11. Semifinais: Brasil × Uruguai	253
Informações da partida	274
12. A final: Brasil × Itália	279
Informações da partida	308
13. O legado do Brasil de 1970	313
Bibliografia	329
Índice onomástico	331

Agradecimentos

Já se passaram mais de cinquenta anos desde a Copa do Mundo de 1970 e há cada vez menos jogadores vivos e suficientemente bem de saúde para compartilhar suas memórias do evento. São ainda mais raros os que concedem entrevistas de graça.

Apesar dessas dificuldades, este livro traz relatos em primeira mão com jogadores dos dezesseis países que participaram da competição. A pandemia da Covid-19 inviabilizou algumas entrevistas cara a cara, e não pude fazer outras pessoalmente em razão da barreira do idioma. Nas ocasiões em que não foi possível me comunicar diretamente com o entrevistado, recorri a uma excelente rede de jornalistas e pesquisadores de todo o mundo. Sem eles, este livro não teria sido possível. Devo-lhes um enorme agradecimento.

Na Itália, Salvatore Riggio foi excepcional com seus contatos e sua rapidez, e Omar Fares Parra, no México, também foi muito prestativo. Walter Arana, no Peru, Alexey Yaroshevsky, na Rússia, Claudio Martinez, em El Salvador, Metodi Shumanov, na Bulgária, Pablo Gama e Felipe Fernandez, no Uruguai, Sujay Dutt, na Suécia, Carim Soliman, na Alemanha, Emanuel Rosu, na Romênia, e Samindra Kunti, na Bélgica, encontraram ex-jogadores e conseguiram convencê-los a me contar o que lembravam.

Agradeço ao meu grande amigo Rocco Cotroneo por ajudar na tradução das transmissões de rádio e TV italianas e a Mike Collett, Pete Hall, Ori Lewis e Anis Vijay Modi por me ajudarem com contatos.

As entrevistas em primeira mão, sozinhas, mal teriam preenchido alguns poucos capítulos deste livro — muita pesquisa de arquivo foi necessária para completar a história. Várias citações usadas vieram de entrevistas antigas concedidas a jornais, revistas e canais de TV, além de arquivos de filmes. Nenhuma citação foi alterada, mas algumas foram editadas a partir de diferentes fontes para facilitar a leitura.

Autobiografias de jogadores — principalmente do Brasil, da Inglaterra e da Alemanha, inclusive de alguns que faleceram nos últimos anos — também foram importantes fontes de histórias e anedotas.

Devo um agradecimento especial ao Museu do Futebol de São Paulo, que me deu permissão para usar os testemunhos de seu próprio projeto de história oral.

Memórias são frágeis e, em algumas ocasiões, amigos e colegas de equipe forneceram detalhes falhos ou entraram em contradição com relação a momentos, datas e nomes. Mantive as lembranças da forma como me foram contadas e tentei explicar quaisquer discrepâncias no meu texto.

Um grande obrigado a meu editor, Peter Burns, que me apresentou o projeto em 2019, acreditando que eu era a melhor pessoa para este trabalho. Seu sangue-frio quando entrei em pânico foi muito bem-vindo. Obrigado também a meus agentes, David, Rebecca e Nick.

Por último, mas certamente não menos importante, o agradecimento a minha esposa, Mariane, que não é apenas tradutora, consultora, conselheira e guru de marketing. Ela é tudo para mim. *Te adoro. (Falei isso hoje?)*

Prólogo

A Copa do Mundo de 1970 foi um torneio de superlativos.

Para começo de conversa, foi a Copa da modernidade, quando o futebol entrou, ainda tateando, em uma nova era. Foi também a primeira Copa a ser realizada fora da Europa ou da América do Sul. A primeira a ter substituições durante o jogo e a ameaçar os jogadores com cartões amarelos e vermelhos. Foi pioneira ao ter sua própria bola, a Adidas Telstar, com seus elegantes gomos preto e brancos e seu nome que aludia à era espacial. E o mais emocionante para os fãs de futebol em todo o mundo: foi a primeira a ser transmitida ao vivo e em cores.

Felizmente, a qualidade do futebol não decepcionou. Comparado ao de hoje, aquele futebol pode parecer lento, pesado, arcaico até, especialmente se contraposto ao ritmo e à força de gigantes do século 21, como Lionel Messi e Cristiano Ronaldo. Mas houve alguma vez torneio mais memorável? Pelo menos três partidas daquela Copa aparecem em qualquer lista de melhores jogos de todos os tempos. No jogo Inglaterra × Brasil, os atuais campeões foram derrotados por quem dava a impressão de que os sucederia, e o Brasil fez jus a essa suposição, vencendo a Itália por 4 a 1 em uma final eletrizante. Poucos dias antes da decisão, a Itália havia batido a Alemanha Ocidental, com prorrogação e tudo, por 4 a 3, numa semifinal tão épica que ficaria conhecida como "O Jogo do Século".

A Copa de 1970 aconteceu em uma época na qual o futebol de outros países ainda era excitantemente exótico. Os torcedores dos clubes europeus raramente tinham oportunidade de ver times da América Latina jogando e vice-versa. As seleções nacionais faziam pequenas turnês do outro lado do Atlântico a cada par de anos, mas, com a televisão ainda dando seus primeiros passos, apenas alguns fãs de muita sorte podiam assistir aos jogos na íntegra.

As comunicações e as viagens eram rudimentares, e as barreiras impostas pela Guerra Fria tornavam bastante difícil o trabalho de possíveis olheiros. Era frequente que treinadores e jogadores não soubessem muito sobre seus adversários. Os búlgaros tiveram de reunir dossiês a partir de jornais alemães que chegavam ao país por meio de suas embaixadas em outras nações. Por conta de sua política, Israel tinha dificuldade de encontrar adversários para amistosos. Os marroquinos, que desembarcavam pela primeira vez em uma Copa do Mundo, jogaram apenas uma partida entre sua classificação, em novembro de 1969, e o jogo de estreia no Mundial, em junho de 1970. Mesmo a escalação dos brasileiros, sempre temidos, esteve envolvida em mistério. Faltando apenas três meses para o início do torneio, a revista *World Soccer* duvidava de que o Brasil tivesse chances reais e declarava que Gérson e Rivellino eram "muito superestimados".

No entanto, a Copa do México ficou para sempre ligada àquele time do Brasil, um dos maiores de todos os tempos. Nomes como Carlos Alberto, Gérson, Rivellino, Jairzinho e Tostão eram pouco conhecidos fora da América do Sul antes de a competição começar, mas logo se tornaram sinônimos de força, inteligência e arte. O time contava também com Pelé, o maior jogador da história, em seu absoluto esplendor. A seleção brasileira que conquistou o título marcou dezenove gols em seis jogos, recorde para uma equipe campeã que nunca foi superado — mesmo em campeonatos cujos vencedores disputaram sete partidas. No total, a média do torneio foi de 2,96 gols por partida. Desde então, em nenhuma edição do Mundial a média ultrapassou três gols.

Tudo isso é impressionante, porém é apenas um dos motivos pelos quais esse torneio é tão amado. Todas as competições esportivas são um retrato instantâneo de seu tempo, mas a Copa do Mundo de 1970 foi uma gloriosa imagem polaroide que capturou um futebol prestes a sofrer uma enorme mudança. A paixão mundial pelo jogo já estava estabelecida havia muito tempo, mas ainda não era uma força global, e a organização do torneio refletia essa realidade. Apenas 75 times participaram da etapa de classificação, bem menos do que os 210 que tentaram participar da Copa do Rússia em 2018. Talvez a maior prova de como o futebol ainda era coisa de amadores com grande entusiasmo foi o fato de Monica

Cañedo, a filha de apenas dez anos do presidente da Federação Mexicana de Futebol, ter realizado o sorteio dos grupos do Mundial.

Ainda assim, as mudanças se aproximavam a passos largos. Os dezesseis times participantes chegaram às Américas exatamente quando o futebol começava a despertar para seu potencial como empreendimento lucrativo. Portanto, a Copa do Mundo do México foi um campeonato marcado por fatos que aconteceram tanto pela primeira quanto pela última vez.

Havia uma estranha confusão de outdoors ao redor do campo, mas os direitos de marketing ainda não tinham sido inventados. A Fifa não contava com nenhum parceiro comercial de porte. A cobertura onipresente da imprensa não era fato corriqueiro, e a maioria dos jogadores não tinha patrocínios ou chuteiras personalizadas. As camisetas não traziam três listras nas mangas ou símbolos comerciais no peito. Ainda não existia merchandising profissional, patrocinadores do prêmio que elege o melhor em campo, estatísticas para analisar após cada partida e muito menos ônibus customizados para levar os jogadores a estádios e hotéis. Até mesmo a Taça Jules Rimet estava destinada a fazer sua última aparição ao ser entregue definitivamente à equipe vencedora, o Brasil, que a conquistaria pela terceira vez na história.

As coisas estavam se transformando também fora do campo, e o antigo equilíbrio de poder começava a se metamorfosear. Os países da América Latina, que haviam ganhado quatro de oito torneios — e estavam prestes a somar mais um a essa conta — se mostravam cansados do eurocentrismo e queriam mais voz nas decisões sobre como as coisas deveriam ser feitas. No brasileiro João Havelange, encontraram uma figura convincente que estava preparando uma campanha para destituir o inglês Stanley Rous e acabar com setenta anos de hegemonia europeia no principal órgão regulador do futebol mundial. A África, que pela primeira vez recebera uma vaga de qualificação garantida, depois que as nações daquele continente boicotaram a Inglaterra quatro anos antes, estava prestes a passar a exercer a influência que seus números justificavam, e seria seguida por Ásia e Oceania.

O futebol estava mudando e mudaria muitas outras vezes desde então. A Copa do Mundo de 1970, porém, permanece gravada na memória dos que a assistiram, e também na de muitos outros que não tiveram a sorte de acompanhá-la enquanto ela se desenrolava. Foi simplesmente a Copa mais icônica de todas. As histórias que estão neste livro vêm, assim espero, para manter viva a memória daquele Mundial por ainda mais tempo.

Nota à edição brasileira

Como esta história é contada a partir de uma colagem de depoimentos, faz-se necessária uma explicação a respeito do uso de fontes e das contingências enfrentadas, sob esse aspecto, pelos tradutores do livro. Conforme esclarece o próprio autor, um grande e variado número de fontes foi consultado, entre depoimentos transcritos e antes publicados, encomendados a colaboradores ou ouvidos com exclusividade para esta obra. Cabe ao autor, em última análise, a fidelidade à essência do que, ao longo dos anos, contaram os muitos entrevistados de várias nacionalidades que compõem o mosaico que o leitor tem em mãos.

Mesmo no caso dos entrevistados brasileiros, não caberia à tradução buscar os depoimentos originais na nossa própria língua, que em sua grande maioria estão inacessíveis diretamente. Limitamo-nos à (re)tradução do inglês para o português desses e de todos os outros relatos (repita-se: de variadas fontes e em diversas línguas, originalmente), procurando manter um equilíbrio entre a norma padrão da escrita e o tom coloquial com que falariam esses personagens. Como, aliás, seria esperado em um trabalho de história oral da Copa do Mundo de 1970.

Ainda que algo possa vir a se perder nos detalhes, tal busca aproximativa é comum tanto a jornalistas e historiadores quanto a tradutores. O que o leitor encontrará aqui é, portanto, esse duplo esforço de uns e outros por apresentar a melhor versão possível da "verdade" sobre uma Copa que, mesmo já se apagando na memória de seus protagonistas, segue inesquecível.

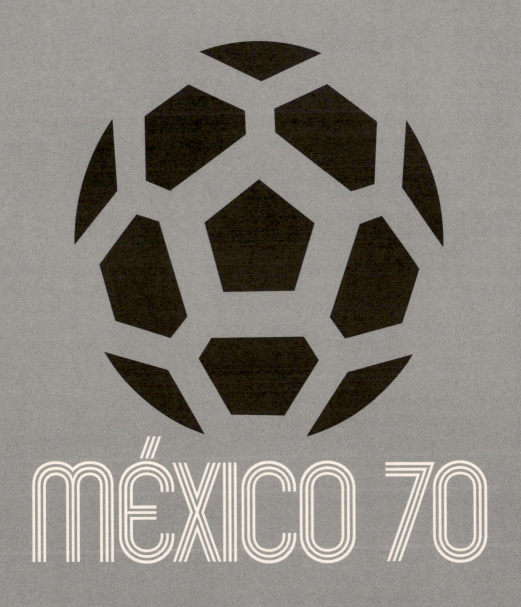

1. Preparativos pré-Copa

1. Preparativos pré-Copa

Como anfitrião da Copa do Mundo de 1970, o México levou o Mundial mais a sério que qualquer outra nação. Seus jogadores foram convocados ainda em janeiro para se concentrarem por cinco meses até o início do torneio. A seleção da casa jogou treze partidas internacionais entre fevereiro e maio, e fechou sua fase de amistosos com algumas vitórias sobre o Dundee United, da Escócia, que fazia uma pequena turnê no México. Porém, o tempo passava devagar e alguns atletas acabaram pagando caro por quebrar o confinamento. Cisneros e Gabriel Núñez foram cortados da convocação após escaparem furtivamente do treino e, em seguida, um grande desastre se abateu sobre a equipe quando o atacante Alberto Onofre quebrou a perna em um treinamento na véspera da primeira partida da Copa.

Alberto Onofre (México, meio-campista): Era o último treino antes do Mundial e estava chovendo. Estávamos jogando um coletivo numa quinta-feira, e a partida de abertura da competição aconteceria no domingo. Eu escorreguei e me choquei contra o [Manuel] Alejándrez; relaxei o corpo e ele veio com muita força, então aconteceu a fratura. No começo, fiquei ressentido com ele, de verdade, mas com o tempo isso acabou. Ele também era de Guadalajara, a gente se conhecia, não houve maiores rancores.

Ignacio Calderón (México, goleiro): Tivemos falta de sorte, porque três dias antes da partida de abertura um de nossos principais jogadores, o Alberto Onofre, se machucou, e isso foi um duro golpe para o time. Foi um acidente. Eu me lembro de ter visto todo o lance quando aconteceu. Estávamos num treino coletivo, chovia e o [Manuel] Alejándrez tentou interceptar um passe, mas ele escorregou na lama e quebrou a tíbia do Onofre. Eu estava no gol e ouvi um estalo, como uma escova de dentes partida ao meio. Dava para ver que o Onofre sentia muita dor. Foi azar, não teve malícia, a chuva fez o Alejándrez escorregar.

Alberto Onofre (México): Após passar por cirurgia, fui assistir ao jogo de abertura. Depois voltei para Guadalajara e vi o resto das partidas da Copa pela televisão. O treinador [Raúl Cárdenas] teve que fazer mudanças na equipe, porque eu tinha sido titular em todos os jogos até ali. O time não tinha jogado sem mim em nenhum amistoso.

Ignacio Calderón (México): Foi muito triste. Mas a ausência do Onofre não significava que não poderíamos fazer algo de bom. Tínhamos outros jogadores de qualidade. Infelizmente, essas coisas acontecem às vezes e é preciso seguir em frente. A gente sabia que o Onofre era uma peça fundamental para o time — ele estava no auge e inspirava toda a equipe. Então, claro, isso nos afetou, mas seguimos em frente e tentamos esquecer e dar tudo o que podíamos desde o começo.

Javier Valdivia (México, atacante): Onofre era uma parte muito importante do nosso esquema de jogo. Sua ausência nos afetou, podíamos ter feito mais com ele na equipe.

Os mexicanos estavam desesperados para desempenhar um bom papel, tanto dentro quanto fora de campo. O México nunca havia chegado às quartas de final de um Mundial, e a Federação Mexicana de Futebol construiu uma nova sede e um centro de treinamentos para garantir que não faltasse nada aos jogadores. Enquanto isso, os torcedores locais haviam estendido um tapete vermelho para a maioria dos visitantes e já começavam a se aquecer para formar o que seria lembrado como um dos públicos mais apaixonados das Copas do Mundo em toda a história. A média de 52.312 pessoas por partida não seria superada até 1994, quando o torneio foi realizado nos Estados Unidos.

Ignacio Calderón (México): Era a primeira vez que a seleção tinha um lugar próprio para treinar. Tínhamos dois campos de futebol, quartos como os de hotel, uma sala de jantar etc. O local era próximo do Estádio Jalisco, as pessoas estavam muito entusiasmadas com a primeira Copa do Mundo no México e nós ficamos felizes em fazer parte disso. Torcedores vinham nos ver no novo centro de treinamento, a rua ficava cheia deles, e ficamos maravilhados por autografar bolas de futebol como parte de uma campanha publicitária — foi a primeira vez que isso aconteceu. Lembro que autografamos cerca de quinhentas bolas para doação. Os torcedores estavam eufóricos, realmente acreditavam no time. Era um momento especial para o México, o povo nas ruas com bandeiras do país e os fãs nos apoiando. Uma atmosfera de felicidade extrema.

Alberto Onofre (México): O clima na equipe era muito bom, a gente aceitava [as exigências da concentração], afinal, estávamos participando da Copa do Mundo. E cientes de que éramos os anfitriões e precisávamos desempenhar bem.

Javier Valdivia (México): Foi muito gratificante jogar em casa e ótimo para os torcedores. Jogar no México, para a nossa própria torcida, representou uma grande vantagem e foi uma grande motivação.

A seleção da Bélgica, rival do México no Grupo 1, começaria sua participação no torneio no papel de azarão, embora tivesse batido a Espanha e a Iugoslávia nas Eliminatórias para a Copa do Mundo. A equipe belga não se conhecia tão bem quanto a dos mexicanos e ainda estava longe de casa, sem nada além do futebol para ocupar a cabeça — o cansaço cobraria seu preço.

Wilfried Van Moer (Bélgica, meio-campista): Ficamos no México por cerca de cinco semanas. Como posso explicar? Não havia muita organização na época. Nos últimos quinze, vinte anos, tudo que envolve a Copa é impecável — a equipe, o hotel, eles dão tudo que um jogador possa precisar ou desejar. Naquela época, era a primeira vez que a seleção da Bélgica realizava uma viagem tão complicada. O México não é aqui do lado da Europa! O calor, a altitude... É um país lindo, mas foi muito difícil para a seleção. A preparação não foi devidamente planejada. Havia um plano de ir à Suíça para um período de treinamentos a 2.400 metros de altitude, porque nessa altura o ar é mais rarefeito. Mas esse plano não deu certo, então partimos mais cedo para o México para nos aclimatar. Só que isso não funcionou também. Nós lutamos, nos acostumamos com a altitude, treinamos por três semanas. Então foi administrável, mas a adaptação ao clima foi apenas um dos fatores... Ficamos longe de casa por tanto tempo que, depois de algumas semanas, metade do time estava sofrendo de saudades. Muitos queriam voltar para a Bélgica. Sabíamos desde o começo que estávamos indo para o México por pelo menos cinco semanas. Se a gente progredisse no campeonato, seria ainda mais tempo longe de casa. Mas nada havia sido organizado no hotel para nos oferecer qualquer tipo de distração. Não era permitido entrar na piscina — o médico da seleção tinha proibido isso. Pegar sol fazia mal, dizia ele. Tudo fazia mal. Então, a gente era obrigado a ficar em um bangalô, todos amontoados jogando cartas e conversando. Cada um compartilhava o bangalô com dois outros jogadores. O que se podia fazer? Jogar cartas. E jogar cartas. Isso para quem queria jogar cartas... Não existia nada além disso. Então, nossa estadia no México não foi a ideal para jogarmos a Copa do Mundo. As instalações eram boas. Esse não foi o problema. O maior problema era que seis, sete jogadores tinham desanimado depois de tanto tempo. Tivemos que esperar de três a quatro semanas antes do primeiro jogo. Isso é muito, especialmente para um grupo de jovens, 22 jogadores sem distração nem nada para fazer. Foi um desastre.

Nenhuma equipe teve Eliminatórias tão tumultuadas quanto outra rival mexicana do Grupo 1, El Salvador. A pequena nação da América Central conseguiu a classificação para a Copa do Mundo, pela primeira vez em sua história, depois de, na repescagem, jogar contra a vizinha Honduras, ocasião que ficou conhecida como a "Guerra do Futebol". Depois de ambas as seleções terem ganhado seus jogos em casa, a terceira partida ocorreu na Cidade do México e os salvadorenhos venceram por 3 a 2, resultado que os levou à decisão da vaga contra o Haiti, superado pela equipe salvadorenha depois de três jogos. Honduras e El Salvador estavam em desacordo sobre a decisão do governo hondurenho de banir os imigrantes salvadorenhos de seu território, e as três partidas decisivas entre os países aumentaram as tensões. Dias após a vitória histórica de El Salvador, em julho de 1969, aviões salvadorenhos começaram a bombardear o país vizinho.

Mauricio Rodríguez (El Salvador, meio-campista): Estávamos imersos em problemas sociopolíticos, porque havia um conflito entre Honduras e El Salvador que, naquela altura, ainda era diplomático e verbal. Coincidentemente, tivemos que jogar contra eles nas Eliminatórias. Existem muitos mitos a respeito disso. Sorte e azar se juntaram naquela data. Lembro que depois de terminarmos o jogo contra Honduras, quando ainda estávamos lá no México, alguém no hotel me contou que tínhamos acabado de romper relações diplomáticas. A guerra aconteceu cerca de dez ou quinze dias depois, durou cerca de cem horas e foi um confronto bélico sério. O problema é que eles estavam expulsando os salvadorenhos de Honduras. Ficamos sabendo disso pela imprensa, mas o fato nada teve a ver com a gente ou com eles, porque eles também se comportaram muito bem em campo. Apostaram na força, como de costume, mas foram corretos.

Salvador Mariona (El Salvador, zagueiro): Foi uma coincidência que isso estivesse acontecendo enquanto tentávamos nos classificar para a próxima fase das Eliminatórias. A guerra já estava fermentando.

Mario Monge (El Salvador, atacante): A guerra não começou por causa dos nossos jogos. Houve motivos políticos. Mas calhou de acontecer durante as Eliminatórias.

Mauricio Rodríguez (El Salvador): A mídia nos colocou uma responsabilidade patriótica para além do esporte. Éramos praticamente soldados do país indo à guerra. Sentimos que tínhamos que vencer, que não havia margem para erros. A volta ao nosso país foi realmente perfeita. Acho que voltar tendo derrotado Honduras foi tão importante — ou mais importante — do que nos classificarmos para a Copa do Mundo. As pessoas extravasaram, pensaram que porque tínhamos vencido o jogo, tínhamos vencido tudo... A verdade é que, para nós, a pressão foi enorme. Nem quero imaginar como foi a chegada dos hondurenhos ao país deles, porque deviam estar passando pela mesma coisa e, como perderam, deve ter sido horrível.

As hostilidades não duraram muito, menos de uma semana, mas centenas, talvez milhares de pessoas morreram em um conflito que marcou por décadas a relação entre os dois países. Como se essa situação não fosse suficiente para atrapalhar os preparativos de El Salvador, o país mudou de técnico às vésperas da Copa do Mundo, a equipe não venceu nenhum de seus cinco jogos amistosos e os novos uniformes, que haviam sido feitos para o time pela primeira vez em anos, foram perdidos antes mesmo de os jogadores chegarem ao México.

Mauricio Rodríguez (El Salvador): Eles nos prometeram mil dólares se nos classificássemos, porque pensaram que a gente não ia conseguir. Aí não cumpriram o prometido e, antes de partirmos para o México, houve uma espécie de greve entre os jogadores para que nos pagassem. No final, cumpriram o combinado, mas em parcelas. Alguns jogadores, como o goleiro [Raúl] Magaña, quase não foram ao Mundial por conta disso. Hernán [Carrasco], o treinador, teve problemas porque, alguns dias antes de partirmos, queriam que ele cortasse alguns atletas e não os deixasse ir à Copa do Mundo, embora fossem jogadores importantes. Nossos uniformes eram de equipes dos anos anteriores: quatro eram de um modelo, cinco eram de outro... uniformes que a gente usava quando jogava. [Para a Copa no México] A Adidas nos patrocinou, mas os uniformes da marca foram perdidos. Ou nunca chegaram. Tivemos que comprar novos uniformes no México. A camisa que guardo de lembrança, que usei durante a Copa, foi fabricada no México e não é da Adidas. A gente tinha uns pequenos emblemas com as letras "ES" que tiramos das antigas camisas e colocamos nas novas. A Adidas não comentou sobre isso, mas quando chegamos lá nos deram chuteiras novas e setenta dólares pelos três jogos. Entregaram o dinheiro diretamente para os jogadores. Na verdade, naquela época, nada disso pareceu estranho, já que vínhamos jogando dessa forma havia dez anos.

    Hoje a Copa do Mundo é uma vitrine para vender, mas naquela época valia, acima de tudo, o prestígio de fazer parte do campeonato. Tivemos a sorte de treinar com outros times, equipes que eram melhores que a nossa e que nos ajudaram a evoluir, mas o problema é que íamos competir com seleções mais bem preparadas e que tinham mais recursos. O que fizemos por dois ou três meses, eles já tinham feito por um ano inteiro. Melhoramos em muitas coisas, mas não estávamos no nível de nossos rivais. Quase todos os amistosos preparatórios foram em casa e contra clubes [em vez de seleções nacionais]. Isso aconteceu por razões econômicas, porque era o que se conseguia pagar... Para ter os jogadores na seleção, a federação precisava igualar os salários que eles ganhavam em seus clubes. Quando jogávamos aqui [em El Salvador] não havia problemas, porque o estádio estava sempre lotado de gente que queria nos ver. O problema era quando a partida era no exterior, porque eles pagavam muito pouco. Lembro que uma vez estávamos indo jogar nos Estados

Unidos e eles nos deram dois mil dólares para serem divididos com toda a equipe. Era quase o preço das passagens aéreas...

Outra seleção que fez sua estreia em Copas do Mundo foi Israel, que se classificou pela Confederação Asiática. Os israelenses haviam sido sorteados para jogar as Eliminatórias em um triangular contra Coreia do Norte e Nova Zelândia, mas os coreanos, que tinham ido ao Mundial da Inglaterra quatro anos antes, se recusaram a enfrentar Israel e se retiraram da disputa. Dessa forma, Israel jogou as duas partidas contra a Nova Zelândia em Tel Aviv. E ganhou ambas com facilidade, por 4 a 0 e 2 a 0, classificando-se para enfrentar a Austrália por uma vaga na Copa. Os israelenses tiveram bom desempenho nas duas partidas, ganhando de 1 a 0 em casa e depois empatando por 1 a 1 em Sydney.

Yochanan Vollach (Israel, defensor): Saímos de Israel às 16h, era um dia de inverno em dezembro. Dormimos uma noite em Teerã, onde estava nevando, depois seguimos para Bombaim, onde fazia 35 graus. Voltamos ao avião para ir até o Camboja, que estava igualmente quente. Então voamos para Hong Kong, fizemos uma escala de quatro ou cinco horas e, à noite, pousamos em Darwin, na Austrália, onde fazia cerca de quarenta graus. Estávamos todos cansados, mas o [técnico Emmanuel] Scheffer decidiu que iríamos fazer um treino naquela mesma tarde. No final da atividade, a maior parte da equipe estava deitada no chão, e apenas um ou dois de nós ainda tinha condições de continuar.

Yehoshua Feigenbaum (Israel, atacante): Fomos à Austrália tendo em mente que estávamos a um passo do sonho da Copa do Mundo. Todo mundo ficou emocionado quando chegamos lá. Tínhamos ouvido dizer que as escolas estavam fechadas em Israel, e que todos ficaram grudados em seus aparelhos de rádio.

Zvi Rosen (Israel, defensor): Foi um jogo difícil e os australianos se achavam muito melhores. Como sei disso? Eles disseram que já tinham reservado o estádio na Austrália para uma partida de desempate. Tinham certeza de que iriam nos vencer e avançar.

Yehoshua Feigenbaum (Israel): O jogo parecia uma guerra mundial. Não ficamos preocupados quando eles fizeram o gol de empate, a gente sabia que o jogo já estava acabado. O fato é que deixamos eles marcarem. Havia pelo menos 40 mil pessoas esperando por nós do lado de fora. Se tivéssemos vencido, teriam nos matado. Então deixamos eles marcarem para que empatassem e saíssem como heróis.

Israel derrotou o Egito na Guerra dos Seis Dias em 1967 e, três anos depois, ainda estava lutando contra uma coalizão de estados árabes, no conflito que ficou conhecido como Guerra de Desgaste. Isso significava que o futebol andava relegado às últimas páginas dos jornais israelenses, embora os jogadores estivessem fazendo história. A preparação para a altitude começou na Etiópia e continuou no estado do Colorado, nos Estados Unidos. Na Cidade do México, o time foi recebido por um grande contingente de fãs da comunidade judaica, e, como o técnico Emmanuel Scheffer não queria que seus rivais os vissem jogando antes do pontapé inicial, evitou adversários mais conhecidos e promoveu amistosos contra times judeus locais, além de um jogo com uma equipe de uma fábrica da cidade vizinha de Toluca. O sorteio, que os posicionou no grupo de Itália, Suécia e Uruguai, também não facilitou a vida dos israelenses.

Yehoshua Feigenbaum (Israel): Não era um grupo da morte, era um grupo do inferno. Os jornais previam que a gente ia perder feio. Alguns até chegaram a dizer que, tendo caído nesse grupo, era capaz de a gente nem aparecer para jogar.

Mordechai Spiegler (Israel, atacante): Emmanuel Scheffer nos transformou de um grupo de caras talentosos em uma equipe profissional, embora ainda não fôssemos realmente profissionais. Um de nós era funcionário da Egged [empresa de ônibus], outro era bombeiro, outro fazia bicos. A gente se reunia apenas para treinar.

Shmuel Rosenthal (Israel, meio-campista): A classificação para o México não começou na Austrália, começou na seleção juvenil. Foi lá que Scheffer introduziu o profissionalismo. Antes de sua chegada, a gente costumava jogar duas vezes por semana. Então ele chegou e nos disse que iríamos treinar três vezes por dia. Foi uma grande surpresa para nós.

Mordechai Spiegler (Israel): Ele [Scheffer] sabia como tirar o melhor de cada um para o bem da seleção nacional. E quem não estivesse de acordo com essa percepção, com as demandas, estava fora.

Como muitas equipes, uma das rivais do grupo de Israel, a Suécia, visitou o México mais cedo em 1970 para se familiarizar com as condições locais. Porém, seu retorno posterior para disputar o campeonato foi menos agradável. Os suecos demoraram a escolher uma base perto de Toluca, a oeste da Cidade do México, e pagaram caro por isso.

Ronnie Hellström (Suécia, goleiro): Jogamos dois amistosos contra os mexicanos, um na Cidade do México e outro em Puebla no mês de fevereiro. Isso nos deu a chance de experimentar os campos e saber como era jogar numa altitude como aquela. Nós ficamos em um hotel muito bom na Cidade do México, com piscinas e atividades. Então, imaginamos que era lá que ficaríamos durante a Copa do Mundo, mas os italianos chegaram na nossa frente. Fomos colocados em Toluca, no que era, na verdade, um lar de idosos. Acho que nossa federação não pesquisou muito a respeito das acomodações. Se soubéssemos, teríamos reclamado. Tudo o que podíamos fazer por lá era dormir, e a gente tinha que ir de ônibus para todas as nossas refeições e treinamentos. Ficamos muito mal instalados, foi horrível. O México era quente mesmo em fevereiro e treinamos tanto em baixa altitude quanto em pontos mais altos. Nós realmente tivemos que aprender a nos hidratar direito. Eu perdia alguns quilos nos treinos, era diferente do que estávamos acostumados. A gente jogava principalmente na Europa — com o Hammarby, tínhamos estado uma vez na Tunísia em 1969 ou 1970.

Ficamos no 0 a 0 no Azteca e vencemos por 1 a 0 em Puebla. No geral, foi ótimo, especialmente na Cidade do México. Pessoalmente, naquela primeira viagem ao México, eu estava em ótima forma. Tinha passado um mês, de dezembro a janeiro, no Chelsea, treinando com o [goleiro inglês] Peter Bonetti. Foi fabuloso treinar com profissionais como ele, o Peter Osgood e o David Webb. Fui para a Inglaterra com meu treinador [de goleiros] do Hammarby, o Sven Lindberg. Outro amigo goleiro da Suécia, o Rolf Marinus, que jogava no Sirius, passou o mesmo mês treinando com o Arsenal. A gente treinava uma vez por dia e depois se encontrava no *pub*. O Dave Sexton [treinador do Chelsea] também nos levou para assistir a vários jogos em Londres.

Tommy Svensson (Suécia, meio-campista): Claro que ficamos muito felizes de ter levado a melhor sobre a França, que era a favorita no grupo da fase de qualificação. Apenas um time do grupo ganhava acesso à

Copa do Mundo, era muito mais difícil naquela época. Lembro de ter ficado emocionado quando garantimos nossa classificação no antigo estádio Råsunda. Seria a primeira Copa do Mundo da Suécia desde 1958. O mundo do futebol tinha mudado bastante e sabíamos que estávamos em um grupo difícil. A Itália era a grande favorita. Nossa expectativa era lutar com o Uruguai pelo segundo lugar do grupo. A gente achava que ganharia de Israel. Mas acho que nenhum de nós previa a possibilidade de avançar além das quartas de final.

Ronnie Hellström (Suécia): Na Copa do Mundo, assistimos à partida de abertura, México × Rússia, no Estádio Azteca. Foi um espetáculo, claro, com 110 mil pessoas. Então voltamos para o nosso buraco em Toluca. Não havia nada por lá. A única coisa que existia, numa sala que usávamos como área comum, era uma cadeira de dentista. Acho que era usada para verificar os dentes dos idosos antes de o nosso time chegar. Aquilo era bizarro e aumentava ainda mais a irritação de ter que continuar naquele lugar. Só uma vez, durante todo o nosso período em Toluca, fomos à Cidade do México para jantar. Todas as outras vezes, tínhamos que gastar vinte minutos para ir até um restaurante. Passávamos muito tempo no ônibus, eram longas viagens até o local de treinos. O ônibus era uma daquelas coisas velhas que você vê nos filmes, carregado de cestos com galinhas e outros bichos vivos no teto. Certa vez, escapamos por pouco ao passar por um cruzamento ferroviário. O motorista mal tinha atravessado os trilhos quando o trem passou chacoalhando e buzinando. Cara! Foi por pouco. Não falamos sobre mais nada o resto do dia. Acho que não tinha ninguém da imprensa com a gente, porque não saiu nenhuma notícia a respeito.

Conhecemos mais do México em fevereiro do que durante a Copa do Mundo, quando apenas comíamos e treinávamos. Uma coisa que posso dizer é que o povo mexicano ficou emocionado por receber a Copa do Mundo. Não era como na Argentina em 1978, quando as pessoas tinham medo de se manifestar.

A Alemanha Ocidental perdeu Günter Netzer por conta de uma lesão, mas convenceu Uwe Seeler, de 33 anos, que havia jogado apenas quatro partidas internacionais em 1967 e 1968, a disputar mais um Mundial, seu quarto. Seeler terminaria o torneio tendo aparecido em 21 partidas de Copas do Mundo, marca superada por apenas três jogadores desde então (Paolo Maldini, com 23 jogos; Miroslav Klose, com 24; e Lothar Matthäus, com 25). A federação alemã, como de costume, tinha se preparado para qualquer eventualidade e, ao contrário dos suecos, os jogadores não tiveram do que reclamar em relação à sua sede, ainda que estivessem num local remoto.

Uwe Seeler (Alemanha Ocidental, atacante): Surpreendentemente, o telefone tocava bastante. Às vezes era o Helmut Schön [técnico da Alemanha em 1970], às vezes o Sepp Herberger [treinador alemão campeão do mundo em 1954]. Eles queriam saber de mim, do meu cachorro, de Ilka e das crianças. Eu ficava surpreso que me chamassem como convidado de honra para todas as partidas da seleção. Então não me incomodei quando o Willi Schulz, o Franz Beckenbauer, o Netzer ou o Overath sorriram para mim, como se quisessem dizer: "Então, seu gordo, não é chato ficar sem jogar pela seleção?". "Muito bem", eu respondi, "estou de volta para a Copa do Mundo e para a preparação. Mas depois disso estou definitivamente fora."

Sepp Maier (Alemanha Ocidental, goleiro): Nossa equipe tinha uma acomodação dos sonhos no meio do deserto mexicano, quase 2 mil metros acima do nível do mar e bem perto de León, onde aconteceram nossas partidas. Você poderia pensar que não tem graça nenhuma ficar no deserto. Errado. O lugar era um pequeno paraíso, um oásis de calma, exatamente o que precisávamos para nos prepararmos sem distrações.

Berti Vogts (Alemanha Ocidental, zagueiro): A Alemanha, como sempre, estava à frente no que dizia respeito a possíveis problemas de lesão. Tínhamos bons médicos com a gente, bons massagistas. Já naquela época tínhamos dois médicos e dois massagistas, então a Alemanha estava muito bem preparada.

Em campo, entretanto, os alemães não impressionavam. A equipe de Helmut Schön só tinha se classificado para o torneio graças a uma vitória por 3 a 2 em seu último jogo, contra a Escócia, e seus amistosos contra Espanha, Romênia, República da Irlanda e Iugoslávia renderam apenas duas vitórias magras, um empate e uma derrota por 2 a 0 para os espanhóis, que não chegaram nem perto de se classificar para a Copa.

Uwe Seeler (Alemanha Ocidental): Atacamos forte no último jogo classificatório contra a Escócia, vencendo por 3 a 2. Depois vieram quatro jogos amistosos. Derrota por 2 a 0 para a Espanha, empate em 1 a 1 com a Romênia, e vitórias por 2 a 1 sobre a Irlanda e 1 a 0 sobre a Iugoslávia.

Berti Vogts (Alemanha Ocidental): Uma coisa que tínhamos em mente era que a gente tinha que se classificar para a Copa do Mundo de 1970 no México. E tivemos sucesso. O que ninguém sabia era o que podia acontecer depois.

Wolfgang Overath (Alemanha Ocidental, meio-campista): Antes de voar para o México, ainda tínhamos três jogos programados. Mas nenhum dos três ocorreu como Schön, nosso técnico, desejava. A temporada da Bundesliga tinha sido espremida naquelas últimas semanas e isso nos custou muito esforço. O calendário do futebol havia entrado em colapso por conta de um inverno extremamente rigoroso, e os clubes da Bundesliga — também os jogadores que iriam para o México, portanto — tiveram que trabalhar muito duro. A gente tinha medo de que isso fosse nos assombrar no México. Por fora, parecíamos otimistas, mas por dentro temíamos decepcionar. "Só não podemos cair na fase de grupos", dizíamos para nós mesmos. Não tínhamos condições de (e nem queríamos) pensar além disso.

Outra favorita era a Itália, invicta havia catorze jogos desde abril de 1968. Porém, o time italiano também tinha perdido um jogador-chave, Pietro Anastasi, o homem cujo gol havia ajudado a equipe a vencer a final da Eurocopa de 1968. O processo de convocação dos atletas para o torneio foi mal gerenciado e havia mais incertezas no elenco do que se esperaria de uma seleção no auge do seu rendimento.

Sandro Mazzola (Itália, meio-campista): Não nos saímos bem num amistoso que aconteceu antes do nosso jogo de estreia na Copa do Mundo. A gente não sabia o que significava jogar acima de 2 mil metros. Depois de fazer um movimento, você se cansa rapidamente. Você tem que descansar, mas ao fazer isso, seu oponente se aproveita. A gente estava acostumado a jogar do jeito italiano: defender e depois sair no contra-ataque. Mas lá, naquela altitude, não podíamos jogar à nossa maneira. Estávamos muito cientes disso, de como isso tornava as coisas difíceis. Naquele amistoso, o time titular estava perdendo por 1 a 0 até o intervalo. Então, o técnico Ferruccio Valcareggi mudou a equipe e colocou alguns jogadores que não estavam escalados para o jogo de estreia na Copa do Mundo. E entre os que não estavam escalados, havia muitos jogadores da Inter que tinham jogado no México, numa turnê, e que sabiam o que fazer na altitude. Corridas curtas, passes rápidos. Em resumo, viramos e vencemos o amistoso por 3 a 2, e o Valcareggi teve que mudar sua escalação para o primeiro jogo.

Angelo Domenghini (Itália, atacante): O Pietro Anastasi teve apendicite. Ficamos sabendo disso na manhã do dia do embarque para o México. Giovanni Lodetti também estava no avião conosco, ele era um dos 22. Quando chegamos ao México, o Roberto Boninsegna e o Pierino Prati se juntaram a nós, mas o Anastasi já não estava. Então, nos tornamos um grupo de 23 jogadores. Mais tarde, disseram ao Giovanni Lodetti que ele não faria mais parte do time. Ele tinha estado bastante doente e todos nós sentimos muito. Na minha opinião, isso foi errado, não deveria ter acontecido. Era algo que deveria ter sido decidido na Itália, antes de viajarmos. O Prati não jogou um único jogo. Estava machucado e o convocaram de qualquer maneira.

Além do Brasil, apenas outras duas seleções sul-americanas se classificaram para a Copa. A Argentina perdeu para o Peru nas Eliminatórias e não conseguiu participar do torneio pela primeira vez desde 1954. O Uruguai se classificou invicto, em um grupo que contava com Chile e Equador, e o fez sem sofrer um único gol. Mas os uruguaios pareciam vulneráveis. Haviam enfrentado seleções europeias apenas uma vez nos quatro anos anteriores e sofriam com problemas de lesões. O craque Pedro Rocha, que se machucou às vésperas da competição, duraria apenas os primeiros treze minutos do jogo de estreia. Além disso, o técnico Juan Hohberg tinha a tarefa de garantir que a rivalidade de longa data entre os jogadores do Peñarol e do Nacional fosse canalizada para um objetivo comum.

Roberto Matosas (Uruguai, defensor): Os centroavantes do Uruguai na Copa do Mundo de 1970 foram o Sergio Silva, o [Oscar] Zubía e o menino [Rubén] Bareño, um ponta-esquerda. Não havia nenhum grande atacante uruguaio que jogasse pelo Peñarol ou pelo Nacional. O Nacional tinha o argentino Luis Artime, e o Peñarol, o equatoriano Alberto Spencer. A seleção inteira era formada por jogadores do Peñarol e do Nacional, mas nem o Nacional nem o Peñarol tinham um centroavante uruguaio naquele ano. Felizmente, o treinador Hohberg improvisou o [Víctor] Espárrago como um centroavante ligeiramente recuado, o que nos deu um quarto meio-campista e, assim, pudemos formar um ataque forte. Mas a esperança que ainda nos restava de vencer o Mundial ficou abalada depois que Pedro Rocha saiu do time. Não apenas pelo esquema tático, mas porque ele era o goleador. O Uruguai estava muito seguro na defesa, mas nos faltavam atacantes. Luis Alberto Cubilla desempenhou bem, Espárrago jogou extraordinariamente bem como centroavante e o "Cascarilla" Morales também jogou muito, mas o time não era o mesmo.

Ildo Maneiro (Uruguai, meio-campista): Nas Eliminatórias, o Hohberg teve o Héctor "Lito" Silva, o Sergio Silva e o "Pirincho" Pérez como atacantes, mas não os convocou para o Mundial. Se nós tivéssemos, por exemplo, um Luis Suárez, teríamos uma verdadeira chance de ganhar o título.

Roberto Matosas (Uruguai): Naquele mês anterior ao Mundial, e também durante a própria Copa do Mundo, os jogadores do Peñarol e do Nacional foram colocados juntos para compartilhar os quartos e a convivência foi fantástica. Fizemos amigos e nunca houve animosidade ou panelinhas. Tive que dividir um quarto com o Juan Mujica e fizemos uma grande amizade que durou por muito tempo. A equipe de treinamento foi quem escolheu os quartos que cada jogador ocuparia. Eu lembro que de manhã eu tomava mate com o Luis Ubiña e às vezes o [Ladislao] Mazurkiewicz se juntava a nós. O que quero dizer é que entre nós não havia animosidade, a única coisa que nos interessava era o desempenho da equipe. Tanto a imprensa quanto os torcedores uruguaios tinham expectativas positivas, embora não excessivas. Mas, sim, todos sabiam que havíamos conseguido montar um bom time com jogadores de futebol de qualidade.

Nenhuma das preparações foi tão bizarra quanto a da Bulgária, que, por alguma razão inexplicável, fez seu treinamento em altitude nos picos nevados das montanhas ao redor de Rila, ao sul da capital do país, Sofia.

Dimitar Penev (Bulgária, zagueiro): Com o México de país anfitrião, e levando em conta sua altitude, foi decidido que nossa equipe iria se preparar para o torneio na base de esportes de Belmeken, que fica a cerca de 2 mil metros acima do mar, na montanha de Rila, na Bulgária. É preciso fornecer um contexto da situação em que estávamos — o Partido Comunista governava o país e foi o partido que decidiu comandar a nossa seleção nos preparativos para a Copa do Mundo. Mas esses caras cometeram um erro grave: eles não levaram em conta o fato de que, embora a altitude em Belmeken e na cidade mexicana de León — onde depois jogamos a fase de grupos do Mundial — fosse semelhante, não se podia dizer o mesmo sobre a temperatura. Enquanto na montanha da Bulgária estava um frio de rachar, no México tivemos que jogar sob um sol escaldante e lidar com o fator umidade. Essa diferença crucial teria enorme peso no nosso desempenho naquela Copa. Em Belmeken havia neve e, como parte de nossos preparativos para a Copa do Mundo, tínhamos de realizar atividades físicas na montanha usando equipamentos de esqui. Porém, metade de nossa equipe não sabia esquiar e, por isso, ficava apenas caminhando na neve. Os outros caras, que eram bons em esquiar, usavam essa vantagem para concluir as sessões de treino mais rápido. Um dos nossos companheiros de equipe, o Aleksandar Shalamanov, além de muito habilidoso como jogador de futebol, também tinha participado das Olimpíadas de Inverno de 1960, nos Estados Unidos. Então acho que ele se divertiu bastante em Belmeken.

Como se tudo isso não fosse loucura suficiente, os apparatchiks[1] *do Partido Comunista, responsáveis pelo time no calor mexicano, decidiram que seria uma boa ideia limitar o abastecimento de água aos jogadores durante a Copa do Mundo.*

Dimitar Penev (Bulgária): Ao chegar no México, acabamos sofrendo muito com a desidratação. Por algum motivo estranho e absolutamente inexplicável, eles nos negaram o acesso direto à água. A gente recebia um copo de 200 ml de água no café da manhã, depois outro do mesmo tamanho no almoço e um terceiro na hora do jantar. Isso enquanto treinávamos sob o sol escaldante. Estávamos com tanta sede! Precisávamos tanto beber água... Em determinado momento começamos a nos esconder das pessoas da nossa delegação e, secretamente, ir até as lojas locais para comprar água. Chegamos ao ponto de esconder garrafas nos arbustos fora do local de concentração onde estávamos hospedados para beber de maneira clandestina. Ou então, como a água da pia do hotel era quente demais

---

1 Termo em russo, designava os membros do Partido Comunista que, no antigo Estado soviético, ocupavam qualquer cargo de responsabilidade política ou burocrática. Palavra passou a ser utilizada também fora da União Soviética para definir membros leais a um partido. (N. E.)

para beber, a gente enchia garrafas e as colocava do lado de fora durante a noite, quando a temperatura caía significativamente e a água esfriava. Até mesmo o doutor responsável pela equipe médica nos comprava um pouco de água escondido. Como as ordens para restringir nosso abastecimento estavam vindo de cima, o coitado não podia fazer nada a respeito. No fundo, sabíamos que esses métodos de treinamento prejudicariam nossa equipe, mas não havia o que fazer. Não demorou para que ficássemos absolutamente sem energia. Era uma situação ridícula — você tentava fazer seu corpo reagir, mas ele simplesmente ignorava os comandos do seu cérebro. Estávamos exaustos.

As nações africanas boicotaram o torneio de 1966 na Inglaterra em protesto por não disporem de uma vaga automática para participar da Copa. A Fifa então reconsiderou a questão e o Marrocos ganhou a chance de ir ao México por meio de um torneio de classificação que envolveu dez rivais africanos. O Marrocos se saiu bem nas três fases do processo classificatório e se tornou não apenas a primeira equipe do continente automaticamente classificada para o torneio, como também a primeira seleção africana a participar da Copa do Mundo desde o Egito em 1934.

Allal Ben Kassou (Marrocos, goleiro): Foi ótimo porque era a primeira vez que o Marrocos se classificava para a Copa do Mundo. E, para ganhar a única vaga reservada à África, tivemos que jogar com todas as outras equipes africanas. Foi uma sensação incrível, os torcedores estavam felizes e entusiasmados, assim como os jogadores. Classificar o país para o primeiro Mundial trazia um sentimento estranho, mas também maravilhoso.

Muitas delegações estavam preocupadas com a criminalidade e a falta de segurança no México. Cada seleção recebeu seu próprio destacamento de segurança, e o Brasil foi um dos mais fortemente protegidos. Pelé seria, supostamente, alvo de guerrilheiros venezuelanos e, quando o embaixador alemão foi sequestrado por esquerdistas no Rio de Janeiro poucos dias depois do início da Copa, a segurança foi reforçada. Havia conflitos em andamento no Oriente Médio, países da América Latina estavam fervendo e a presença de Israel era um fator de preocupação adicional. As autoridades mexicanas não eram conhecidas por pegar leve. Soldados haviam aberto fogo contra uma manifestação de estudantes desarmados poucos dias antes da estreia dos Jogos Olímpicos em 1968, supostamente matando centenas de pessoas. Havia tensão no ar.

Martin Peters (Inglaterra, meio-campista): Eu era constantemente lembrado de que uma situação potencialmente explosiva estava prestes a ocorrer. Como qualquer outra seleção nacional, recebemos uma escolta que nos acompanhava 24 horas por dia, formada por agentes armados do governo mexicano ou do Serviço Secreto, embora não fossem particularmente secretos. Alguns eram tão óbvios quanto hippies numa convenção de skinheads e era engraçado, de fato, ver alguns deles descansando em torno do nosso hotel e tentando parecer imperceptíveis e se misturar àquela gente toda. Eles estavam lá porque o governo levava a sério a ameaça de que jogadores famosos pudessem ser sequestrados. Dois carros de polícia acompanhavam cada equipe que ia treinar e, quando chegou nossa vez, não nos importamos. Era como se fosse uma brincadeira, e estávamos tão felizes que ninguém pensava seriamente em sequestro e resgates. A coisa não pareceu mais tão engraçada quando o Alf [Ramsey] nos chamou e disse que não devíamos sair sozinhos do hotel. Foi só então que nos demos conta da gravidade da situação. Não consigo me lembrar das palavras exatas dele, mas foi algo como: "Vocês todos valem bastante dinheiro. Só saiam em grupos e tranquem as portas à noite". Também li uma declaração de um funcionário da embaixada britânica em um dos jornais que chegavam até nós. Ele teria dito: "Desde a morte do embaixador alemão na Guatemala e de um secretário israelense no Paraguai, a Força de Segurança mexicana tem estado alerta para o perigo de sequestros. É uma possibilidade, e não devemos nos arriscar. Pode não ser uma ameaça concreta, mas temos que estar atentos". Nossa segurança foi triplicada. Eu me tornei mais tolerante quando as coisas foram explicadas de forma mais detalhada. O mais importante no contexto era a política do governo mexicano de dar asilo a refugiados políticos do resto da América Latina. Obviamente, isso significava que grupos de exilados rancorosos poderiam considerar o México como uma base de onde teriam a oportunidade de contra-atacar. Não quero parecer exagerado, mas foi assim que aconteceu. Havia tensão lá e eu a senti bastante.

Outra questão que preocupava muitas equipes era a alimentação. O México, claro, era famoso pela chamada "vingança de Montezuma", o mal-estar acompanhado de diarreia que às vezes acometia os visitantes não acostumados à cozinha local. Algumas seleções, incluindo a Inglaterra, tentaram contornar o problema trazendo sua própria comida e água. Isso irritou os habitantes locais, além de nem sempre representar uma estratégia de sucesso, como essas delegações perceberiam depois. Outros adotaram uma abordagem mais básica, igualmente questionável, como um sueco viria a descobrir.

Ronnie Hellström (Suécia): Um incidente engraçado aconteceu quando estivemos lá em fevereiro de 1970. Fomos avisados de que podíamos ter infecções intestinais no México. Naquela época, não era considerado seguro sequer colocar cubos de gelo em suas bebidas por causa da água contaminada. Então, um dos médicos da nossa equipe, o Hans Lewerentz, se ofereceu para experimentar a salada no buffet, alertando para evitarmos o consumo até que ele nos desse autorização. E, cara, ele ficou doente! Ele definitivamente fez um sacrifício pelo time!

A grande preocupação da maioria das equipes participantes era a altitude. Todos os estádios ficavam a pelo menos 2 mil metros acima do nível do mar. Os da Cidade do México, de Puebla e Toluca ultrapassavam essa metragem, sendo que o Estádio Nemesio Díez, em Toluca, ficava a inacreditáveis 2.660 metros. A altitude dificultava a recuperação depois dos piques em velocidade e os níveis de energia dos jogadores se esgotavam muito mais rápido do que ao nível do mar. Quase todos os visitantes tinham medo de não conseguirem render no melhor nível.

Dimitar Penev (Bulgária): Nós, os jogadores, nunca pudemos dar um pio sobre a forma como estávamos nos preparando para a Copa do Mundo de 1970. O partido no poder e alguns "especialistas" de ocasião não deixavam ninguém expressar sua opinião. Já tínhamos mencionado a altitude que estava nos esperando no México — para nos preparar, fizeram a gente inalar um pouco de oxigênio de um balão gigante, de cerca de dez por seis metros, através de um bocal. O que também não ajudou muito. Quando a Copa do Mundo de 1970 no México começou, estávamos em péssima forma por causa da precariedade dos preparativos. Eu lembro que estava tão quente e estávamos tão desidratados que não tínhamos nenhuma energia. Alguns jogadores do nosso time já haviam perdido de quatro a cinco quilos, além de alguns casos extremos de atletas que chegaram a perder dez quilos. Imagine isso! Dimitar Marashliev, atacante do CSKA Sofia, foi um dos que mais sofreram. Lembro-me de que alguns meios de comunicação o chamaram de "vaca magra" ou algo nesse sentido.

Ronnie Hellström (Suécia): Uma das principais razões da ida ao México em fevereiro tinha sido nos acostumarmos a jogar em altitudes mais elevadas. Mais tarde, na primavera, fizemos testes em uma câmara de pressão em Estocolmo. Eles nos colocaram em bicicletas para ver como desempenhávamos fazendo esforço em diferentes altitudes. Foi extremamente difícil. Tínhamos que usar máscaras conectadas por um tubo a uma espécie de tanque. Aquilo media nossa capacidade pulmonar, quantos litros éramos capazes de aguentar. Como atleta de elite, me saí bem. Dos goleiros, era exigido um outro tipo de resistência. Tínhamos que estar aptos a saltar para cima e para baixo um monte de vezes. Quando se tratava de correr, possivelmente os jogadores de campo desempenhavam melhor. Sentíamos que estávamos fortes.

Wolfgang Overath (Alemanha Ocidental): Não me lembro de tudo, mas uma coisa que lembro bem é que todos estávamos com muito medo de não conseguir jogar nada. Falou-se sobre isso, entre os jogadores, antes da Copa do Mundo, que nossos corpos não seriam capazes de suportar. Estávamos todos animados para os primeiros dias de treinamento, e eles foram horríveis. Nas três primeiras sessões de treinos a gente tinha a sensação de que iria correr alguns metros e depois não conseguiria fazer mais nada. Ainda me lembro disso muito bem. Nossa confiança não estava em alta durante aqueles primeiros dias no México. A gente treinava, mas logo tinha que parar. O calor muito forte e o ar rarefeito nos atingiram com força no início. Depois de meio minuto de esforço, você precisava de dois ou três minutos de descanso.

Berti Vogts (Alemanha Ocidental): Por causa da altitude — nós jogamos em León, a mais de 2.200 metros do nível do mar — chegamos ao México quatro semanas antes do nosso primeiro jogo, para nos acostumarmos. E isso foi muito difícil. Não tínhamos nenhum jogo, apenas treinos e, por causa da altitude, tivemos que começar com muito cuidado. Era nosso maior desafio. Não usávamos o tempo para analisar os rivais, e sim para tratar da altitude. Eu era o jogador mais jovem da equipe e não sabia o quanto podia ser difícil correr quarenta, cinquenta metros sem parar e ter que me recuperar depois. Nós não sabíamos disso. Apenas três semanas antes do primeiro jogo, a coisa começou a melhorar. Mas foi o nosso maior desafio, a altitude.

Sandro Mazzola (Itália): A gente sempre está confiante quando começa uma Copa do Mundo, embora soubéssemos que existiam seleções fortes. Claro, estávamos jogando em um novo ambiente. Havia comidas diferentes, ainda que nós, italianos, tivéssemos levado nossa própria comida, como de costume. Estar naquela altitude também era muito diferente. Então também estávamos preocupados, porque a gente tinha noção de todas as dificuldades que enfrentaríamos.

Roberto Matosas (Uruguai): Em um treinamento em Montevidéu, o professor Langlade pediu que cada um de nós respondesse algumas perguntas, e uma delas era se estávamos dispostos a viajar para o México um mês antes da Copa do Mundo com a seleção nacional. Não estávamos acostumados a isso, mas a maioria respondeu que sim, porque todos queríamos disputar a Copa. Acho que nossa preparação física foi fundamental, porque teríamos sofrido muito mais com a altitude se não estivéssemos preparados. Os médicos diziam que quando se joga em altitude é preciso chegar um dia antes ou passar um mês se preparando; o Hohberg e o Langlade decidiram fazer um mês de preparação. Sempre digo que o quarto lugar no torneio foi, em grande parte, devido ao fato de termos passado um mês antes da Copa jogando partidas preliminares em Bogotá e em Quito para estarmos aptos ao desafio.

Tommy Svensson (Suécia): Foi diferente. Pessoalmente, não tenho problemas com o calor e nunca tive. Mas a altitude... Toluca fica a praticamente 2.700 metros e isso foi duro. Logo descobri que ficava sem fôlego mais rápido e demorava mais para me recuperar. Mais tempo de recuperação também era necessário após o treinamento e as partidas. Mas as condições eram as mesmas para as outras equipes, então não havia injustiça nisso.

Ronnie Hellström (Suécia): Nunca tinha passado por nada parecido. As outras três equipes estavam mais acostumadas com o calor do que nós, mas durante as partidas acho que isso não pesou tanto. O que era diferente no México era a grama, mais espessa que o tipo que nós usávamos. A bola não rolava tão rápido no chão quanto estávamos acostumados a ver. Em relação às bolas aéreas, não acho que chegassem mais rápido por causa do ar rarefeito.

Outras equipes se preocupavam mais com o sol. Cada um dos 32 jogos começava ao meio-dia ou às 16h. As primeiras partidas, com sol a pino, tinham sido cuidadosamente programadas para atender aos espectadores na Europa, mas eram um inferno para os jogadores que não estavam acostumados ao calor. A temperatura frequentemente passava dos trinta graus e, quando chovia ou ameaçava chover, ficava insuportavelmente abafado.

Berti Vogts (Alemanha Ocidental): Ah, o calor. Por causa da TV, nós tínhamos que jogar ao meio-dia. O horário foi coordenado para que fossem sete da noite na Alemanha. Assim, tivemos que jogar no calor extremo. Acho que hoje em dia isso não seria permitido, os clubes e os países envolvidos não tolerariam isso. Mas naquela época era tudo diferente, tínhamos que jogar ao meio-dia e tenho que admitir que era desesperadoramente quente.

Wilfried Van Moer (Bélgica): Tudo bem com a altitude, mas o calor... Fazia 35 graus. Tivemos que jogar contra o México ao meio-dia na capital. O estádio comportava cerca de 105 mil pessoas, com uma espécie de cúpula gigante ao redor. Estava um forno. Inacreditável! Tudo bem, éramos jovens e podíamos aguentar, mas era quase impossível! Foi realmente difícil. As equipes sul-americanas estavam acostumadas a jogar nessas temperaturas, mas não era o nosso caso.

Allan Clarke (Inglaterra, atacante): Estávamos tomando doze cápsulas de sal por dia. Era um clima quente, no hotel tínhamos ar-condicionado, mas era sair do hotel para o calor pegar a gente de frente. Até andar no calor era muito cansativo.

Curiosamente, alguns dos soviéticos — uma equipe com reputação de suprema aptidão física — disseram que se preocupavam mais com seus próprios jogadores do que com os adversários ou com as condições geográficas ou climatológicas. Alguns até brincaram que buscavam refúgio do sol na sombra que o sistema de som, pendurado em cabos de aço acima do círculo central, projetava no gramado.

Anatoly Byshovets (URSS, atacante): A altitude não era um problema. Eu realmente não senti nada diferente em relação ao funcionamento do meu corpo. Nós não enfatizamos isso em particular durante o treino antes da Copa do Mundo. Já o calor é uma questão totalmente diferente — porque fazia mais de quarenta graus, e a única sombra no campo era a do sistema de som [suspenso acima do campo]. Não fizemos nada em particular ou especialmente voltado para a preparação física para esse torneio no que se refere ao treinamento físico. Contudo, todos tomamos cuidados extras quando jogávamos no Campeonato Soviético. Antigamente não existiam cartões amarelos no futebol; então, para os atacantes, era particularmente perigoso — eles poderiam se machucar —, enquanto os zagueiros sabiam que no caso deles havia um alto grau de tolerância. Além disso, a marcação por zona não era comum — os jogadores eram marcados homem a homem e às vezes com rigor excessivo. Portanto, era grande o perigo de os atacantes se lesionarem nesses jogos — e em alguns amistosos internacionais também. Eu estava tão determinado a chegar àquela Copa do Mundo que, quando joguei o campeonato naquele ano, tive certo bloqueio psicológico. Eu não podia me dar ao luxo de me machucar, então peguei mais leve. Não é que não estivesse motivado suficientemente — é claro que dei meu melhor em campo. Mas ainda assim me esforcei muito para evitar lesões.

Os preparativos para a Copa do Mundo de 1970 foram difíceis. Muitos voos e jogos amistosos por todo o mundo, uma agenda cansativa. E tinha também o aspecto pessoal, porque o lado psicológico é chave também. Tendo jogado tantos amistosos, senti que estava começando a me exaurir — não fisicamente, mas psicologicamente. Quase como se estivesse começando a perder a fome de bola. Então eu tive que falar com o técnico. Apenas dez dias antes da Copa, a gente tinha nosso último amistoso e eu fui até o [Gavriil] Kachalin, um dos melhores técnicos que já tivemos — ele ganhou a medalha de ouro na Olimpíada de 1956 e foi campeão da Euro de 1960 —, e disse a ele que eu estava psicologicamente exausto. Ele compreendeu, me tirou daquele jogo e me colocou num esquema de treinamento individual. Eu o convenci de que isso renovaria a minha motivação, a mesma que tinha perdido ao disputar tantos amistosos.

Os jogadores brasileiros se reuniram em fevereiro para iniciar a preparação — a estreia seria apenas em junho. A CBD, *precursora da* CBF, *havia organizado amistosos no México em 1968 para reconhecer o terreno, e voltara sabendo que condicionamento físico e resistência seriam absolutamente vitais se quisessem ter chances reais de vencer. Eles desenharam um cronograma de treinos tão completo e eficaz — parcialmente baseado nos testes aeróbicos que a Nasa aplicava em astronautas — que o planejamento foi destacado pela Fifa em seu relatório técnico emitido ao final do torneio.*

Carlos Alberto (Brasil, lateral direito): É importante lembrar, porque as pessoas raramente mencionam isso, que ganhar uma Copa do Mundo exige uma preparação bem detalhada. Quatro anos antes do torneio, o Brasil tinha sido surpreendido pelo futebol europeu, com seu famoso "futebol força". Um jeito de jogar futebol que tem como base dar chutões e jogar duro. Quem poderia esquecer aquele cara sem dentes, o [Nobby] Stiles, o inglês que amedrontava todo mundo por conta da sua violência? A CBD conduziu vários estudos e planejamentos e nos disse, desde o primeiro dia: "Se vocês seguirem o que preparamos em termos de condicionamento físico, vão pelo menos até a final. É preciso estar muito bem preparado fisicamente, primeiro por causa da altitude e segundo por causa do jeito como os europeus jogam hoje em dia". E nós seguimos cada uma das orientações.

Queríamos conquistar alguma coisa naquela Copa e, se a gente esperava se dar bem no torneio e chegar até a final, tínhamos que estar muito bem preparados. Por isso trabalhamos duro na parte física, e a CBD nos levou para treinar na altitude um mês antes de o campeonato começar, para a gente se aclimatar. Foi tudo muito bem realizado e funcionou. Mas não adianta estar em forma se você não tem qualidade. Os resultados de todos os jogos mostram isso com clareza. A gente melhorava a cada jogo. E isso influencia muito a sua cabeça. Sabíamos que, se estivéssemos bem fisicamente, na parte da habilidade e da técnica a gente se garantia em relação aos adversários.

Saímos do Brasil quarenta dias antes do início da Copa, passamos alguns dias em Guadalajara, não muitos, e depois fomos para Guanajuato e Irapuato, cada lugar um pouco mais alto que o anterior. Aí, quando voltamos para Guadalajara, ficamos dez, doze, quinze dias por lá para as partidas da primeira fase e, depois disso, para as quartas e a semifinal. E a gente tinha pulmão para isso tudo. Estávamos em ótima forma. A gente tinha dias de descanso, e sempre nos davam uma folga depois de um jogo. Se a gente jogava numa quarta, voltava para a concentração e, no dia seguinte, depois do almoço, ficávamos livres para fazer o que quiséssemos até de noite. Muitos de nós nem saíamos. "Não quero sair, quero relaxar por aqui mesmo, vou querer uma massagem, vamos ganhar esse campeonato e depois eu vou ter o resto da minha vida para me divertir" [risos].

Tostão (Brasil, atacante): Todos ficaram surpresos, porque nosso preparo físico chegou num nível que ninguém tinha experimentado nos clubes ou na seleção. E tivemos tempo; ficamos lá [no México] por quase quatro meses, três meses e meio só de treino, então foi uma longa preparação. Uma revolução tecnológica no futebol que influenciou o resto do mundo.

Zagallo (Brasil, técnico): Tivemos uma enorme vantagem na nossa preparação física. Treinamos 21 dias na altitude — naquela época, tínhamos tempo para esse tipo de condicionamento. Treinamos por 21 dias porque, cientificamente, sabíamos que seria o tempo ideal para que o condicionamento permanecesse no organismo dos jogadores. Então, descemos para Guadalajara, onde jogamos todas as partidas até a final, já sabendo que se chegássemos até o fim do campeonato, a preparação para a altitude ainda estaria no corpo dos jogadores. Ninguém mais fez isso. O Brasil se preparou para a maior altitude, mesmo que só tenhamos jogado uma partida lá. Nosso condicionamento físico era excelente — ganhamos a maior parte dos jogos no segundo tempo.

O Brasil voou para o México sob pressão depois de uma série de amistosos pouco convincentes — e existiam mais dúvidas sobre a escalação da seleção do que se poderia esperar depois da fase de classificação. Os brasileiros tinham ganhado todas as seis partidas das Eliminatórias em 1969, mas grandes mudanças haviam sido feitas desde então. O lateral-esquerdo Marco Antônio havia sido substituído de última hora por Everaldo, e Piazza, meio-campista no Cruzeiro, tinha sido deslocado para a posição de quarto-zagueiro, desconhecida para ele, ao lado de Brito. Zagallo havia sacado Edu, o adolescente que era ponta do Santos e havia ido bem nas Eliminatórias, e mudara o 4-2-4 de Saldanha para um 4-3-3 com Gérson, Rivellino e Clodoaldo, então com 20 anos, no meio de campo.

Rivellino (Brasil, meio-campista): Saímos do Brasil com todo mundo achando que a gente não passaria nem da fase de grupos.

Zé Maria (Brasil, lateral direito): O começo foi meio estranho. Fizemos alguns jogos aqui no Brasil, partidas de preparação, e a torcida não estava muito confiante, apesar de termos tido bons resultados. Então, quando fomos para o México, não tínhamos toda a força dos torcedores nos apoiando. Começamos a ganhar essa força quando chegamos lá, na concentração. Acho que o tempo que passamos juntos ajudou muito e trouxe consistência ao grupo. Saímos do Brasil meio que com medo.

Piazza (Brasil, meio-campista/zagueiro): Joguei uma vez [como zagueiro] pelo Cruzeiro contra o Atlético Mineiro. Estávamos com dez homens e eu fiquei no centro da defesa. Também aconteceu na seleção por acaso. A equipe contava com o Fontana e o Joel Camargo. Quando o João Saldanha saiu e o Zagallo entrou, ele trouxe outro zagueiro e eu continuei a jogar como volante defensivo. Mas comecei a perder espaço para o Zé Carlos, que jogava comigo no Cruzeiro e era um excelente jogador. Então, eu estava sobrando. Um dia, durante o treino, dois zagueiros se machucaram e havia um volante defensivo reserva. O Zagallo me pediu para recuar e foi o que fiz. Foi um risco porque, se os zagueiros tivessem voltado a tempo, eu teria sido cortado. Os zagueiros daquela época tinham que ser bons tecnicamente para jogar fora da defesa. Mas foi difícil porque meu escopo era limitado. No Cruzeiro, eu tinha mais liberdade e realmente saía do campo com a camisa pingando de suor. Houve jogos na Copa do Mundo que peguei minha camisa depois e não estava pesada, encharcada de suor. Sempre pensava que não tinha jogado bem porque não tinha corrido tanto.

Félix (Brasil, goleiro): O Zagallo moldou o time da maneira que queria que a gente jogasse. A maioria era de jogadores inteligentes: você pegava um Rivellino e, onde quer que o colocasse, ele jogava; você pegava um Paulo Cézar [Caju] e, onde quer que você o colocasse, ele jogava; você pegava o Pelé e, bem... o que mais preciso dizer?

Piazza (Brasil): O time tinha cinco homens que eram decisivos. Então, nós da defesa não precisávamos sair para o ataque. Nosso time era extraordinário porque a gente sabia como se defender e como atacar. Todo mundo sabia como jogar futebol, por isso tantos marcaram gols. Exceto Piazza, Brito, Everaldo e Felix, todos os outros marcaram.

A maior preocupação, porém, dizia respeito a Tostão. O jogador do Cruzeiro tinha sofrido um descolamento de retina quando uma bola atingiu seu rosto em setembro de 1969 e, após ser submetido a uma cirurgia em Houston, nos Estados Unidos,

onautas — que o p
eiros se reuniram em fevereiro para i
ado amistosos no México em 1968 para reconh
nte vitais se quisessem ter chances reais de vencer.
o nos testes aeróbicos que a NASA aplicava em astron
inal do torneio. Os jogadores brasileiros se reuniram em
rsora da cbf, havia organizado amistosos no México em 1
ncia seriam absolutamente vitais se quisessem chances
— parcialm
io técnico
es em junho.
amento físi
ompleto e efi
FIFA em seu
estreia seria
abendo que
grama de tre
to foi destaca
preparação —
rreno, e voltar
enharam um cro
ue o planejame
o para iniciar a
reconhecer o
ncer. Eles des
ronautas —
m em fevere
em 1968 p
es reais d
plicava em a
s se reuniram em fevereiro para iniciar a preparação —
no México em 1968 para reconhecer o terreno, e voltara
ter chances reais de vencer. Eles desenharam um cron
NASA aplicava em astronautas — que o planejamen
s se reuniram em fevereiro
México em 1968

ento foi destacado p
preparação — a estreia
erreno, e voltara sabendo que condicionamento f
senharam um cronograma de treinos tão completo e e
— que o planejamento foi destacado pela **FIFA** em seu re
ro para iniciar a **preparação** — a estreia seria apenas
ra reconhecer o terreno, e voltara sabendo que condiciona
e vencer. Eles desenharam um cronograma de treinos tão
m astro — que o planejamento foi destacado pela F
i **preparação** — a es
a sabend
ograma
nto foi
a prep
o o terren
Eles desenh
utas — que o
fevereiro par
1968 para rec
s reais de venc
licava em astr
os se reuniram e
osos no México e
essem ter chan
os que a NASA
jogadores bras
organizado am
mente vitais se
nos testes aero
FIFA em seu relatório técnico emitido ao final do torneio.
reia seria apenas em junho. A cbd, precursora da cbf, ha
o que condicionamento físico e resistência seriam abso
a de treinos tão completo e eficaz — parcialmente b
stacado pela **FIFA** em seu relatório técnico emitido
anas em junho. A cbd,

passou meses sem conseguir correr, cabecear ou combater um adversário. Tostão tinha sido artilheiro do Brasil nas Eliminatórias, mas havia dúvidas se ele se recuperaria a tempo para a Copa. Mesmo se o fizesse, muitas pessoas, incluindo Zagallo, questionavam se alguém que jogava como meio-campista avançado em seu clube poderia funcionar como atacante, atuando na frente com Pelé. Mas o olho de Tostão melhorou e, nos amistosos que aconteceram às vésperas do torneio, ele impressionou o treinador na nova posição.

Pelé (Brasil, atacante): Eu tinha uma preocupação em particular nessa Copa do Mundo. Era com o Tostão. Quando a gente falava com o Tostão, a gente via que ele estava preocupado com o olho que tinha operado. Ele não cabeceava as bolas no treino e estávamos preocupados. Foi perturbador para todos nós. Eu tinha medo de que ele ficasse preocupado durante os jogos, assim como ficava nos treinos. Por sorte, ele deixou de lado essa cautela e, posso dizer, era fácil jogar com o Tostão. Ele tinha reflexos rápidos e um ótimo controle de bola. Sabia como se posicionar, ou melhor, como jogar sem a bola nos pés. Ele sempre procurava espaços na defesa adversária. Os zagueiros seguiam o Tostão, fazendo com que fosse mais fácil para mim e para os outros jogadores chegar pelo meio. Muitos dos nossos gols foram criados pelo Tostão.

Tostão (Brasil): Por meses eu fiquei completamente fora, lendo, descansando. As restrições foram diminuindo com o tempo. Eu não podia andar de carro, porque chacoalhava, não podia isso ou aquilo, não podia correr. Foi um período difícil, e havia muita indefinição. Para piorar, dez ou quinze dias antes de a Copa do Mundo começar, o Zagallo mudou de ideia sobre eu começar como titular. Disse que queria o Dario ou o Roberto. Aí, viu que não eram jogadores que podiam fazer companhia ao Pelé e ao Gérson, e me colocou numa posição diferente da que eu jogava no Cruzeiro. Lembro até hoje: ele estava muito em dúvida, mas fizemos uma partida amistosa contra um time mexicano, e eu joguei ao lado do Pelé e do Gérson. Depois desse jogo, todo mundo ficou encantado. Então, quando a partida acabou, o Zagallo veio até mim com um sorrisão e disse: "Você vai jogar" [risos]. Alguns dias depois, quando eu estava super bem, para complicar as coisas e deixar tudo mais dramático, uma hemorragia apareceu no meu olho; era uma conjuntivite, como um coágulo. O médico de Houston veio me examinar na concentração. Nós estávamos em Guanajuato, que era bem longe da Cidade do México, e ele passou o dia viajando de carro para chegar até lá. O doutor me examinou e disse: "Não, é só conjuntivite. A cirurgia interna — a retina — está intacta, está curada e voltou ao normal, então não tem problema". A agitação ainda continuou, porque o médico do time, os auxiliares, o técnico, todos eles se reuniram: "Será que podemos confiar na palavra do médico?... E a Copa está para começar". Foi um grande drama.

Zagallo (Brasil): E teve o Tostão. Foi uma escolha que fizemos ao longo do caminho. Primeiro, tinha o problema com a retina. Segundo, ele jogava na mesma posição do Pelé, vindo de trás, então o normal seria tê-lo no banco. A gente tinha vários jogadores nessa posição.

Tostão (Brasil): Os jovens que assistem às fitas da seleção na Copa do Mundo de 1970 me veem como um atacante que jogava mais avançado do que o Pelé. Mas a verdade é que nunca joguei assim no Cruzeiro. Para ser bem honesto, foi uma adaptação, porque não dava para eu jogar na posição do Pelé. Eu teria que ser o reserva dele, e então pensei: "Para não ser o reserva dele, vou adaptar meu jogo". E desenvolvi um novo papel. Mas minha verdadeira posição no Cruzeiro era a de meia-atacante. Combinamos que eu jogaria atrás dos quatro zagueiros adversários. Isso significa que me sacrifiquei individualmente para jogar perto do líbero, de modo que ele tivesse que me marcar. Por exemplo, em gols que o Brasil marcou, o líbero deveria ter dado cobertura, mas não fez isso porque estava me marcando.

Félix (Brasil): Para mim, o Tostão era taticamente o melhor jogador do time. Ele mantinha dois jogadores ocupados, e isso dava ao Pelé espaço para fazer o que quisesse. O melhor jogador do mundo, fazendo o que sabia fazer... Estava tudo resolvido, cara!

O Brasil já tinha sofrido grandes mudanças nos bastidores no primeiro semestre de 1970. O técnico João Saldanha, homem volátil e franco, além de comunista de carteirinha, tinha batido de frente com os líderes do governo de direita, que acabaram substituindo-o por Mário Jorge Lobo Zagallo, o ponta-esquerda que havia jogado ao lado de Pelé nas seleções campeãs de 1958 e 1962. Muito peso foi creditado ao comentário de Saldanha de que, se os militares não tentassem interferir em sua equipe, ele não se envolveria na escolha dos ministérios, mas esse não foi o principal fator para sua demissão. A ditadura claramente não queria que Saldanha ganhasse o título no México porque isso daria a ele uma plataforma para criticá-la. Saldanha tinha se tornado cada vez mais errático e era necessário encontrar alguém mais calmo e mais flexível como técnico. Apesar dessa decisão, os jogadores brasileiros — que em sua maioria pouco se importavam com política — juram que, muito embora a maior parte dos funcionários dos bastidores fossem militares, nunca houve interferência política.

Gérson (Brasil, meio-campista): Em 1970 nós tínhamos o problema da ditadura e sabíamos o que estava acontecendo, mas não sofremos nenhuma pressão, nem ninguém forçou nada. Havia a seleção, o que a gente tinha que fazer era treinar e jogar — e recebemos toda a ajuda de que precisávamos, sem nenhum problema do ponto de vista esportivo. Naturalmente, estávamos a par do que estava acontecendo e você poderia me perguntar: "Então, por que não abandonou a competição?". Não abandonamos porque estávamos todos representando nosso país em uma competição que exigia comprometimento. Se não fosse uma Copa do Mundo, talvez a gente tivesse desistido de tudo, mas fomos fazer o que devíamos fazer, fomos lá, vencemos, problema resolvido. Não tivemos nenhuma dificuldade em termos de sofrer pressões ou algo do tipo, tínhamos garantias em relação a isso. A gente era contra muita coisa, tá certo? Mas estávamos naquele contexto de que tínhamos que fazer nossa parte, que era a esportiva, e foi o que fizemos.

Carlos Alberto (Brasil): Não ouvimos ninguém falar nada em nenhum momento, e se tivesse acontecido eu diria a você, sem problemas. Dizia-se que o governo queria interferir na seleção, mas nunca vimos ninguém dentro da concentração tentando interferir ou dar palpite. Fizemos o nosso trabalho, sabíamos o quanto era importante profissionalmente para a gente ganhar aquela Copa. Para o Pelé foi a última, e para o Brito, o Gérson, o Piazza, o Tostão, para a maioria dos jogadores, seria a única oportunidade de jogar uma Copa do Mundo e vencer. E sabíamos que a gente tinha time para isso. Havia elenco para vencer e também o planejamento, o trabalho da delegação e, principalmente, os preparativos físicos. Estávamos confiantes de que, se seguíssemos as instruções, poderíamos vencer a Copa do Mundo.

Gérson (Brasil): Vou dizer com a maior sinceridade: se houvesse pressão, não teríamos jogado. Não houve pressão, nem dos militares, nem da delegação, nada. Nosso trabalho em 1970 foi honesto. Foi assim: vamos fazer isso, e foi isso que fizemos. Não houve interferência política, político-partidária, político-militar, nada, nada, nada.

A campeã Inglaterra rumou para o Equador e para a Colômbia a fim de fazer sua preparação na altitude, mas não foi o ar rarefeito que os deixou cambaleantes. Em vez disso, os ingleses foram vítimas do que, na época, tornou-se um dos maiores escândalos de todos os tempos a atingir o esporte. Depois de passar algumas semanas no México para iniciar o processo de aclimatação, o time inglês se mudou para a capital colombiana, Bogotá, outra cidade de grande altitude. Tanto o time A quanto o time B enfrentariam seus pares colombianos antes de partir para o vizinho Equador, para mais dois jogos preparatórios contra adversários locais. A partir de lá, a seleção inglesa voltaria ao México, fazendo uma parada para reabastecimento em Bogotá e chegando à capital mexicana uma semana antes do início do torneio.

Gordon Banks (Inglaterra, goleiro): Desde que vi Bogotá pela primeira vez, não gostei nada. Fiquei horrorizado com a sujeira nas ruas. Num determinado momento, passamos por um cavalo morto deitado à margem da estrada; três dias depois, quando voltamos ao aeroporto, ele ainda estava lá. Para nós, o lugar parecia um inferno. O [técnico] Alf Ramsey havia nos alertado sobre as possíveis armadilhas da vida na cidade. Disse que, em nenhuma circunstância, devíamos comer qualquer coisa que não tivesse sido preparada pelo chef que havia sido nomeado para cozinhar para a seleção da Inglaterra. Alf nos disse também para bebermos apenas água engarrafada e para nos assegurarmos de que a garrafa tinha sido aberta na nossa presença para que pudéssemos verificar se o conteúdo não tinha sido completado com água da torneira. Fomos proibidos de fazer as caminhadas habituais para alongar as pernas, o que era nosso passatempo preferido em uma cidade estrangeira antes de um jogo.

Bobby Moore (Inglaterra, zagueiro): Do aeroporto de Bogotá, fomos de ônibus ao Tequendama Hotel, um edifício impressionante de oitocentos quartos, reconhecido como um dos melhores hotéis da América do Sul.

Gordon Banks (Inglaterra): Fomos avisados dos perigos de Bogotá. Para minimizar as chances de nos metermos em apuros, o Alf nos disse para ficarmos dentro dos limites do Tequendama. Mal sabia ele que muitos problemas esperavam por nós ali mesmo, por trás da fachada suntuosa do hotel.

Bobby Moore (Inglaterra): Tudo começou na segunda-feira, 18 de maio, quando chegamos em Bogotá vindos da Cidade do México, onde tínhamos ficado desde que havíamos deixado a Inglaterra duas semanas antes. Depois que nos mostraram os quartos e desfizemos as malas, a maior parte do grupo foi explorar o hotel, que tinha várias lojas tanto no térreo quando abaixo do nível da rua. Eu estava com o Bobby Charlton olhando a vitrine da joalheria Green Fire, uma das quatro que existiam dentro do hotel, perto da recepção principal. Era mais um quiosque do que uma loja, porque o interior era muito pequeno. Olhamos alguns anéis e saímos.

Bobby Charlton (Inglaterra, meia-atacante): Eu queria comprar uma joia para a [minha esposa] Norma. Eu teria buscado outras possibilidades de compras se não tivéssemos sido alertados para tomarmos cuidado ao sair do hotel, porque havia violência e roubos nas ruas de Bogotá. Fomos avisados de que, se saíssemos nas ruas, que estavam lotadas de vendedores ambulantes e também batedores de carteira, nunca deveríamos estar em menos de três companheiros. Eu vi um colar bonito e perguntei o preço, suspeitando que, em um hotel daquele porte, ele provavelmente estaria fora das minhas possibilidades. Uma jovem vendedora destrancou um armário para me mostrar o colar e me confirmou que ele custava 6 mil libras, ou seja, estava muito além do que eu podia pagar. O Bobby [Moore] e eu olhamos um pouco mais as vitrines, só para checar os preços dos itens e comentamos: "Esse anel vale mais do que minha casa. Inacreditável!".

A gente se afastou, especulando sobre quem poderia pagar tanto por uma joia e como ganhariam tanto dinheiro. Certamente não seriam jogadores de futebol em uma Copa do Mundo. Não tínhamos para onde ir, nem qualquer coisa para fazer, então nos sentamos em um dos sofás espalhados pelo lobby do hotel. De repente, a vendedora apareceu. Ela falava de um jeito estranho, estava agitada e pediu que o Bobby se levantasse, o que ele prontamente fez, totalmente perplexo, e ela começou a remexer nas almofadas do sofá. Estávamos perdidos, porque a garota falava em espanhol, mas então um homem, que presumimos ser o gerente da loja, apareceu e anunciou que estava faltando uma pulseira. Ele também começou a procurar no sofá. Entre todos os anéis e colares de esmeralda, eu não tinha visto nenhuma pulseira, e meu primeiro pensamento foi de que se tratava de algum tipo de pegadinha. Mas eles não pareciam estar para brincadeiras, e tinham uma expressão acusadora no rosto, então eu disse: "Ei, isso é sério, chame o treinador, chame a polícia, chame alguém…".

Bobby Moore (Inglaterra): Para nosso espanto, fomos abordados por um dos funcionários do hotel e voltamos para a joalheria. Só então descobrimos que estava faltando uma pulseira. Nós nos oferecemos para cooperar com tudo que fosse possível e dissemos que estávamos dispostos a sermos revistados. Por alguma razão, eles não nos revistaram. Depois de conversar com alguns dos funcionários da loja, a questão parecia ter sido resolvida. Achamos que tinha acontecido algum tipo de mal-entendido.

Bobby Charlton (Inglaterra): Então começou aquela loucura e, de repente, todo mundo estava dizendo que Bobby Moore tinha pegado a pulseira. Eu falei: "Isso é um absurdo".

Em pouco tempo, a situação se transformou em um incidente internacional. O dono da loja estava convencido de que Moore havia roubado a pulseira e chamou a polícia. Os policiais chegaram ao local em minutos e os funcionários da delegação inglesa se viram em uma situação que não teriam imaginado nem em seus sonhos mais malucos.

Bobby Charlton (Inglaterra): O Bobby foi levado pela polícia, enquanto o pessoal da delegação inglesa teve de deixar de lado a perplexidade e entrar em contato com a embaixada britânica.

Nobby Stiles (Inglaterra, defensor): O Bobby Charlton ficou chocado e chegou a chorar, mais de raiva do que de tristeza, quando nos contou o que havia acontecido.

Gordon Banks (Inglaterra): O Bobby Moore, um ladrão, e o Bobby Charlton, seu cúmplice. Era como se nos dissessem que a Madre Teresa tinha sido presa por crueldade com crianças, de tão estranha e inacreditável era a história.

Bobby Moore (Inglaterra): O mundo inteiro pareceu ter pirado naquele dia. Lá estava eu sendo questionado pela polícia, e em seguida por um juiz, sobre uma pulseira que ninguém encontrava e se supunha que eu tinha roubado. Uma pulseira que eu nem tinha visto, quanto mais pegado. As manchetes dos jornais vinham à tona em todo o mundo — "Bobby Moore considerado ladrão". E isso uma semana antes do início da Copa do Mundo no México. Foi inacreditável, louco demais para se explicar em palavras. A gente lê às vezes sobre pessoas sendo acusadas de algo que não fizeram, principalmente na ficção policial, mas nunca imagina que isso possa acontecer com você.

Ao perceberem que não se tratava de uma pegadinha, os jogadores ingleses passaram a cogitar a possibilidade de ser um golpe, projetado para tirar dinheiro deles, ou uma conspiração sul-americana criada para atrapalhar os preparativos da seleção em sua defesa do título e da Taça Jules Rimet.

Martin Peters (Inglaterra): Os rapazes não conseguiam entender por que alguém faria uma coisa daquelas com o Bobby Moore. Era difícil saber o que pensar, mas em momentos assim a gente naturalmente acredita que alguém está organizando uma trama sombria e diabólica.

Gordon Banks (Inglaterra): Não tenho dúvidas de que o Bobby caiu numa armadilha que visava atrapalhar nossos preparativos para o México, ou que alguém queria ganhar dinheiro o envolvendo numa acusação forjada.

Moore foi liberado enquanto novas investigações eram realizadas e jogou na vitória da Inglaterra sobre a Colômbia por 4 a 0, em 21 de maio, além de ter sido autorizado a viajar ao Equador para mais partidas amistosas. Isso, imaginava a delegação inglesa, seria o fim do caso. Moore atuou bem na vitória da Inglaterra sobre os equatorianos, por 2 a 0, partida que recebeu 36 mil torcedores e ocorreu a 2.800 metros acima do nível do mar, o ponto mais alto em que a Inglaterra já havia jogado até aquele momento de sua história.

Bobby Charlton (Inglaterra): Quando Bobby Moore recebeu permissão para voar para Quito e participar da vitória por 2 a 0 sobre o Equador, parecia que o caso havia se transformado numa farsa que rapidamente tinha chegado ao fim. Eu tive confiança suficiente até para comprar para Norma uma pequena joia de preço bastante modesto numa loja de Quito, mas não sem antes me assegurar de levar um companheiro de equipe comigo. Otimismo certamente era o sentimento predominante quando voltamos a Bogotá para uma escala, ficando no mesmo hotel onde o problema tinha ocorrido.

Com as dificuldades para se viajar pela região, a seleção da Inglaterra teve de voar para o México via Bogotá e Cidade do Panamá. A escala em Bogotá seria longa e, para não deixar os jogadores sentados no aeroporto o dia todo, Sir Alf Ramsey providenciou um ônibus que os levou de volta ao Hotel Tequendama, onde poderiam relaxar e assistir a um filme antes de retornar ao aeroporto e pegar o voo para a Cidade do México.

Gordon Banks (Inglaterra): De volta ao hotel, Alf conseguiu que passassem um filme para nós em um *lounge*. Eu nunca vou esquecer aquele filme. Era *Shenandoah*, estrelado por James Stewart e Doug McClure, uma saga de 1965 sobre a Guerra Civil Americana e como ela afetou uma família na Virgínia.

Bobby Moore (Inglaterra): Então o pesadelo começou.

Gordon Banks (Inglaterra): Na metade do filme, dois colombianos de terno entraram na sala para falar com o Bobby Moore, que saiu na companhia deles. Na época, eu não vi nada de mais nisso. Em seu papel como capitão da Inglaterra, o Bobby era frequentemente chamado para dar entrevistas à imprensa local ou conhecer funcionários da embaixada britânica. Mesmo que o Bobby não tivesse voltado, ainda não tínhamos motivos para preocupação. Não suspeitei de nada nem mesmo quando nos reunimos no aeroporto de Bogotá para nosso voo de conexão para a Cidade do México e percebi que ele não estava conosco. Simplesmente achei que o Bobby havia concordado em dar algumas entrevistas para empresas de TV sul-americanas e que pegaria o próximo voo.

Martin Peters (Inglaterra): Fui um dos primeiros a perceber que algo estava errado porque, quando estávamos a ponto de sair de Bogotá em direção ao México, depois de jogar as partidas contra Colômbia e Equador, me pediram para carregar o equipamento do Moore para o avião. Percebi que ele estava detido pela polícia, mas até onde sabia, seria liberado rapidamente depois de assinar uma declaração. Isso também foi o que disseram ao Moore.

Bobby Charlton (Inglaterra): Mais uma vez, Alf Ramsey ficou indignado — ele diria mais tarde que esses foram os piores dias de sua carreira internacional —, mas a maioria de nós acreditava que o pesadelo iria acabar naquela manhã e o Bobby apareceria no aeroporto, imperturbável como sempre, o homem mais são em meio a esse mundo louco. Quando o Bobby não apareceu no aeroporto, eu disse para o Ramsey: "Olha, quero ajudar no que puder". Sugeri ficar para trás e reiterar minha declaração à polícia de que estava com o Bobby o tempo todo na joalheria e não havia como ele ser culpado daquela acusação ridícula. De forma brusca, o Alf disse: "Você tem que entrar no avião, Bobby. Não tem como você ficar. Vamos deixar os políticos e diplomatas resolverem isso".

Os jogadores não sabiam ainda, mas Moore tinha sido colocado em prisão domiciliar em Bogotá. O time partiu para o México sem saber da gravidade da situação até Sir Alf abrir o jogo no Panamá, onde estavam reabastecendo o avião, e fazer um anúncio inesperado tanto para os jogadores quanto para a imprensa — que também não sabia exatamente o que estava se passando.

Gordon Banks (Inglaterra): Alf fez uma declaração aos jogadores e ao grupo da imprensa que nos acompanhava. Eu não conseguia acreditar no que ele estava dizendo. O Bobby Moore tinha sido preso em Bogotá, acusado de roubar uma pulseira da loja Green Fire. A denúncia havia sido feita pela gerente da loja, uma tal de Clara Padilla. Além disso, essa Padilla alegava que o Bobby Charlton tinha acobertado o Bobby Moore enquanto ele roubava o item.

Ao ouvir a declaração do Alf, os jornalistas ficaram alvoroçados. Aquela era uma das maiores e mais sensacionais histórias envolvendo a Copa do Mundo, mas a tecnologia na época era tão precária que, estando a caminho da Cidade do México, eles não tinham como entrar em contato com seus editores em Londres. Assim que entramos no prédio do aeroporto, o pessoal da imprensa correu para os telefones, como se estivessem em um drama de tribunal, onde jornalistas lutam para enviar as notícias de um julgamento espetacular. A imprensa se viu numa situação desafiadora. Os jornalistas estavam presos no Panamá, a caminho da Cidade do México, e seus editores queriam que voltassem a Bogotá para cobrir as últimas notícias do Bobby Moore, que era acusado de furto numa loja. Alguns foram orientados por seus editores a alugar um carro para levá-los de volta, obviamente sem saber que a capital colombiana ficava a mais de 3 mil quilômetros de distância. Por coincidência, muitos jornais tinham enviado repórteres de Londres para cobrir um rali no México, então vários jornalistas que cobriam automobilismo foram afastados de maneira inesperada de suas coberturas e redirecionados para Bogotá. Quando finalmente chegamos à Cidade do México, a mídia nos esperava numa emboscada. A história do Bobby Moore tinha se tornado notícia global e um verdadeiro exército de jornalistas de TV, rádio e jornal se acotovelavam com os fotógrafos, cujos flashes das câmeras espocavam para todo lado.

De volta a Bogotá, Moore conseguiu evitar a prisão e foi colocado sob os cuidados de um funcionário da Federação Colombiana de Futebol, que concordou em cuidar dele enquanto as autoridades investigavam o caso. Moore não podia treinar e, como a partida de estreia no torneio se aproximava, começou a se preocupar com a possibilidade de que aquilo que imaginava ser um "mal-entendido idiota" pudesse deixá-lo de fora da Copa do Mundo.

Bobby Moore (Inglaterra): Me deixaram ficar com o senhor Alfonso Senior, um dos principais dirigentes da Federação Colombiana de Futebol, na companhia de mais dois seguranças. Inicialmente, eu não estava muito preocupado, pois achava que tudo seria resolvido em um ou dois dias no máximo, e eu poderia me juntar à equipe no México. Mas conforme a coisa foi se arrastando até quarta-feira, comecei a ficar realmente incomodado. Nossa primeira partida na Copa do Mundo seria na terça seguinte, em menos de uma semana. Tive receio de que o caso afetasse os outros jogadores quando me dei conta de que a situação estava recebendo publicidade mundial, o que possivelmente seria prejudicial para a equipe. Eu tinha apenas as roupas que estava usando quando cheguei e não podia treinar. Essa não era uma preparação ideal do ponto de vista físico ou mental para quem iria enfrentar uma competição tão difícil quanto a Copa do Mundo.

A preocupação de Moore era legítima, mas quando a polícia investigou o caso mais a fundo, vários problemas vieram à tona. Não havia evidências físicas do roubo e o juiz não encontrou razão para manter Moore sob custódia. Para lançar ainda mais dúvidas em relação à veracidade das alegações formuladas, Clara Padilla supostamente fugiu para os Estados Unidos. Na quinta-feira, 28 de maio, Moore foi liberado e autorizado a voar para a Cidade do México e se juntar a seus companheiros de seleção.

Bobby Moore (Inglaterra): Me chamaram na quinta-feira para me informar que eu tinha permissão para deixar o país se me declarasse disposto a comparecer a qualquer consulado colombiano que pudesse requerer minha presença para uma ajuda adicional. Concordei e finalmente tive certeza de que o pesadelo tinha acabado. Tive 45 minutos para treinar em um dos campos locais antes de pegar um avião de Bogotá rumo à Cidade do México.

Bobby Charlton (Inglaterra): Ficamos treinando no México sem Moore por um longo período, mas nos diziam que ele estava sendo bem atendido. E ficamos muito felizes quando ele voltou e pôde treinar e começar a adaptação.

Gordon Banks (Inglaterra): Quando o Bobby Moore chegou ao nosso hotel, todo o time da Inglaterra se reuniu do lado de fora para aplaudi-lo. Ele teve que usar a mesma roupa por quase uma semana, mas parecia tão alinhado — era como se estivesse saindo de uma alfaiataria com uma roupa nova. O paletó, a camisa e as calças estavam impecáveis, assim como ele próprio.

Alan Ball (Inglaterra, meio-campista): Ele tinha perdido cinco dias de treinos, mas dava a impressão de não ter perdido nem cinco minutos de toda a programação.

Bobby Charlton (Inglaterra): E Moore acabou sendo provavelmente o melhor zagueiro da Copa do Mundo. Certamente não se deixou abater.

Nobby Stiles (Inglaterra): Sob a liderança dele, nós éramos fortes o suficiente para suportar os efeitos desse contratempo, e isso se confirmou quando ele reencontrou a equipe depois de ter sido recebido com um abraço pelo Alf no aeroporto da Cidade do México. "Esqueçam o que aconteceu em Bogotá", disse Moore. "Eu estou bem, e se continuarmos unidos, isso pode nos tornar ainda mais fortes."

Bobby Moore (Inglaterra): Aqueles quatro dias que passei em Bogotá foram um pesadelo, provavelmente o pior pesadelo da minha vida. Ficar detido em um país estranho em prisão domiciliar, questionado sobre um suposto crime que eu não tinha cometido, enquanto o resto do time inglês ia para o México. Era surreal e assustador, mas estava acontecendo.

Bobby Charlton (Inglaterra): O estigma em torno dele foi terrível. A coisa toda foi uma estupidez completa. Não sei quem planejou aquilo, o que quer que tenha sido, mas foi um absurdo. Porém, tinha a ver com a Copa do Mundo e, por isso, o fato foi manchete mundial. Nós poderíamos ter passado sem essa, mas, como descobrimos depois, o acontecido não afetou o desempenho do Bobby Moore. Ele era forte e grande o suficiente para esquecer tudo e deixar aquilo para trás — e, felizmente, foi o que ele fez. O incidente tornou as pessoas mais cuidadosas quando se trata da preparação para uma Copa do Mundo; os jogadores são mantidos isolados para que não haja a possibilidade de coisas semelhantes voltarem a acontecer.

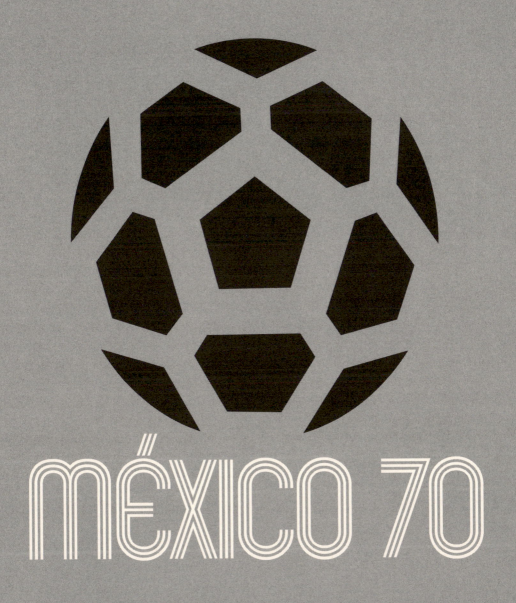

2. A fase de grupos: Grupo 1

MÉXICO 70

2. A fase de grupos: Grupo 1

A partida de abertura do torneio, em 31 de maio, começou ao meio-dia. O Estádio Azteca, com capacidade para mais de 100 mil pessoas, ficou lotado para ver a nação anfitriã iniciar sua campanha contra a União Soviética. Os times haviam empatado sem gols em um amistoso disputado no mesmo estádio três meses antes, e o jogo inaugural se encerrou com o mesmo placar. Foi um encontro sem grandes emoções, já que ambas as equipes tiveram que lutar contra o calor, a pressão e um juiz que interrompia constantemente o jogo. Mas antes da partida um dos times adotou uma estratégia inteligente...

Evgeny Lovchev (URSS, defensor): Era para a gente entrar em campo antes de o jogo começar para a apresentação das equipes e ficar lá no sol ardente durante a cerimônia [de abertura], ouvindo discursos e assistindo a todas as danças. Contudo, nosso treinador, o Gavriil Kachalin, preferiu enviar os jogadores reservas, apoiado pelo nosso capitão, o [Albert] Shesternyov. Nós só deixamos o clima ameno do vestiário pouco antes do início da partida!

Javier Valdivia (México): Não existe superioridade entre as seleções em uma Copa do Mundo, todas são iguais e as partidas são tudo ou nada. Então você tem que ser convincente, não importa com quem esteja na disputa. Por isso não fazia diferença contra quem estávamos jogando. Claro, o jogo era importante por ser a estreia, mas acho que havia mais pressão nos russos do que sobre a gente, basicamente porque eles eram muito bons. Foi uma partida difícil, não havia muito espaço para jogar e acabamos empatando. Sempre tivemos uma atitude positiva. Sabíamos que com esforço individual poderíamos superar algumas de nossas deficiências técnicas e físicas. O futebol é jogado com a cabeça, não com os pés, isso é muito importante.

Ignacio Calderón (México): Tínhamos vários jogadores da mesma equipe [do Mundial de 1966]. O Enrique Borja, o Aarón Padilla, eu mesmo — nós tínhamos experiência em Copa do Mundo. Mas é diferente jogar uma Copa em casa. É muito bonito. Só que sentíamos também uma enorme responsabilidade por conta disso, sabíamos que se começássemos mal, provavelmente ainda poderíamos mudar o rumo das coisas. Conversamos sobre isso, sobre o que significava entrar em campo e mostrar, desde o primeiro minuto, o que era jogar com uma torcida tão maravilhosa, diante de um Estádio Azteca lotado.

Anatoly Byshovets (URSS): A abertura da Copa do Mundo por si só já era um evento. Havia uma atmosfera incrível no estádio. Isso nos deixou muito animados e nervosos ao mesmo tempo. O primeiro jogo em um torneio é sempre importante; é um confronto que você não pode se dar ao luxo de perder.

Evgeny Lovchev (URSS): Antes do Estádio Azteca, eu já havia jogado para 100 mil torcedores. No Estádio Luzhniki, do meu clube, o Spartak Moscow, atraíamos multidões tão grandes quanto essa para jogos contra o Dínamo de Kiev, o Dínamo Tbilisi, o Dínamo de Moscou e o Torpedo. Estávamos acostumados com aquele número de torcedores, mas ainda assim, no México foi muito diferente. Todo mundo estava tremendo por dentro, apesar de sermos também bastante experientes. É que esse tipo de coisa é uma experiência única na vida. Claro que eu sonhava em ganhar a Copa do Mundo. Conforme a partida de abertura se aproximava, começamos a entender que tínhamos finalmente alcançado aquele objetivo pelo qual tínhamos trabalhado tanto tempo. Ficamos nervosos e ansiosos, parecia um sonho. Nós sabíamos que na estreia haveria mais de 100 mil torcedores nas arquibancadas e que estaríamos jogando contra o país anfitrião sob um calor atroz.

Javier Valdivia (México): Foi um jogo muito disputado. Eles não nos deram muitas chances, pressionaram bastante e nós não tivemos tantas oportunidades.

Anatoly Byshovets (URSS): Naturalmente, estávamos um pouco nervosos. Mas isso variava conforme a experiência do jogador. Eu estava um pouco nervoso, principalmente porque queria jogar bem e impressionar a todos. Estava focado e não sentia medo, apenas uma leve tremedeira. [Mas isso] Imediatamente se dissipou quando cruzei a linha lateral para entrar no campo. As primeiras partidas de um torneio são sempre nervosas — especialmente quando você joga contra os anfitriões. É por isso que acontecem tantos empates. Nós estávamos enfraquecidos pela ausência do [goleiro Yevhen] Rudakov e do [meia Viktor] Papaev, mas ainda assim tínhamos uma equipe fenomenal, que estava motivada e pronta para jogar.

Ignacio Calderón (México): A União Soviética era uma equipe muito forte, por isso tinha chegado à Copa. Nós já tínhamos jogado com eles e saído com um empate, e sabíamos o quanto eles eram bons. Fomos muito bem no jogo de estreia porque o empate em 0 a 0 nos livrou do nervosismo e nos acalmou para o jogo seguinte contra El Salvador, e isso nos deixou mais fortes. O empate foi bom porque nos deu confiança.

A partida também foi histórica por ter sido a primeira em que os árbitros utilizaram cartões amarelos para advertir os jogadores. Depois de uma Copa do Mundo de muita brutalidade física em 1966, a Fifa pretendia dar o recado, desde o início do torneio, de que o jogo duro não seria tolerado, e o árbitro da Alemanha Ocidental, Kurt Tschenscher, foi bastante rígido. O meio-campista soviético Kakhi Asatiani foi advertido após 31 minutos, ganhando assim a distinção de ter sido o primeiro jogador a receber um cartão amarelo em um Mundial. Dois outros soviéticos foram advertidos nos três minutos seguintes. Apenas um mexicano recebeu cartão, o que serviu para reforçar uma crença que ganhou força com o desenrolar do torneio, a de que os árbitros estavam favorecendo o time da casa.

Anatoly Byshovets (URSS): Foi um jogo difícil, no qual vencer não era tão importante. O mais importante era não perder. Então ficamos satisfeitos com o resultado — conseguimos o empate num jogo psicologicamente difícil, contra a nação anfitriã da Copa do Mundo. Mas também não é uma partida na qual eu penso com frequência.

Evgeny Lovchev (URSS): Nosso jogo contra o México foi equilibrado e limpo. O time deles veio para o ataque e um dos atacantes que jogava na direita fez um corte para o centro e se preparou para chutar a gol. Eu estava correndo atrás dele e tentei impedi-lo de continuar. Cheguei por trás e mal toquei o calcanhar dele. Vou me lembrar daquele árbitro, o Kurt Tschenscher, da Alemanha Ocidental, para o resto da minha vida: esse foi praticamente o único cartão amarelo que recebi em toda a minha carreira!

Anatoly Byshovets (URSS): Claro, a história mostra que não alcançamos a vitória que gostaríamos. Mas acho que o empate foi um bom resultado. Mostrou que podíamos nos adaptar a condições desafiadoras.

A segunda partida do grupo aconteceu três dias depois, entre El Salvador e a Bélgica. Nenhum dos adversários sabia muito sobre o outro, e ainda que a torcida tampouco conhecesse os times, surpreendentes 92 mil espectadores compareceram ao Estádio Azteca. Os fãs, contudo, assistiram a um jogo ruim, em que os belgas despacharam os estreantes da América Central por 3 a 0.

Wilfried Van Moer (Bélgica): Havia muito pouca informação e preparação. Os olheiros praticamente não existiam. Nós conhecíamos os russos e os mexicanos, porque tínhamos jogado amistosos contra eles em Bruxelas e também depois, algumas semanas antes da Copa do Mundo. Eles eram tecnicamente bons, mas não um time de alta qualidade, embora tivessem a vantagem de jogar em casa. Eram tempos diferentes. Hoje, você sabe de antemão o que cada jogador consegue e não consegue fazer. Isso simplesmente não existia naquela época.

Mauricio Rodríguez (El Salvador): Não sabíamos nada sobre nossos rivais. Eu não sei se os treinadores tiveram chance de ver alguns dos jogos de nossos adversários, mas duvido muito, porque os recursos que tínhamos sempre foram escassos.

Wilfried Van Moer (Bélgica): Houve talvez algum nervosismo no início do jogo com El Salvador. Era uma Copa do Mundo, o primeiro jogo, e a gente não conhecia de verdade o nosso adversário. Sabíamos que eram latino-americanos e que não eram muito bons, e isso era tudo. Então, sim, havia um pouco de nervosismo, mas no intervalo já estava 2 a 0, portanto não foi um problema.

Mauricio Rodríguez (El Salvador): No nosso primeiro jogo, contra a Bélgica, lembro que poderíamos ter marcado o primeiro gol. O Ernesto Aparicio avançou pela lateral, mas em vez de fazer o passe aproveitando que o Mon [Mario Monge] e eu estávamos chegando à área, ele chutou a gol e infelizmente o goleiro defendeu. Essa foi a chance mais clara que tivemos contra a Bélgica. Lembro muito bem porque não consegui dormir naquela noite pensando que se ele tivesse passado a bola para trás, um de nós teria marcado. A Bélgica se defendia muito bem, eles eram fortes e, além disso, sabiam que precisavam ser cautelosos, então jogaram recuados e não avançaram muito. Não que fossem defensivos. Eles marcaram dois belos gols.

Wilfried Van Moer (Bélgica): El Salvador era um time fraco e nós ganhamos. Não foi uma partida muito difícil. Dava para sentir que éramos uma equipe melhor, de outro nível. Então começamos a pensar: um ponto contra a Rússia e...

Mauricio Rodríguez (El Salvador): Na dúvida, o melhor é esperar um pouco pelo rival e fazer o estrago no contra-ataque. Mas realmente a diferença entre nós era grande demais, especialmente física e psicologicamente. Eles corriam mais do que nós. Em um *sprint*, eu poderia bater meu adversário, porque fisicamente estava em forma, mas nos cansamos logo e eles não. Não que estivéssemos em má forma, mas eles estavam mais bem preparados.

Em sua segunda partida no Mundial, o México era o grande favorito para vencer os salvadorenhos, equipe que já derrotara em quatro de cinco encontros anteriores, marcando 23 gols nesses confrontos. Como superpotência futebolística da região, o México tinha sido o único representante da Concacaf nas quatro Copas anteriores, mas como para essa o país havia se classificado automaticamente por ser o anfitrião, existia espaço para mais uma seleção da Concacaf no torneio. Os mexicanos, no entanto, sabiam que não podiam ser arrogantes e, embora tenham derrotado os vizinhos do sul por 4 a 0, valeram-se de alguma malandragem para conseguir destravar a partida.

Ignacio Calderón (México): Conversamos muito e combinamos que não deveríamos ser superconfiantes. Afinal, quantas vezes equipes da América

Central tinham vencido o México por conta do nosso excesso de confiança, por acharmos que íamos golear? Então, desde o início tivemos a mentalidade de fazer de tudo para alcançar nossa primeira vitória na Copa do Mundo.

Javier Valdivia (México): [Rivais da Concacaf] São mais complicados para nós, porque nos obrigam a jogar num nível mais baixo. Só marcamos o primeiro no final do primeiro tempo — foi uma situação difícil — e o gol fez os espaços se abrirem.

Mauricio Rodríguez (El Salvador): O primeiro gol veio de uma cobrança de lateral que deveria ter sido nossa. Mas um mexicano agarrou a bola e cobrou enquanto estávamos de costas. Foi assim que eles marcaram. Mas o lateral era a nosso favor. Eu vi o vídeo depois e eles editaram o incidente. Estávamos esperando que nos passassem a bola, porque era nosso lateral. Mas um mexicano cobrou rapidamente e eles marcaram. O que podíamos fazer? O juiz aceitou. Tivemos sorte, porque nossas reivindicações foram tão veementes que um juiz de mais personalidade teria expulsado uns quatro ou cinco nossos. O [Salvador] Mariona, o capitão, foi um dos mais furiosos, mas também o [Roberto] "La Burra" Rivas. Falei para ele se acalmar, porque não ia mudar a decisão do árbitro. Estávamos com tanta raiva que chutamos a bola na arquibancada três vezes e o juiz decidiu apitar o fim do primeiro tempo três minutos antes do tempo.

Javier Valdivia (México): Foi culpa deles. Com toda honestidade, o gol valeu. Eu passei por eles e tive a oportunidade de marcar. Não sei do que eles estavam reclamando, não sei que falta eles viram para anular o gol. Conhecemos a mentalidade dos jogadores desses lugares. Eles tentam criar problemas para ver se cola. É natural, é a essência dessa coisa toda. Só que quando você está bem preparado, não cai nesses joguinhos mentais tão facilmente.

Mauricio Rodríguez (El Salvador): Bem, o que aconteceu nesse caso acontecia vez ou outra quando jogávamos contra o México. Eles eram mais experientes e tinham uma malícia que, na verdade, nem precisariam usar. O México poderia nos vencer facilmente, mas eles queriam ter certeza.

Ignacio Calderón (México): Isso aconteceu porque eles se irritaram quando saíram atrás no placar. Nós fizemos o que tínhamos que fazer, mas dava para sentir a frustração deles por conta de as coisas não estarem saindo como deveriam. Nós estávamos empolgados, e era uma situação que o juiz tinha que decidir.

Mauricio Rodríguez (El Salvador): Tive uma oportunidade clara antes de eles marcarem o primeiro gol. Corri em direção à bola, cheguei antes do defensor e chutei. A bola passou pelo goleiro e acertou a trave, quicando de volta para os braços do goleiro. Sonhei muito com aquele momento também. No intervalo, nossos dirigentes foram até o vestiário para nos acalmar. "O que estão fazendo? Se vocês estão jogando bem, não ponham tudo a perder agindo como loucos", nos disseram. Talvez o juiz não tenha percebido, mas o bandeirinha sim. No segundo tempo eles nos derrotaram com sobras, marcaram mais três gols. O jogo terminou 4 a 0. Com isso, se classificaram para as quartas de final, algo que nunca tinham conseguido antes.

Ignacio Calderón (México): Felizmente as coisas correram bem, embora eu não me lembre exatamente de quando marcamos o primeiro gol. A partida já estava rolando fazia um tempo. Tínhamos chegado perto, mas só quando alcançamos o resultado final de 4 a 0 foi que o nervosismo habitual desapareceu e ficamos cheios de confiança. Tanto eu pessoalmente quanto toda a nossa defesa nos sentimos felizes, porque não havíamos tomado nenhum gol nos nossos dois primeiros jogos. Aquele foi o jogo mais fácil, mas quando você joga com esse tipo de seleção, fica complicado se as coisas não funcionam como esperado, porque os jogadores começam a se desesperar e isso pode atrapalhar o time. Se eles fazem o gol, fecham a defesa e fica difícil encontrar um jeito de passar. Felizmente, não aconteceu conosco.

A União Soviética foi excelente ao derrotar a Bélgica por 4 a 0 em seu segundo jogo, um resultado que brecou o início promissor dos belgas e deixou o grupo equilibrado para a última rodada. Foi uma partida memorável por conta de duas chances seguidas desperdiçadas por Wilfried Van Moer e pelos dois gols marcados por Anatoly Byshovets, ambos em chutes que entraram no ângulo.

Wilfried Van Moer (Bélgica): Sabíamos que a Rússia era um adversário forte. Era a União Soviética. Eles podiam escolher de um grande grupo de jogadores muito bons. Nós sabíamos disso. Na Europa, eram um dos adversários mais fortes.

Anatoly Byshovets (URSS): Nesse jogo em particular, acho que a sorte esteve do nosso lado. Além disso, também acho que estávamos mais bem preparados em termos de suportar o calor e a altitude. Os belgas pareciam um pouco cansados, sofrendo muito com o calor. Nós estávamos mais revigorados, éramos muito mais rápidos e conseguimos marcar rapidamente — o que foi psicologicamente destruidor para eles. Nosso ritmo foi o elemento-chave que os afetou desde o início — éramos mais velozes e isso basicamente quebrou o plano tático deles. Aquele gol que eu marquei contra a Bélgica foi histórico, ficou entre os cem melhores gols de todos os tempos, acho que numa posição perto da vigésima. Eu encarei três zagueiros e finalizei no canto ângulo oposto.

Wilfried Van Moer (Bélgica): No início do jogo, eu recebi um cruzamento e, a alguns metros de distância do goleiro, cabeceei em cima dele. No rebote, tentei colocar toda a minha força no chute porque a bola tinha menos resistência no México por causa da altitude. Mas a bola bateu na trave! Isso foi nos primeiros dez minutos de jogo e poderíamos ter saído na frente. Depois dessa chance perdida e de termos sofrido o primeiro gol, já era. Não teve mais jeito, mas os russos eram muito melhores. No geral, no México, eles estavam muito mais fortes. Talvez o resultado tenha sido um pouco exagerado, mas nunca teríamos derrotado eles. Não tínhamos nenhuma chance.

Os resultados deram ao México e à União Soviética três pontos em seus dois primeiros jogos, enquanto a Bélgica permanecia com dois antes da última rodada. Mas a partida final da URSS seria contra os já eliminados salvadorenhos, o que praticamente garantia aos soviéticos uma vaga na fase de mata-mata — o que de fato veio a acontecer com uma vitória por 2 a 0 diante de aproximadamente 90 mil pessoas no Azteca.

Anatoly Byshovets (URSS): Novamente, não foi o jogo mais memorável — exceto talvez pelos dois gols que marquei. El Salvador era claramente um ponto fora da curva no grupo, então não havia a menor chance de deixarmos a oportunidade passar, e pode-se dizer que esse jogo foi relativamente fácil para nós. Já tínhamos jogado contra eles uma vez, em meados dos anos 1960 fomos até lá. Acho que até marquei um gol contra eles naquela ocasião — e marquei dois na Copa do Mundo também. Aquela viagem foi uma loucura, El Salvador estava em guerra com um dos vizinhos. E nosso avião foi recebido por patrulhas do exército. Foi um pouco intimidador, mas o jogo em si foi tranquilo.

Mauricio Rodríguez (El Salvador): Eles também eram um bom time. Nós não jogamos mal e tivemos chances de marcar alguns gols. Acho que nos subestimaram, porque o primeiro tempo do jogo terminou em 0 a 0. Eles colocaram o principal goleador da equipe no segundo tempo, depois de descansá-lo, e ele marcou um dos dois gols. Foi assim que nossa aventura no Mundial terminou. A verdade é que éramos o primeiro país da América Central e do Caribe a se classificar para uma Copa do Mundo, porque embora Cuba tenha participado de um dos Mundiais, eles haviam sido convidados. Então foi algo histórico para o nosso país. Na época, nossos torcedores não deram valor ao que tínhamos alcançado. Esperavam mais de nós. Queriam que ganhássemos pelo menos um jogo, que marcássemos gols. Com o tempo, a realidade prevaleceu. Agora eles sabem o verdadeiro valor do que alcançamos. Não conseguimos participar em Copas do Mundo nos doze anos que se seguiram — quando, enfim, nos classificamos para a Espanha. E isso não se repetiu pelos trinta anos seguintes.

A situação deixou o México precisando de pelo menos um ponto no jogo contra a Bélgica, no dia seguinte, para se classificar. Eles conseguiram vencer graças a um pênalti bastante contestado no décimo quarto minuto do primeiro tempo. Léon Jeck dividiu com Javier Valdivia dentro da área, chegando primeiro na bola e evitando que o mexicano finalizasse para o gol. Os belgas, normalmente tranquilos, ficaram indignados e pressionaram o juiz argentino Ángel Norberto Coerezza, que não se comoveu. No fim das contas, a partida acabou 1 a 0 para o México e os anfitriões se classificaram.

Wilfried Van Moer (Bélgica): As partidas contra El Salvador e a Rússia não lotaram o estádio [Azteca]. Era um local com capacidade para 105 mil torcedores e nesses jogos recebeu cerca de 70 mil pessoas. Isso não era um público fora do comum. Tínhamos jogado na Espanha e em outros lugares diante de multidões semelhantes, mas contra o México o estádio estava lotado — eram 105 mil torcedores! Isso deixou uma lembrança duradoura. Foi especial, naquele calor — 35 graus — e 105 mil pessoas torcendo e apoiando o time deles. Era algo que eu nunca tinha experimentado na minha vida.

Javier Valdivia (México): Jogamos bem e a partida estava equilibrada. Marcaram o pênalti para nós porque eu estava bem de frente para o gol, pronto para receber a bola, e fui atingido por trás. Eu nem vi ninguém. E eles [os belgas] disseram que não foi pênalti! O defensor estava atrás de mim, sem chance de ganhar a bola, e ele me fez cair, me derrubou mesmo, foi uma penalidade clara.

Wilfried Van Moer (Bélgica): O Léon Jeck deu uma entrada e tocou na bola primeiro. O juiz imediatamente marcou o pênalti. Um árbitro europeu, ou só "normal", talvez não tivesse marcado, mas o México tinha que avançar na competição por razões esportivas e financeiras. Teria sido uma catástrofe se os mexicanos, como anfitriões, tivessem sido eliminados na primeira fase. Eles seguiram no torneio e ficaram felizes, e alguns de nós ficamos felizes também, já que tudo estava acabando [risos].

Ignacio Calderón (México): Se você assistir de novo, vai ver que foi 100% pênalti. O belga acertou o Valdivia com uma tesoura na altura da cintura. Foi falta e tinha que ser pênalti, não havia dúvida, mas eles protestaram muito. Felizmente nosso batedor de pênaltis oficial, o [Gustavo] Peña, que já tinha experiência em Copa do Mundo e era o capitão do time, fez o gol com categoria.

Martin Peters (Inglaterra): Houve algumas decisões excêntricas dos árbitros em marcações na grande área — onde os jogadores praticavam mais saltos ornamentais para cavar pênaltis do que nas Olimpíadas. Porém, com exceção de uma ou outra, os árbitros não anotavam facilmente as penalidades. A exceção foi justamente o pênalti com o qual o México derrotou a Bélgica e se classificou para as quartas de final. Devo admitir que vi a jogada apenas depois pela TV — tínhamos compromissos quando o jogo aconteceu — mas foi uma decisão tão obviamente equivocada que dava para ver até pela televisão. Os belgas tinham direito de se sentir ofendidos e desconsolados, e não posso nem imaginar o que teria acontecido se o pênalti tivesse sido dado para o outro lado! No mínimo, o jogo teria sido interrompido por conta da revolta da multidão de torcedores.

Gustavo Peña (México, zagueiro): Se eu tivesse perdido [o pênalti], eles teriam me matado [risos]. Porque era um gol muito importante para o time e para mim. E o goleiro deles sabia meu nome. Ele dizia "Pena! Pena!", porque eles não têm o "ñ" na Europa. Corri para a bola e a multidão enlouqueceu. Se eu tivesse perdido, não estaria aqui. Estaria me escondendo, teria mudado de rosto, estaria usando uma máscara, alguma coisa assim.

Ignacio Calderón (México): Queríamos mostrar aos torcedores que estavam nos apoiando que estávamos prontos. Sabíamos o que era esperado de nós. A Bélgica é uma nação forte no futebol e a gente sabia do que eles eram capazes. Conversávamos muito no centro de treinamento e nas reuniões com o treinador. Fazíamos isso para apoiar uns aos outros e nos manter próximos. Éramos como uma família. Nós berrávamos uns com os outros, mas no final vencemos com um pênalti. Foi um jogo duro, difícil, e até os últimos minutos eles nos forçaram a ficar fechados na defesa enquanto atacavam. Houve um momento em que defendemos uma bola que ia entrando. Sabíamos que tínhamos que vencer e sabíamos que, se mantivéssemos a defesa invicta, conseguiríamos a classificação. Jogamos muito bem defensivamente naquela série de três jogos, não sofremos gols. Ficamos maravilhados porque era a primeira vez que o México chegava às quartas de final de uma Copa do Mundo.

Perder sob circunstâncias tão controvertidas foi demais para os belgas, e muitos deles já estavam fartos. O que para a seleção da Bélgica tinha sido uma trapaça, armada para garantir que a nação anfitriã progredisse até a segunda fase do campeonato, gerou acusações de conluio que não diminuíram com o passar dos anos.

Wilfried Van Moer (Bélgica): Contra o México, perdemos por causa de um pênalti que não aconteceu. Mas, você sabe, o México tinha que continuar na competição. Eles arrumaram um árbitro sul-americano para aquele jogo e ele concedeu a penalidade. Esse 1 a 0 foi o suficiente para o México. Eles puderam recuar, e não estávamos desempenhando o nosso melhor futebol, por causa do calor. Mentalmente, foi um verdadeiro golpe.

Na minha opinião, não foi pênalti. O árbitro era latino e ele sabia que o México, do ponto de vista esportivo e financeiro, tinha que continuar no torneio. Sabíamos que os anfitriões não tinham permissão para perder! Mas muitos jogadores belgas ficaram contentes. Acabou! Podemos ir para casa! Essa era a mentalidade. Não era das melhores, mas eu conseguia entender depois de tantas semanas. Hoje, sabe, é tão diferente — hotéis melhores, organização melhor. É tudo profissional. Naquela época, nós éramos profissionais, sim, mas, na realidade, tudo era muito amador.

A União Soviética e o México avançaram para as quartas de final, com a decisão de que a URSS ficaria em primeiro lugar no grupo ocorrendo após um sorteio, já que ambas as seleções terminaram com cinco pontos na tabela e cinco gols de saldo. O México nunca tinha se classificado para a segunda fase de uma Copa do Mundo e a vitória provocou grandes manifestações de euforia por todo o país.

Ignacio Calderón (México): Foi uma loucura. As ruas, os carros buzinando, as pessoas agitando bandeiras e não apenas na Cidade do México, mas em todo o país, porque foi a primeira vez que nos classificamos para a segunda fase. Assistimos a tudo pela televisão e foi inesquecível para nós ver o estádio lotado, escutar os fãs e depois ouvir o hino nacional. Eu tinha estado na Copa do Mundo de 1966, mas jogar em casa é muito diferente.

Javier Valdivia (México): A sensação é indescritível, não há como colocar em palavras a emoção que sentimos. Os torcedores comemoraram a noite inteira. Deixamos os mexicanos felizes fazendo algo que o México nunca tinha feito antes, e no nosso próprio país. Olha, ficamos bem contentes de ter conseguido.

A fraca campanha da Bélgica talvez tenha sido uma surpresa para o mundo do futebol, mas não para alguns dos seus jogadores. A seleção estava no México havia cinco semanas e o descontentamento no ambiente da concentração já vinha fermentando. Vários jogadores do time estavam entediados, com saudades de casa, e faltava não apenas espírito de equipe, mas vontade de progredir. Alguns deles mal podiam esperar para estar dentro de um avião que os levasse para casa.

Wilfried Van Moer (Bélgica): O principal problema era que muitos dos jogadores estavam com saudades de casa. O [treinador Raymond] Goethals fez o que pôde. Disse aos jogadores que a Copa do Mundo não era um torneio qualquer, que o mundo inteiro estaria assistindo. Esse tipo padrão de conversa motivacional. Mas não havia desejo. Você pode falar e falar o quanto quiser. Os chefes da federação, que estavam baseados na Cidade do México, vieram até Puebla para conversar com o grupo, mas depois de três semanas os jogadores haviam jogado a toalha. Então, as pessoas podiam falar o que quisessem, mas a mentalidade adequada não estava mais ali. Para mim, foi uma decepção. Alguns jogadores queriam tentar se classificar para a próxima fase, mas é preciso um grupo inteiro [participar]. Se você tem um grupo que acredita em algo com 100% de camaradagem, pode ir longe. A Bélgica estava entre as melhores seleções da Europa, mas não importava. Tínhamos os melhores jogadores tanto do Anderlecht quanto do Standard de Liège. Do Club Brugge, tínhamos o [Raoul] Lambert, o [Pierre] Carteus e o [Erwin] Vandendaele — eles estavam entre os melhores jogadores de seus times também. Se tivéssemos uma equipe, teríamos conseguido ir mais longe, mas as circunstâncias não eram favoráveis. Acho que teria sido diferente se a Copa do Mundo fosse na Europa, mas na América, faltou a mentalidade adequada. Devíamos ter progredido no torneio, mas quando você não está mentalmente presente... Cinco, seis jogadores só pensavam em ir para casa. Isso é errado e assim não tem como conseguir bons resultados. Também não foi divertido para os reservas. Eles estavam longe de casa fazia muito tempo e sentiam saudades do mesmo jeito. Quando você joga, sente menos falta de estar em casa, mas houve oito ou nove jogadores que simplesmente não jogaram. Eles sentiam ainda mais saudades de casa, sabe? A federação aprendeu muito com tudo o que deu errado naquele torneio.

As campanhas seguintes da Bélgica em Copas do Mundo foram mais organizadas, do jeito que deveriam ser. Em 1982, doze anos depois, muita coisa mudou, a organização mudou também. Mas era um torneio na Europa e as circunstâncias eram diferentes. Foi uma boa lição para a federação. Afinal, uma Copa do Mundo é algo especial na carreira de um jogador, mas os resultados não foram bons. Eu lamento isso.

A eliminação de El Salvador, por outro lado, não representou surpresa alguma para o mundo do futebol, mas significou grande decepção no país. Os torcedores, talvez de maneira irrealista, esperavam mais de sua seleção, que estreava em Copas do Mundo.

Mauricio Rodríguez (El Salvador): Acontece que as pessoas criaram expectativas. Disseram que poderíamos empatar com o México e depois ganhar outro jogo. Mas era tudo imaginação, porque elas não conheciam nossos adversários. Então isso resultou numa falsa esperança. Os torcedores esperavam mais do que nós poderíamos dar. Para a maioria das pessoas, fomos um fracasso. Porém, com o passar do tempo, essas pessoas perceberam o que alcançamos, já que naquela época apenas dezesseis times participavam da Copa do Mundo. Agora são 32 e ainda querem aumentar. No longo prazo, os torcedores perceberam que o que fizemos não foi ruim, mas naquele momento esperavam mais de nós. Teria ajudado se tivéssemos mais experiência internacional. Chegar lá é fácil quando você está acostumado a jogar nesse nível e enfrentar seus rivais como iguais, mesmo sendo inferior. Víamos nossos oponentes, alguns que conhecíamos só pelos jornais, como "os caras", e sentíamos essa inferioridade. Se em vez de jogar tantos amistosos em casa tivéssemos ido para o exterior para jogar, as coisas poderiam ter sido diferentes.

Um dia depois de sermos eliminados, voltamos para casa. Os organizadores dão a você uma ou duas noites depois da eliminação e, depois, é tchau tchau... Recebemos ingressos para entrar nos jogos de graça, mas ninguém ficou no México. Como sempre, o problema era que tínhamos que pagar pelo hotel.

E a recepção em casa foi fria. Apenas parentes foram ao aeroporto nos receber... Não foi nem sombra do que aconteceu quando voltamos depois da vitória sobre Honduras e do nosso último jogo contra o Haiti [que garantiu a classificação à Copa]. Havia gente em todos os lugares depois daquela partida. A viagem do aeroporto de Ilopango até o estádio normalmente leva meia hora de carro. Demoramos quatro horas para chegar naquele dia, porque as pessoas não deixavam o ônibus passar. Os torcedores estavam esperando por nós no Estádio Flor Blanca para cantar o hino nacional. Demoramos para chegar porque as ruas estavam cheias de gente, não conseguíamos passar. Acho que as pessoas tiraram uma folga do trabalho naquela tarde para receber a seleção nacional. Porém, quando voltamos pra casa vindos da Copa do Mundo, foi rápido. Chegamos em menos de vinte minutos.

Tabela do grupo

GRUPO 1	JOGOS	VITÓRIAS	EMPATES	DERROTAS	SALDO DE GOLS	PONTOS
União Soviética	3	2	1	0	5	5
México	3	2	1	0	5	5
Bélgica	3	1	0	2	1	2
El Salvador	3	0	0	3	9	0

31 de maio. Cidade do México, Estádio Azteca   MÉXICO 0 × 0 URSS

3 de junho. Cidade do México, Estádio Azteca   BÉLGICA 3 × 0 EL SALVADOR
Gols: Van Moer, aos 12'1ºT (1-0); Van Moer, aos 9'2ºT (2-0); Lambert, de pênalti, aos 34'2ºT (3-0)

6 de junho. Cidade do México, Estádio Azteca   URSS 4 × 1 BÉLGICA
Gols: Byshovets, aos 14'1ºT (1-0); Asatiani, aos 12'2ºT (2-0); Byshovets, aos 18'2ºT (3-0); Khmelnitski, aos 31'2ºT (4-0); Lambert, aos 41'2ºT (4-1)

7 de junho. Cidade do México, Estádio Azteca   MÉXICO 4 × 0 EL SALVADOR
Gols: Valdivia, aos 45'1ºT (1-0); Valdivia, a 1'2ºT (2-0); Fragoso, aos 13'2ºT (3-0); Basaguren, aos 38'2ºT (4-0)

10 de junho. Cidade do México, Estádio Azteca   EL SALVADOR 0 × 2 URSS
Gols: Byshovets, aos 6'2ºT (0-1); Byshovets, aos 29'2ºT (0-2)

11 de junho. Cidade do México, Estádio Azteca   MÉXICO 1 × 0 BÉLGICA
Gol: Peña, de pênalti, aos 14'1ºT (1-0)

3. A fase de grupos: Grupo 2

3. A fase de grupos: Grupo 2

O Grupo 2 sempre deu a impressão de que seria uma batalha entre Uruguai e Itália, duas equipes que, juntas, haviam vencido as quatro primeiras Copas do Mundo — e assim foi. O Uruguai, campeão em 1930 e 1950, começou o torneio da pior maneira possível, com o astro Pedro Rocha deixando o campo por lesão aos treze minutos do jogo de estreia contra Israel. Mas os experientes uruguaios ainda eram mais fortes que os israelenses, e dois gols, um em cada tempo, garantiram que começassem a busca por uma terceira Copa do Mundo com uma vitória.

Dagoberto Fontes (Uruguai, meio-campista): Jogávamos num 4-2-4, depois passamos a jogar num 4-4-2. Deixamos de ter um jogador no ataque, o Pedro [Rocha], e isso mudou o sistema. Era o Pedro que organizava tudo. Ele era, entre aspas, o Pelé uruguaio.

Ildo Maneiro (Uruguai): O Uruguai teve a infelicidade de perder o Pedro Rocha com uma lesão que ele já enfrentava desde a viagem preparatória em Quito e Bogotá. Nossa aclimatação foi muito rigorosa e muito boa, mas o Rocha já estava com dificuldades e sua lesão acabou me forçando a assumir outras responsabilidades em campo. O homem que ocupou o lugar do Rocha foi o [Julio] "Pocho" Cortés. O Pedro tinha grande qualidade no jogo aéreo e um chute impressionante. Cortés era extremamente esforçado, nunca parava de correr e sempre ajudava. Nós nos complementávamos bem, eu com o Cortés e o Víctor Espárrago ou o Dagoberto Fontes, ambos improvisados como centroavantes. Além disso, com o Montero Castillo fazíamos um bom trabalho no meio de campo.

Também tinha o Luis Alberto Cubilla, que era um fenômeno, e o Julio César Morales, que jogou pouco porque sofreu uma lesão grave antes do início do campeonato.

O jogo contra os uruguaios foi o primeiro da história de Israel em Copas do Mundo e os israelenses admitiram não estar suficientemente preparados — também não estavam prontos para enfrentar um time tão cheio de artifícios quanto o dos sul-americanos.

Mordechai Spiegler (Israel): Éramos os maiores azarões da história do futebol. Sabíamos que eles tinham grandes jogadores, o Rocha, o Mazurkiewicz. A gente não alimentava grandes sonhos, grandes esperanças. O que a gente esperava era participar, dar nosso melhor e, se tivesse sorte, classificar a equipe, mas era difícil porque todas as outras três seleções eram melhores do que nós. Ainda assim, não queríamos fracassar, queríamos jogar para provar que tínhamos chegado como uma equipe sólida.

Shmuel Rosenthal (Israel): Nossas pernas tremiam. Os uruguaios nos beliscavam e nos mordiam, e não estávamos acostumados com essa intensidade. Foi um batismo de fogo, e depois entendemos como deveríamos jogar.

Tommy Svensson (Suécia): Eles [os uruguaios] eram uma equipe fisicamente forte — tinham um jeito sul-americano de jogar, mas diferente dos brasileiros. Usavam mais o físico, a força. Enquanto o futebol inglês sempre foi físico no sentido de que as equipes correm muito, o Uruguai jogava fisicamente pela forma como brigava pela bola, além da forma como marcavam os adversários. Era difícil enfrentá-los, mas nada de outro mundo.

Roberto Matosas (Uruguai): Nunca jogamos pesado. Eu não me lembro de qualquer atitude desleal. Quer dizer, estamos falando de cinquenta anos atrás, então algumas pequenas coisas podem escapar da minha memória.

Ildo Maneiro (Uruguai): Comecei com o pé direito, porque marquei o primeiro gol e criei a jogada para o segundo. O primeiro foi num cruzamento da esquerda, do Juan Martín Mujica. Estava garoando e o campo estava molhado. A bola quicou perto do primeiro pau, o Espárrago não chegou nela, eu vim por trás do segundo pau e a bola bateu na minha cabeça e entrou. O segundo gol veio de um rebote de um chute meu da entrada da área. A bola sobrou para o Mujica, que vinha pela esquerda e finalizou para fazer o 2 a 0.

Mordechai Spiegler (Israel): O [treinador Emmanuel] Scheffer disse que se tivessem deixado ele assistir ao Uruguai jogar antes, o resultado poderia ter sido diferente. Ele me disse: "Motke, eles [a federação israelense] não me deixaram ir. Juro que se eu tivesse ido, não teríamos perdido".

Roberto Matosas (Uruguai): A única coisa que me lembro do jogo contra Israel é que jogamos no nível que queríamos. Não era um alto nível, mas vencer o primeiro jogo é sempre importante.

Mordechai Spiegler (Israel): O Uruguai foi muito melhor. Perdemos por 2 a 0 graças ao nosso maravilhoso goleiro, o [Itzhak] Vissoker. Ele estava num dia muito bom. Os uruguaios dominaram todo o campo, mas jogaram contra um time café com leite. O placar deveria ter sido 5 a 0, não 2 a 0.

A Itália enfrentou a Suécia em sua estreia no dia seguinte, com o time escandinavo aparecendo em sua primeira Copa do Mundo desde a derrota em casa na final, para o Brasil, doze anos antes. Para os suecos, era esta a partida que contava, o jogo para o qual tinham se preparado, mas que acabou sendo decepcionante. O confronto aconteceu em Toluca, a 2.667 metros acima do nível do mar, o dobro da altura da montanha mais alta da Grã-Bretanha. Isso inibia qualquer tentativa de um jogo mais expansivo e propositivo, e os italianos marcaram cedo e se fecharam na defesa. O gol da vitória, que veio no décimo primeiro minuto, aconteceu depois de um erro do goleiro adversário. Na altitude, a bola se move mais rápido do que os jogadores esperam, e isso causa diversos tipos de problemas para os arqueiros. O chute de Angelo Domenghini passou por baixo do corpo de Ronnie Hellström. Outros goleiros teriam levado o gol de maneira semelhante, por conta da trajetória errática da bola no ar rarefeito.

Ronnie Hellström (Suécia): Achamos que tínhamos uma chance de progredir do grupo, mas que a Itália seria o time mais forte. Estivemos em Israel durante a preparação e jogamos contra os israelenses na ocasião.

A gente esperava vencê-los. O Uruguai era um desafio mais difícil. Ainda assim, a gente contava com a vitória sobre eles também. Esperança não faz mal a ninguém. Fomos ao México com a intenção de vencer nossas partidas, mas a gente sabia que seria difícil repetir 1958. Estaríamos longe de casa desta vez. A grande estrela da Itália era o [Luigi] Riva. Havia histórias sobre a potência dos chutes dele — diziam que ele chutava tão forte que machucava os goleiros nos treinos! Em alguns momentos quase nos esquecemos de nós mesmos, e de outros que também eram muito bons. Eu não tinha ouvido falar muito do Riva, mas a gente conversava com a imprensa sueca todos os dias, e eles nos diziam para ficarmos atentos, porque ele era muito bom. Talvez a conversa tenha chegado ao [treinador Orvar] Bergmark, porque ele colocou o Jan Olsson para marcar o Riva. Nunca havíamos marcado um jogador individualmente de forma tão intensa como fizemos com o Riva. Eu estava longe de ser um iniciante, e havia três de nós, goleiros, lutando para ser titular. Nenhum de nós sabia quem ia começar jogando. E os outros jogadores também não tinham nem ideia de quem estaria na retaguarda deles. Na noite antes da partida com a Itália, o Orvar entrou no meu quarto e disse: "Você vai jogar". Por que não podia ter dito isso catorze dias antes? Ter doze horas para se preparar não era o ideal.

Tommy Svensson (Suécia): Tivemos um início infeliz, com o [goleiro] Ronnie Hellström cometendo um erro claro. A partida estava equilibrada e não surgiam muitas chances para nenhum dos lados. A Itália, claro, sabia como manter o controle da partida. Eles mantinham posse de bola e não se arriscavam. Não podíamos contra-atacar e não conseguíamos penetrar na defesa deles. Talvez o calor tenha sido um fator a ser considerado. Em condições assim, vale mais controlar a partida do que atacar. Não havia tanto planejamento tático naquele tempo. Nunca discutíamos sobre como os adversários atacavam ou qual era o esquema que usavam. Em retrospectiva, nosso erro foi que marcamos individualmente o melhor jogador deles, o Riva. O Jan Olsson recebeu esse trabalho. Focar em Riva significou não podermos fazer nosso próprio jogo e impor o nosso ritmo.

Ronnie Hellström (Suécia): A partida começou e, depois de dez minutos, veio aquele chute maldito que eu deveria ter defendido. Eu vi depois, na TV, como eles ganharam o escanteio e fizeram a bola chegar ao

Domenghini. Depois disso me saí bem na partida. E nós não jogamos mal. Mas a pressão recaiu sobre mim, e tive que assistir ao resto das partidas do torneio das arquibancadas. Nem no banco de reservas pude ficar. Foi um golpe muito forte. De goleiro número um a número três do elenco. E aqueles filhos da mãe [risos] chegaram à final.

Sandro Mazzola (Itália): O fato de termos vencido a Suécia foi muito importante, especialmente levando em conta os erros que tínhamos cometido na [Copa do Mundo da] Inglaterra quatro anos antes.

Angelo Domenghini (Itália): Não foi um jogo fácil. Eu fiz um gol, graças também a um erro do goleiro. E depois conseguimos defender o resultado. Ganhar o primeiro jogo significava uma chance muito boa de passar de fase.

Ronnie Hellström (Suécia): Não sabíamos na ocasião que a Itália chegaria tão longe, não sabíamos o quanto eles eram realmente bons. Mas, olhando para trás, a gente estava concentrado demais na Itália. Essa não era a partida que tínhamos que vencer: a partida que tínhamos que vencer era contra Israel.

Depois que Itália e Uruguai venceram seus primeiras jogos, surgiu uma espécie de consenso de que um empate seria interessante para ambos os lados quando eles se encontrassem na segunda rodada. A Itália apostava em derrotar Israel em sua partida final e, portanto, se contentaria em jogar pela igualdade com os uruguaios. Com isso em mente, postou seus homens em um bloco a dezoito metros do próprio gol. O Uruguai, que teve doze escanteios a favor contra dois da Itália, era a equipe que buscava o ataque, mas não conseguiu penetrar na retaguarda italiana e não parecia se preocupar excessivamente com isso. O empate sem brilho por 0 a 0 pode não ter agradado os torcedores, mas as seleções, aparentemente, ficaram satisfeitas.

Sandro Mazzola (Itália): O capitão do Uruguai, ou seu jogador mais importante, era o pai do Paolo Montero [que mais tarde seria jogador do Juventus]. Olhamos um para o outro no início do jogo. Quando os jogadores olham uns para os outros de uma certa maneira, eles se entendem. O jogo começou com muita calma, bastante lento. O [Mario] Bertini chutou uma bola no gol e o Montero [Castillo] veio até mim e disse em espanhol: "O que vocês estão fazendo?". Eu respondi: "Ele é um louco, não se preocupe". Montero falou: "Bom, agora vamos ter que dar um chute a gol também". Depois disso, não nos falamos mais. Continuamos jogando, num ritmo lento, e sabíamos que um empate praticamente garantiria a passagem para a segunda fase. O futebol é assim.

Angelo Domenghini (Itália): Acho que era normal esperar que jogássemos dessa forma. Em caso de vitória de um dos times, o outro teria que ir para casa. Jogar ofensivamente era um risco. Objetivamente, era um risco desnecessário. Um empate teria classificado ambos, mas não fizemos nenhum acordo. É uma coisa psicológica, é inconsciente. A história do futebol está repleta de episódios assim. Eles também aconteceram em outras edições depois dessa Copa do Mundo, na Eurocopa e em outros torneios. É preciso dizer que acertamos a trave no segundo tempo contra o Uruguai e quase marcamos.

Enrico Albertosi (Itália, goleiro): Fomos lá apenas para garantir a classificação.

Ildo Maneiro (Uruguai): Foi um jogo em que o empate era útil para ambas as equipes. Nunca tinha ouvido o Mazzola dizer isso, mas agora, cinquenta anos depois, não acho que o Montero ou o Mazzola tivessem tanta influência no grupo. Sim, ambos os times jogaram de maneira muito especulativa. Os italianos reclamavam muito do calor, mas tinham um time muito bom. Naquela época todo mundo só falava do futebol italiano: o Gianni Rivera, o Gigi Riva, o Roberto Boninsegna. Todos sabiam quem eles eram.

Sandro Mazzola (Itália): Pensávamos em nos classificar e também em poupar energias para a fase seguinte.

Roberto Matosas (Uruguai): Empatamos sem gols contra a Itália, jogo entre duas seleções bastante conservadoras. Não houve muitas oportunidades de gol e o empate era interessante para as duas equipes, pois já havíamos vencido nosso primeiro jogo.

Ildo Maneiro (Uruguai): A Itália melhorou conforme avançava no campeonato e jogou uma grande partida contra a Alemanha na semifinal.

A realidade é que não éramos uma potência ofensiva. O [Julio] Morales também não jogou aquela partida. Como as duas equipes tinham conseguido dois pontos no primeiro jogo, um empate valia ouro. A gente pensava que ia vencer a Suécia.

Para o segundo jogo, contra Israel, o técnico sueco Orvar Bergmark tirou do time o goleiro Hellström. Ambas as equipes sabiam que uma vitória era vital para manterem as chances de progredir no torneio. A Suécia tinha vencido Israel três vezes nos três anos anteriores e estava confiante em enfileirar uma quarta vitória. Em vez disso, os israelenses surpreenderam seus rivais. Embora a Suécia tenha aberto o placar aos oito minutos do segundo tempo, Mordechai Spiegler, que jogaria mais tarde no Paris Saint-Germain e depois ao lado de Pelé no New York Cosmos, fez o merecido gol de empate depois de um chute de trinta metros que ainda hoje permanece sendo o único tento de Israel em Copas do Mundo. A igualdade em 1 a 1 não foi boa para nenhum dos lados, mas deixou as duas equipes com chance de classificação na rodada final.

Mordechai Spiegler (Israel): É uma pena que o futebol não seja como o basquete, porque marquei de tão longe que devia valer três gols, como os três pontos do basquete. O Stephen Curry sempre consegue três pontos e eu, de uma distância maior, só um [risos].

Tommy Svensson (Suécia): A gente sabia que ainda tinha chance de passar de fase, tendo Israel como próximo adversário. Na verdade, nós havíamos ido a Israel em 1968 e 1969 para treinamentos e jogamos contra os israelenses nas duas vezes. Então, estávamos familiarizados com eles e conhecíamos seus melhores jogadores. Mas não analisamos a equipe deles, como se faz hoje em dia. A gente os conhecia melhor do que a maioria das outras seleções, e eles estavam familiarizados conosco também. Tivemos uma conversa de preparação para a partida, mas depois focamos principalmente no nosso próprio jogo.

Ronnie Hellström (Suécia): Depois de perder da Itália só falávamos sobre vencer Israel, o que nos colocaria de volta na disputa. O problema foi que focamos apenas naquele maldito jogo contra a Itália. Não havia nenhum plano para o que poderia acontecer se a gente perdesse da Itália. Israel tinha dois caras bons — o Spiegel e o Spiegler —, que estudamos um pouco. Fora isso, a equipe era mediana. Vencemos as duas vezes em que tínhamos jogado contra eles em Israel. Nós estivemos lá em 1968 e 1969 para treinar, então a gente conhecia um pouco sobre eles. Uma equipe medíocre.

Mordechai Spiegler (Israel): Quando soubemos que jogaríamos contra Uruguai, Suécia e Itália, eu me levantei e fiz isso [levanta e faz um gesto com os braços no ar]. Então, disse que quando fizesse um gol, seria com esse movimento que eu comemoraria. Quando marca quatro gols contra os Estados Unidos na preparação para a Copa do Mundo — em dezesseis minutos, eu marquei quatro gols —, você se sente bem para falar: "Quando eu marcar". Então, quando chegou a hora e eu marquei o gol, isso foi o que veio à minha cabeça. Eu não saí correndo feito louco, só fiz esse gesto, e as pessoas me perguntaram o que era; e eu expliquei que era uma promessa que tinha feito à minha família.

Ronnie Hellström (Suécia): Essa era uma partida que tínhamos nove em dez chances de sairmos vitoriosos. A gente tinha que ter vencido esse jogo, de qualquer jeito, mas não conseguimos. Não vou dizer que subestimamos os israelenses, porque sabíamos que tínhamos que vencer. Mas não jogamos bem. Israel viu sua chance e aproveitou. Conceder o empate apenas três minutos depois de marcar não ajudou em nada, claro.

Yochanan Vollach (Israel): Anos depois, conheci um dos jogadores suecos e ele me disse: "Em 1968, viemos para Israel e ganhamos facilmente de vocês por 3 a 0. Mas na Copa do Mundo, foi totalmente diferente. Como isso aconteceu?". Eu disse a ele que éramos tratados como uma unidade do exército. Passamos um ano e meio de concentração em concentração, às vezes treinando de domingo a quinta-feira. A gente só aparecia para jogar pelos campeonatos locais nos fins de semana.

Tommy Svensson (Suécia): Como o Björn Nordqvist ficou doente e não pôde jogar, eu era o capitão naquele dia. Foi meu primeiro jogo como capitão da Suécia. Mais uma vez, concedemos um gol numa bola que o goleiro [não era o Ronnie desta vez] deveria ter defendido. Daí em diante, só uma coisa que importava: marcar. O gol de Israel nos deixou desapontados e irritados, mas não em pânico. A gente achava que era melhor como time. O Tom Turesson fez o nosso gol. Mas acabar num empate por 1 a 1 foi decepcionante.

Mordechai Spiegler (Israel): Alguns diziam: se isso ou se aquilo tivesse acontecido, poderíamos ter saído vencedores. E eu dizia: se isso ou aquilo tivesse acontecido para o outro time, eles poderiam ter ganhado também. Conseguimos o empate em 1 a 1. E depois precisávamos virar a página.

Os suecos estavam infelizes. Não eram apenas os resultados que não satisfaziam suas expectativas: eles estavam confinados em um hotel barato, longe de qualquer tipo de atividade, não tinham nada para fazer. Até mesmo falar com as famílias ao telefone era um grande desafio.

Ronnie Hellström (Suécia): Na nossa concentração, ficávamos contando histórias nos fins de tarde. Mas o que a gente mais fazia era ficar esperando o maldito telefone tocar. Naquela época, você pedia uma chamada de longa distância e tinha que aguardar até seis horas para conseguir. Acho que só acertamos a nossa acomodação quando todas as outras seleções já tinham escolhido as suas para a Copa. Também fazíamos jogos de perguntas e respostas, que eram sobre temas de conhecimento geral e o organizador era sempre o Tommy Svensson — afinal, ele era professor e tinha o melhor nível de conhecimento geral, sem dúvida. Ele também filmava muito com sua câmera Super 8. Aonde quer que fôssemos nas nossas viagens, lá estava a câmera do Tommy. Ele nos mostrava filmes das nossas viagens anteriores sempre que a gente se reunia para novas partidas. A gente recebia os jornais suecos no alojamento todos os dias. Mas eles já eram de três ou quatro dias atrás quando chegavam até nós, e foi assim que li toda a merda que foi dita depois do jogo com a Itália. Não foi nada legal. Por alguns dias o pessoal da minha casa vinha dizendo: "Não foi só culpa sua", mas então os jornais finalmente chegaram. Eu ainda tenho esses jornais guardados. Meu pai guardava todos os recortes, mesmo os que falavam mal do meu desempenho.

O empate em 1 a 1 entre Israel e Suécia, um dia depois do jogo em que Itália e Uruguai também compartilharam os pontos após um 0 a 0, significava que a Itália estava quase classificada para a fase seguinte. Os suecos só conseguiriam ultrapassar o Uruguai se vencessem os sul-americanos por pelo menos dois gols de diferença. O astral do time melhorou porque a delegação sueca havia se mudado para um novo hotel a uma altitude mais baixa. Porém, embora tenham obtido a vitória por 1 a 0 ao final do jogo, o placar não bastou para que os suecos conseguissem a passagem às quartas de final.

Ronnie Hellström (Suécia): A gente deve ter conversado sobre a chance de vencê-los por dois ou três gols. Quando chegamos a Puebla e nos hospedamos num hotel melhor, que tinha piscina e outras atividades, ficamos mais animados. O lar para idosos onde ficava nossa base anterior não tinha nada. Também foi bom descer de Toluca [altitude de 2.600 metros] para Puebla [2.100 metros]. Isso tornou as coisas um pouco mais fáceis. Não me lembro muito a respeito [do jogo], só sei que ali nossa chance de permanecer no torneio virou fumaça. A gente tinha que ter marcado no início da partida. E o Uruguai também não era um time ruim, eles acabaram disputando o terceiro lugar contra a Alemanha Ocidental.

Tommy Svensson (Suécia): Sabíamos de antemão o que a gente tinha que fazer. Uma vitória por 2 a 0 nos faria avançar. Foi um jogo equilibrado e disputado, de longe nossa melhor atuação no México. Alcançamos o nível que a gente sentia que devia ter sido nosso nível o tempo todo. Marcamos um gol e tivemos chances de marcar outros. Mais uma bola na rede e estaríamos nas quartas de final. Ficamos desapontados. Principalmente por não ter derrotado Israel. Isso teria sido suficiente. Nosso problema na Copa do Mundo foi que não aproveitamos nosso jogo ofensivo tanto quanto esperávamos.

Ildo Maneiro (Uruguai): Naquela época a Suécia era totalmente desconhecida para nós, mas eles tinham um ótimo jogo aéreo e dificultaram bastante as coisas para nós. Fisicamente eram poderosos e, depois que fizeram 1 a 0, não conseguimos contra-atacar e buscar o empate.

Tommy Svensson (Suécia): Sabíamos que seria difícil, mas ainda havia uma chance. Nós sabíamos disso, com certeza. A gente também sabia que ia descer para Puebla, a uma altitude de 2.100 metros, uma diferença de quase 600 metros [de Toluca]. Notamos a diferença imediatamente.

Roberto Matosas (Uruguai): Sofremos bastante contra a Suécia, sofremos muito. Mas a gente sabia que empatando ou perdendo por um gol tínhamos o suficiente para nos classificarmos para a próxima fase.

A vitória da Suécia pela contagem mínima deixava a porta aberta para Israel, que poderia se classificar para as quartas de final com uma vitória por boa diferença de gols diante da Itália. Era um cenário improvável para o último jogo do grupo, especialmente numa chave que contabilizava apenas seis gols em seis jogos, a menor média de gols de todos os grupos — uma diferença notável para o Grupo 4, por exemplo, em que as equipes somaram 24 bolas na rede. Israel, porém, teve desempenho digno de reconhecimento e não foi o saco de pancadas que muitos anteciparam. Ganhar pontos contra a Suécia e contra a futura finalista, a Itália, foi uma façanha considerável para uma equipe de semiprofissionais. A atuação corajosa no empate em 0 a 0 com a Itália lhes rendeu o apoio da torcida mexicana, que, com uma chuva de garrafas e almofadas, deixou claro para os italianos o que achou de sua fraca exibição.

Mordechai Spiegler (Israel): Podíamos mais do que pensávamos.

Zvi Rosen (Israel): Trocamos de roupa antes do jogo e fomos até um campo menor. Os italianos já estavam lá se aquecendo, todos bronzeados e musculosos, com cuecas pretas e elegantes.

Yehoshua Feigenbaum (Israel): Fizemos duas filas para entrar no estádio. Estávamos esperando a hora de caminhar quando vi o [Giacinto] Facchetti raspando a chuteira no chão, e ela tinha travas de alumínio afiadas como facas. Eu disse: "Cara, eu não vou entrar".

Giora Spiegel (Israel, meio-campista): Sentimos que os italianos queriam acelerar o jogo, então jogamos mais devagar do que o trem de Jerusalém para Tel Aviv, com a intenção de tirar o ritmo do jogo deles.

Mordechai Spiegler (Israel): Foi um bom jogo. Tivemos algumas chances. Eu tive uma ótima chance de marcar, mas não consegui. Competimos bem.

Angelo Domenghini (Itália): Eles eram uma equipe experiente e nos deram trabalho. Não tivemos sorte contra os israelenses. O árbitro anulou dois gols nossos, um meu e outro do Gigi Riva, mas ambos tinham sido regulares. Parecia que alguma coisa estava errada.

Os uruguaios chegaram às quartas de final graças à vantagem no saldo de gols. Tanto a Suécia quanto o Uruguai ganharam um, empataram um e perderam um jogo, mas os sul-americanos se classificaram porque sofreram apenas um gol, contra dois da Suécia. As duas seleções conseguiram a irrisória marca de apenas dois gols marcados em seus primeiros três jogos, e a Suécia foi para casa remoendo suas dúvidas sobre o que poderia ter sido a Copa do Mundo se tivessem atuado um pouco melhor.

Mordechai Spiegler (Israel): Precisaríamos de mais um ponto para ter a chance de qualificação para a fase seguinte. Mas o "se" não é um fator no futebol. Fomos para casa felizes por ter estado na mesma Copa do Mundo em que o Brasil foi campeão e Pelé foi o rei. No final das contas, a Itália foi até a decisão, e o Uruguai até a semifinal, e eram ambos do nosso grupo.

Ronnie Hellström (Suécia): Cometi um erro contra a Itália. Depois disso, o Orvar não me disse nada em particular nem me deu qualquer explicação. Porém, passei a ser sua terceira opção. Se ao menos eu tivesse ficado no banco dali para frente, teria pelo menos mantido uma conexão com o time. Mas estar sentado na arquibancada foi a pior coisa. Por que me afastar completamente? Eu deveria pelo menos poder competir por uma vaga entre os goleiros. Acho que foi o jeito dele de tentar me proteger, acredito que ele teve medo de que eu cometesse mais um erro e me queimasse para o resto da vida. Mas ter que assistir aos jogos da arquibancada me deu a sensação de que eu era o culpado da derrota para a Itália, quando na verdade dez outros jogadores poderiam ter feito algo para mudar o resultado da partida. Mas não fui o único a ficar insatisfeito. Muitos jogadores perderam seus lugares de um jogo para o outro. Normalmente, existe um núcleo numa equipe, mas não pareceu ser esse o caso dessa vez. Talvez os jogadores de linha tenham ficado igualmente irritados por não saberem se tinham um lugar cativo no time ou não. Provavelmente não foi bom para o moral. Ninguém mais na seleção comentou sobre o meu afastamento. Estranho. Não havia ninguém com quem eu pudesse compartilhar meus pensamentos. Por estar no centro das atenções, acabei ficando fora do grupo. O resto da Copa do Mundo não foi muito divertido, e quando voltei para casa todo mundo apenas perguntava: "Como você pôde entregar aquele gol?". Por muito tempo, na Suécia, sempre que um goleiro errava uma defesa fácil as pessoas falavam que ele tinha "dado uma de Hellström". A Copa do Mundo do México foi um anticlímax para mim. Mas eu aprendi muito a respeito de suportar as coisas e continuar treinando.

Tommy Svensson (Suécia): Fiquei bastante satisfeito com o meu desempenho. Na verdade, fui eleito o melhor jogador sueco pelos organizadores. Não quero criticar individualmente os demais. Um exemplo positivo foi o Bo Larsson, que fez um excelente trabalho. O Ronnie Hellström não conseguiu jogar o resto da Copa do Mundo após o erro contra a Itália. Foi uma pena ele ter sido afastado, porque realmente deveria ter continuado conosco. Mas eu acho que o que aconteceu acendeu uma chama nele, porque o Hellström seguiu em frente e provou ser um goleiro de primeira classe. Em 1974, ele sabia o que esperar de uma Copa do Mundo, graças à experiência no México.

Enrico Albertosi (Itália): Na fase de grupos estávamos meio presos. Nosso objetivo era a classificação para a fase seguinte, então, quando vencemos o primeiro jogo contra a Suécia, o objetivo ao enfrentar o Uruguai e Israel era não perder. Ficamos bloqueados e jogamos fechados, e as duas partidas terminaram em 0 a 0. Nas quartas de final, as coisas mudaram. Jogamos de forma diferente porque ali, se você perdesse, era imediatamente eliminado. Aí marcamos quatro gols contra o México [nas quartas] e quatro contra a Alemanha Ocidental [na semifinal], e conseguimos fazer um gol contra o Brasil também.

Embora tenha partido tão cedo quanto se esperava, de certa forma a Copa do Mundo do México foi um triunfo para Israel, cujo desempenho foi bastante razoável, com dois empates e apenas uma derrota, para o Uruguai. Os jogadores da equipe israelense chamaram a atenção de olheiros e vários assinaram com clubes maiores no exterior. O desempenho na Copa também colocou a nação sitiada sob um prisma diferente, após anos de manchetes que davam destaque somente para seus conflitos regionais.

Mordechai Spiegler (Israel): Éramos basicamente anônimos subestimados e as pessoas diziam: "Israel de onde? Israel quem?". Um país do Oriente Médio que também joga futebol. Foi uma oportunidade para nós. Todos tivemos a chance de jogar profissionalmente, e as portas não estavam abertas para nós antes disso. Eu fui para Paris, para o Paris Football Club e depois para o Paris Saint-Germain. Tivemos um jogador que jogou no Borussia Mönchengladbach. Meu amigo Spiegel jogou alguns anos na França, no Strasbourg e no Lyon, e as gerações seguintes tiveram mais oportunidades à medida que o mercado foi se abrindo mais, e isso começou na nossa época.

Tabela do grupo

GRUPO 2	JOGOS	VITÓRIAS	EMPATES	DERROTAS	SALDO DE GOLS	PONTOS
Itália	3	1	2	0	1	4
Uruguai	3	1	1	1	1	3
Suécia	3	1	1	1	0	3
Israel	3	0	2	1	-2	2

2 de junho. Puebla, Estádio Cuauhtémoc   URUGUAI 2 × 0 ISRAEL
Gols: Maneiro, aos 23'1ºT (1-0); Mujica, aos 5'2ºT (2-0)

3 de junho. Toluca, Estádio Luis Dosal (hoje Nemesio Díez)   ITÁLIA 1 × 0 SUÉCIA
Gol: Domenghini, aos 10'1ºT (1-0)

6 de junho. Puebla, Estádio Cuauhtémoc   URUGUAI 0 × 0 ITÁLIA

7 de junho. Toluca, Estádio Luis Dosal   ISRAEL 1 × 1 SUÉCIA
Gols: Turesson, aos 8'2ºT (0-1); Spiegler, aos 11'2ºT (1-1)

10 de junho. Puebla, Estádio Cuauhtémoc   SUÉCIA 1 × 0 URUGUAI
Gol: Grahn, aos 45'2ºT (1-0)

11 de junho. Toluca, Estádio Luis Dosal   ITÁLIA 0 × 0 ISRAEL

4. A fase de grupos: Grupo 3

4. A fase de grupos: Grupo 3

O termo "Grupo da Morte" ainda não havia sido cunhado, mas o Grupo 3 era, sem dúvida, o mais forte da competição. Entre suas seleções não estavam apenas a campeã atual, a Inglaterra, e o favorito Brasil, mas também duas equipes europeias de porte. A Romênia corria por fora na qualidade de time azarão e os tchecos, mesmo que já não fossem a potência que haviam sido em 1962, quando chegaram à final da Copa do Mundo no Chile, ainda eram uma equipe respeitável.

Pelé (Brasil): Quando finalmente chegamos ao México, havia muitas pessoas, tanto em casa quanto no exterior, que achavam que o Brasil não tinha chance. Acreditavam que a gente não tinha treinado o suficiente, que as divergências que levaram a uma mudança na nossa comissão técnica, mesmo resolvidas, tinham causado discórdias que seriam difíceis de superar. Esses críticos também tinham uma tendência infeliz de acreditar nas declarações dos técnicos das seleções concorrentes. No nosso grupo, por exemplo, estavam a Tchecoslováquia, a Inglaterra, a Romênia e o Brasil. O técnico tcheco, o Jozef Marko, fez inúmeras declarações à imprensa dizendo que seu time era imbatível, pelo menos na fase de grupos; Sir Alf Ramsey, da Inglaterra, que não é exatamente conhecido pela modéstia, insistia que a Inglaterra não apenas venceria nosso grupo, como repetiria o título de 1966. Por outro lado, o Zagallo nunca disse uma palavra sobre as nossas chances; ele acreditava firmemente no velho provérbio de que em boca fechada não entra mosca. Se o Saldanha ainda fosse nosso técnico, ele teria interpretado a arrogância do Marko e a falação do Ramsey como ofensas pessoais, e provavelmente chamaria os dois para sair no braço. E a animosidade que ele ia causar usando esse tipo de tática dificilmente teria nos ajudado.

A Inglaterra iniciou a defesa do título jogando contra a Romênia, uma seleção que os ingleses já tinham encontrado duas vezes nos dezoito meses anteriores. Ambos os jogos, em Londres e Bucareste, terminaram em empate, e eram um indicativo da força dos desconhecidos romenos. Os europeus orientais tinham talento, principalmente os atacantes Florea Dumitrache e Emerich Dembrovschi e o líbero Cornel Dinu. Porém, em Guadalajara, passaram a maior parte do tempo marcando os atacantes da Inglaterra. Foi apenas graças à cobrança de pênalti de Geoff Hurst que os ingleses alcançaram os dois pontos pelo triunfo.

Bobby Moore (Inglaterra): O jogo contra a Romênia, na terça-feira, 2 de junho, foi a primeira partida do Grupo 3, e era de vital importância. Todo mundo estava ansioso pelo domingo, quando seria nosso confronto com o Brasil, mas nós sabíamos que as vitórias sobre os outros países eram igualmente importantes nessa fase do torneio. Tínhamos jogado contra a Romênia duas vezes pouco tempo antes e ambos os jogos — em casa e fora — acabaram em empates, então, não subestimamos a força deles. Os romenos tinham chegado ao México depois de deixarem pelo caminho a equipe de Portugal, que havia sido semifinalista da Copa do Mundo de 1966, o que era mais um indicativo da capacidade dos nossos adversários. Acho que ninguém que entrou em campo no Estádio Jalisco estava preparado para a recepção que tivemos dos torcedores mexicanos. A zombaria e os assobios no momento de nossa entrada foram quase ensurdecedores. Parecia que estávamos jogando contra os próprios mexicanos.

Alan Mullery (Inglaterra, meio-campista): Os romenos jogavam bastante sujo, na verdade. Eram um pouco maldosos e às vezes aconteciam algumas coisas fora do lance de bola. Os romenos eram uma equipe muito complicada, eram fisicamente difíceis de enfrentar. Acho que tínhamos mais habilidade e qualidade do que eles. E isso deveria resolver a partida, mas nem sempre é assim. Acho que éramos melhores em certas coisas do que eles.

Francis Lee (Inglaterra, atacante): Foi uma partida difícil, mas dominamos na maior parte do tempo. Não parecia que eles conseguiriam marcar um gol. Fizeram algumas faltas mais duras e foi só.

Bobby Moore (Inglaterra): Mantivemos os romenos acuados em seu próprio campo durante a maior parte dos primeiros 45 minutos, mas sem sucesso. Nossa insistência só deu resultado aos dezenove minutos do segundo tempo, quando o Tommy Wright fez um passe à esquerda, para o Alan Ball. O cruzamento foi desviado de cabeça e chegou nos pés do Geoff Hurst, que driblou um zagueiro antes de chutar para o gol. Foi um grande alívio ver aquela bola no fundo da rede.

Gordon Banks (Inglaterra): Não conseguimos brilhar na nossa partida de estreia contra uma equipe romena que tinha um jogo físico e bastante defensivo. Vencemos graças ao Geoff Hurst, que aproveitou um passe do Francis Lee para marcar o único gol do jogo, com um chute que passou no meio das pernas do goleiro Adamache.

Francis Lee (Inglaterra): Antes do primeiro jogo contra a Romênia, ficamos quatro semanas sem tomar nada de álcool e, quando voltamos ao hotel depois do jogo, estávamos pensando em tomar umas duas ou três cervejas, dar uma volta pelo hotel, algo assim. Mas a gente não fez nada disso. Tudo que a gente conseguiu fazer foi ficar deitado na cama bebendo água, absolutamente exaustos. O metabolismo sofre uma grande mudança. E demora uns dois dias para você superar, sabe. Depois daquele jogo, fiquei deitado, me sentindo como se tivesse passado uma semana empurrando uma carroça.

Allan Clarke (Inglaterra): Sei que contra a Romênia alguns jogadores perderam uns seis quilos. Eu perdi três quilos no jogo contra a Tchecoslováquia, mas estava em forma, então, não tinha tanto peso para perder.

Um dia depois da vitória da Inglaterra, Brasil e Tchecoslováquia se enfrentaram em sua primeira partida em Guadalajara. Os tchecos começaram bem e abriram o placar aos onze minutos; porém, uma vez que os brasileiros encontraram seu ritmo, foi impossível pará-los. Rivellino empatou em cobrança de falta treze minutos depois e, no segundo tempo, o Brasil virou o confronto com mais três gols, vencendo os tchecos por 4 a 1.

Pelé (Brasil): Nosso primeiro jogo foi contra a Tchecoslováquia em 3 de junho. A Tchecoslováquia era considerada uma das equipes mais fortes do torneio pela imprensa e eles começaram bem, com um gol do Petráš depois de apenas onze minutos de jogo. Ele passou pelo Brito e encobriu o Félix. Mas eu não estava preocupado. Porque logo no início ficou evidente que a seleção tcheca, independentemente do que dizia o Jozef Marco, certamente não era a equipe excepcional que eles tinham montado em 1962. E embora eu soubesse que a nossa defesa tinha seus pontos fracos, achava que o nosso ataque era tão forte que acabaria por compensar isso. E, como que para provar o que eu estava pensando, o Rivellino, num lance de bola parada, igualou o placar pouco depois, e o jogo ficou empatado em 1 a 1.

Edu (Brasil, atacante): Me lembro bem do primeiro jogo porque ele é sempre importante. A gente fica sempre um pouco nervoso. Mesmo quando o jogador é experiente, ele vai balançar antes do primeiro jogo na Copa do Mundo. E o Brasil estava estreando contra a Tchecoslováquia, um time excelente que jogava um bom futebol. Eles marcaram o primeiro gol, mas a gente estava confiante. Pensamos: "Calma, vamos virar isso". Todos nós achávamos que seríamos campeões mundiais. E a gente achava que, mesmo tomando um gol, marcaríamos mais, porque tínhamos uma linha de ataque excelente.

Félix (Brasil): O primeiro jogo é o pior, porque ninguém sabe o que pode acontecer. Saímos perdendo de 1 a 0. Sofremos o gol quando estávamos começando a crescer na partida. A gente ainda estava pegando ritmo, com uns quinze minutos de jogo. A partir daí, a gente se calibrou. E o jogo terminou 4 a 1. Fiz duas ou três defesas difíceis, mas o Brasil atacou mais do que defendeu. E depois daquele primeiro jogo, realmente decolamos.

Bobby Moore (Inglaterra): Por um breve momento, pareceu que o Brasil ia sofrer a indignidade de uma derrota contra os tchecos. Na verdade, se os tchecos tivessem aproveitado ao máximo as oportunidades iniciais que tiveram, poderiam de fato ter pavimentado seu caminho para a vitória. O pequeno e brilhante atacante Ladislav Petráš conseguiu passar por três zagueiros brasileiros aos seis minutos de jogo, mas chutou para fora. Ele colocou a cabeça entre as mãos, ajoelhou-se e pediu perdão. Mas o mesmo Petráš faria um gesto diferente logo depois, ao roubar a bola dos pés do Clodoaldo e marcar o gol. Ele se ajoelhou novamente, olhou para o céu e fez o sinal da cruz. Uma cena única e comovente que sempre me vem à memória. Então, o poderoso Brasil estava à beira do desastre — mas não por muito tempo. Pelé arrumou uma falta na boca da grande área e o Rivellino chutou uma bola de curva que passou pela barreira e entrou no cantinho do gol. O jogo permaneceu empatado até que o Gérson, que já havia acertado um chute na trave, fez um lançamento maravilhoso aos quinze minutos do segundo tempo para o Pelé ajeitar a bola e marcar o gol. O estádio entrou em erupção; ali o Pelé havia registrado sua presença. Cinco minutos depois, o Gérson novamente deu um passe para o Jairzinho dar um chapéu no goleiro Viktor e, em seguida, bater para o gol vazio. Nos minutos finais, Jairzinho voltou a marcar depois de driblar dois zagueiros e o Brasil mandou seu recado para o resto do mundo — e para nós, em particular. As esperanças tchecas se desvaneceram completamente quando, três dias depois, a Romênia os derrotou por 2 a 1.

Bobby Charlton (Inglaterra): Essa seleção brasileira não só estava a par da evolução do jogo como ameaçava dar uma nova dimensão para o futebol. Para muitos de nós, a cobrança de falta convertida pelo Rivellino tinha sido espantosa. Havíamos ouvido sobre sua capacidade de fazer coisas extraordinárias nas bolas paradas, e seu chute com efeito já era parte integral da sua reputação, que crescia rapidamente — no México, ele e o Jairzinho se mostraram capazes de realizar em campo o que tinham praticado nos treinos, mesmo com todo o calor que fazia. O Jairzinho se posicionou à esquerda da barreira tcheca e o Rivellino pareceu mirar no próprio companheiro. Quando ele bateu, o Jairzinho se afastou e o goleiro tcheco, Ivo Viktor, só conseguiu roçar a bola levemente com os dedos antes de ela balançar a rede. Olhei para o Martin Peters, que estava sentado ao meu lado, e a cara dele refletia perfeitamente o que eu estava sentindo. Ali estava a realidade dos nossos próximos adversários. Eles muitas vezes faziam coisas bonitas no futebol, mas claramente eram capazes de também desferir golpes letais tão simples quanto um gancho de esquerda.

Pelé (Brasil): O segundo tempo foi todo do Brasil. Eu matei no peito um passe longo do Gérson, e, sem dar outro toque, chutei para o gol — o Viktor nem teve tempo de se dar conta do que estava acontecendo.

...er para o g...
...no goleiro Vikto...
...vazio. Jairzinho d...
...e, em seguida, bat...
...dar um chapéu no g...
...er para o gol vazio. J...
...eiro Viktor e, em se...
...Jairzinho dar um c...
...eguida, bater para...
...apéu no goleiro V...
...vazio. Jairzi...

vazio. Ja
, em seguida,
m chapéu no gol
ra o gol vazio. J
o iktor e, em seg
nh dar um chapé
da, bater para o gol
péu no goleiro Vikt
gol vazio. Jairzinh
tor e, em segui
o dar u

Pouco tempo depois, o Jairzinho, que a essa altura já não estava mais nervoso, avançou com a bola pelo campo da Tchecoslováquia e marcou nosso terceiro gol. Antes do fim jogo, ele marcou mais uma vez, driblando três zagueiros e botando a bola no fundo da rede do Viktor. E foi assim que terminou: Brasil 4, Tchecoslováquia 1.

Essa partida foi tão memorável pelo gol que não aconteceu quanto por qualquer um dos cinco que foram marcados. Nem bem o jogo havia começado, Pelé avistou o goleiro tcheco Viktor fora de sua meta. Fazia tempo que o craque desejava marcar um gol de longe, da sua metade do campo, um feito raro que, se alguém já havia realizado àquela altura, certamente não tinha sido no maior torneio de futebol do mundo. Então, quando levantou a cabeça, Pelé viu sua chance de tentar.

Pelé (Brasil): Foi durante esse jogo que cheguei perto de fazer um dos gols mais inesquecíveis da minha carreira. Assistindo a jogos na TV e jogando amistosos na Europa, eu percebi que muitos goleiros europeus tinham a tendência de se adiantar bastante em relação ao gol sempre que o jogo estava se desenrolando na metade do campo adversário. Nessa partida em particular, notei que o goleiro tcheco, o Viktor, tinha essa tendência. Ele parecia seguro de que não existia perigo, desde que a disputa estivesse acontecendo a distância, e achava que tinha tempo de sobra para voltar à sua posição e defender a área se os adversários se aproximassem. Naquele momento, eu recebi a bola no nosso meio de campo e a defesa tcheca não estava me pressionando. O Viktor estava posicionado mais para um dos lados, assistindo ao jogo, pronto para recuar se fosse preciso; o momento pelo qual eu tinha esperado tanto acabava de chegar. Então coloquei em prática o conselho do [meu pai] Dondinho de "jogar instintivamente, quase sem pensar". De forma instintiva, mas com plena consciência do que eu estava fazendo, dei um chute forte para o gol. Tenho certeza de que a maioria dos espectadores deve ter pensado que eu estava louco... Mas devem ter mudado de opinião quando viram a bola chegando até o gol; e o Viktor, a muitos metros de distância, vulnerável, sem a menor chance. Infelizmente, a bola saiu, bem rente à trave, mas o rugido de aprovação da multidão compensou, pelo menos parcialmente, o fato de não ter entrado. Foi o jogo mais comentado do Mundial de 1970. O trágico foi que, depois disso, o Viktor se manteve grudado na linha do gol, não importando o que se passasse, e os goleiros dos outros times adversários começaram a fazer o mesmo — mais tarde desejei ter esperado para tentar um chute como aquele no jogo contra a Inglaterra, ou contra um adversário mais difícil do que a Tchecoslováquia!

Quando se encerrou o sorteio dos grupos, Brasil × Inglaterra foi considerado o mais importante dos primeiros jogos do torneio. Era um confronto que gerava muita expectativa: ficariam frente a frente os vencedores das três últimas Copas do Mundo. O país que inventou o futebol contra o país que o aperfeiçoou. Um contraste de estilos, ritmos de jogo e atitude. E antes mesmo que as equipes se aproximassem do Estádio Jalisco, a diversão e os desafios começaram.

Gordon Banks (Inglaterra): Estávamos hospedados no Hilton Hotel, em Guadalajara, e quase não consegui dormir na noite anterior ao nosso jogo contra o Brasil. Centenas de mexicanos montaram uma vigília anti--Inglaterra durante toda a noite na rua. Eles cantavam "Bra-sil! Bra-sil!", buzinavam os carros e batiam tampas de latas de lixo.

Bobby Moore (Inglaterra): Alguns torcedores brasileiros — e acredito que muitos deles eram mexicanos — foram longe demais em sua lealdade fanática e seu sentimento contrário à Inglaterra. Uma multidão deles se formou do lado de fora do Hotel Hilton gritando e buzinando, o que manteve vários dos nossos jogadores acordados por grande parte da noite anterior ao jogo. Dificilmente isso poderia ser considerado patriotismo inofensivo ou bem-humorado. Tive a sorte de estar dormindo na parte de trás do hotel, então não fui afetado.

Martin Peters (Inglaterra): O objetivo deles era claro: queriam nos impedir de dormir — e, infelizmente, tiveram muito sucesso. O Bobby Charlton quase não dormiu, o Gordon Banks ficou acordado até cerca de 3 da manhã e muitos membros da equipe foram forçados a mudar de quarto no meio da noite para ir para a parte de trás do hotel. Por que não nos colocaram lá desde o começo?

Bobby Moore (Inglaterra): O [auxiliar] Harold Shepherdson e o [preparador físico] Les Cocker, ajudados por um grupo de torcedores da Inglaterra, tentaram atrair a multidão para longe do hotel. Disfarçados de jogadores, saíram com nosso treinador e deram uma volta no quarteirão. Infelizmente, a torcida não se deixou enganar e continuou sua vigília.

Gordon Banks (Inglaterra): A equipe da Inglaterra tinha todo o décimo segundo andar do Hilton, mas o barulho constante nos manteve acordados a noite inteira. Eu estava dividindo um quarto com o [goleiro] Alex Stepney, do Manchester United. A certa altura, um grupo de torcedores mexicanos conseguiu entrar no hotel e bateu na nossa porta. Eu pulei da cama e abri a porta bem a tempo de ver meia dúzia de jovens mexicanos, na faixa dos vinte anos, sendo perseguidos no corredor por um furioso Jack Charlton.

Zagallo (Brasil): Enquanto tudo isso acontecia, nossa concentração tinha se transformado num paraíso asteca. Não apenas na parte de dentro, mas também no portão, onde se tocava samba diariamente. Sempre que possível, os jogadores brasileiros se juntavam aos torcedores, e isso mexeu com o coração dos fãs mexicanos. O Brito, o Jairzinho, o Pelé e o Paulo Cézar não se limitavam a dar show no campo. Eles eram os reis do samba. Nossos jogadores nunca entravam em campo para treinar, ou nos jogos da primeira fase, sem um buquê de flores em cada uma das mãos. As flores eram presentes dos torcedores. Todas as iniciativas que adotamos como forma de mostrar aos mexicanos nossa simpatia foram recebidas com extrema gratidão. O fato é que o povo mexicano gostou da seleção. A preferência por nós só era menor que a torcida pela própria seleção deles. Essa acolhida festiva não se estendeu aos ingleses. Eles davam a impressão de que eram deuses gregos, de duas caras.

Gordon Banks (Inglaterra): Tínhamos conseguido apenas algumas horas de um sono bem agitado, mas estávamos tão motivados e ansiosos que mal podíamos esperar para sair e enfrentar os brasileiros.

A decisão da Inglaterra de trazer ao México sua própria comida e água, e até seu próprio ônibus, enfureceu os moradores locais, que interpretaram a iniciativa como uma ofensa. O sentimento anti-inglês estava presente na América Latina havia muito tempo e vários dos rivais da Inglaterra não se esqueciam de Alf Ramsey chamando os argentinos de "animais" depois do acidentado confronto entre os dois países na Copa do Mundo de 1966, em Wembley. Muita gente interpretou aquelas palavras como uma ofensa a todo o continente americano, e as pessoas viam Ramsey como o típico britânico arrogante. Antes do jogo, o sempre nacionalista Zagallo usou esses fatores para motivar seus jogadores.

Pelé (Brasil): A Inglaterra entrou nesse jogo com uma desvantagem; eles tinham despertado antipatia por terem chamado os argentinos de "animais" na Copa de 1966. No nosso jogo contra a Inglaterra, as arquibancadas estavam cheias de bandeiras brasileiras, trazidas não apenas por brasileiros, mas por mexicanos que queriam ver a Inglaterra derrotada.

Zagallo (Brasil): Eles chegaram ao México trazendo água, comida e até o próprio ônibus. Eram cheios de si e não se comunicavam com ninguém. Os torcedores quase nunca viam os jogadores, porque eles só saíam do hotel se as pessoas implorassem. Davam a impressão de que não queriam se misturar. O treinador dos ingleses foi ainda mais longe; nas entrevistas, esforçou-se para ser arrogante.

Bobby Moore (Inglaterra): "Os torcedores de futebol mexicanos precisam de um demônio e um anjo", me disseram. "Infelizmente, a Inglaterra foi escolhida para ser o demônio." Talvez isso explique de alguma forma a atmosfera que encontramos. Eu gostaria de enfatizar que, como indivíduos, sempre fomos tratados com cordialidade e fizemos muitos amigos. Era só quando entrávamos em campo que éramos considerados o inimigo público número um. As zombarias, vaias e assobios não afetaram nosso desempenho, talvez até tenham aumentado nosso desejo de fazer o melhor.

Pelé (Brasil): O estádio estava lotado quando chegamos lá, e chegamos em clima de festa. No ônibus do hotel para o estádio a gente ia fazendo uma batucada. A batucada tem ritmo; ela sempre levanta o moral de um brasileiro — e precisávamos de todo moral que pudéssemos conseguir.

Zagallo (Brasil): O sentimento de carinho dos mexicanos pelos brasileiros era óbvio, assim como a antipatia que sentiam pelos ingleses. Eu até alertei nossos jogadores no vestiário antes do jogo contra a Inglaterra. O carinho dos torcedores astecas podia afetar a concentração deles e fazê-los tirar os olhos da bola.

Os jogadores de ambas as equipes sabiam que era uma partida que iria potencialmente decidir o desfecho do grupo — e, como consequência, quem avançaria para a próxima fase do torneio. Zagallo disse a seus jogadores que o jogo era "a final antes da final", mas a Inglaterra tampouco se sentia intimidada. Na verdade, ao entrar em campo, alguns dos jogadores ingleses acreditavam ser os favoritos.

Pelé (Brasil): Esse foi realmente o jogo mais importante do campeonato. Foi a "final", por assim dizer. Era o encontro entre o campeão de 1958 e 1962, o Brasil, e os campeões correntes, a Inglaterra, e prometia ser uma grande batalha. As pessoas estavam ansiosas para ver como o estilo brasileiro de futebol — e nosso jogo de ataque — se daria contra o estilo de futebol inglês, que era principalmente defensivo. Mas o Zagallo decidiu que jogaríamos o jogo deles. Seria um jogo de paciência, ele nos disse; um jogo de xadrez. O primeiro a cometer um erro pagaria caro, provavelmente com o campeonato.

Carlos Alberto (Brasil): O que aconteceu foi que martelaram em nossas cabeças que a partida mais importante da Copa era contra a Inglaterra. E nós pensávamos: "Como, o que você quer dizer com jogo mais importante da Copa?". É que o jogo determinaria qual time ficaria em primeiro no grupo, se seria o Brasil ou a Inglaterra, com todo respeito à Tchecoslováquia e à Romênia. Os vencedores do grupo ficariam em Guadalajara, praticamente ao nível do mar, e os segundos colocados, o que ia acontecer com eles? Eles deixariam Guadalajara para uma altitude maior, e para enfrentar quem? Ah, sim, a Alemanha Ocidental é que estaria lá, esperando por eles. E isso foi exatamente o que aconteceu. Vencemos a Inglaterra, ficamos em Guadalajara, e a Inglaterra teve que jogar contra a Alemanha Ocidental e foi eliminada. O Zagallo, o [Admildo] Chirol, o [Cláudio] Coutinho, todos disseram: "Se ganharmos esse jogo, estaremos definitivamente indo para a final. Vencer o campeonato é outra coisa, porque ainda precisamos ver contra quem vamos jogar lá na frente, mas com certeza vamos estar na final". E foi isso que aconteceu, então tudo foi muito bem pensado, sabe, bem planejado. A importância da preparação física, a importância de ser os primeiros do grupo, de vencer a Inglaterra.

Bobby Charlton (Inglaterra): Estádio Jalisco, Guadalajara, 7 de junho: o local e a data que mais ocupavam a nossa mente. O Brasil, que era o favorito na opinião da maioria dos neutros, seria nosso rival — e o teste decisivo da nossa evolução como equipe depois de todas as situações que tínhamos enfrentado desde que pusemos os pés na América Latina. Aqui, potencialmente, aconteceria o jogo do campeonato, mesmo que não fosse definitivo para a continuação de qualquer uma das equipes no torneio. Mais do que isso, poderia ser o maior jogo de futebol de todos os tempos.

Martin Peters (Inglaterra): Naquela tarde de junho o que aconteceu foi mais do que uma partida de futebol. Qualquer um que tenha estado lá vai dizer o mesmo. Éramos o símbolo da austeridade e frieza inglesas e o Brasil era o time dos alegres e heroicos guerreiros que estavam do lado do bem.

Pelé (Brasil): Era amplamente aceito, em 1970, que a Inglaterra tinha a melhor defesa, enquanto o Brasil tinha o melhor ataque. As pessoas diziam que, se um time pudesse ser formado combinando a defesa inglesa e o ataque brasileiro, seria perfeito e imbatível. Possivelmente. Ou não. É preciso lembrar que a Inglaterra tinha a defesa forte precisamente porque seu ataque era fraco. Com apenas dois ou três homens na frente, eles automaticamente tinham um ou dois a mais na defesa. Por outro lado, os críticos do estilo de jogo do Brasil afirmavam constantemente que nossa defesa era fraca. Essa opinião é baseada no fato de o Brasil atacar com quatro homens em linha, privando assim a defesa da possível assistência desses homens. Mas a diferença entre os estilos de jogo europeu e sul-americano é muito mais do que a diferença de um homem a mais ou a menos. Independentemente do estilo, deve-se sempre ter em mente que o objetivo é marcar gols, não apenas evitar que o seu adversário marque. Empates sem gols não ganham jogos ou torneios.

Zagallo (Brasil): Nossa confiança em tentar ganhar a Copa do Mundo ficou muito mais forte depois daquela vitória contra os tchecos. Não apenas porque os atropelamos. Mas, mais importante do que isso, pelo excelente futebol que jogamos. A demonstração de força confirmou que tínhamos o necessário para enfrentar uma batalha em campo. Eram sinais encorajadores. Nosso saldo de gols também era útil. Ele constituía, acima de tudo, um reflexo auspicioso da nossa supremacia sobre os ingleses. Os britânicos nunca conseguiriam uma vantagem de mais de um gol.

Francis Lee (Inglaterra): Eu achava que nossa equipe era melhor do que a deles. O desafio era vencê-los jogando bom futebol e dominá-los. Em certos aspectos do jogo, a gente não tinha como vencê-los, como em relação aos dribles do Rivellino e coisas assim, mas havia outras partes do jogo em que eles não podiam nos derrotar. Seria um contraste de dois estilos diferentes, ambos de alta qualidade. Eu não achava que eles tinham a nossa capacidade de posicionamento em campo, de fazer passes e coberturas e tudo o mais. Eles tinham um jeito diferente de trabalhar com os passes. Tocavam a bola e alguém a controlava e ficava com ela. Depois passavam de volta para alguém que ia segurar a bola de novo. Faziam isso até chegar ao último terço do campo, para só então acelerar o jogo. Enquanto a gente tentava jogar rápido desde lá de trás e pegá-los fora de posição.

Zagallo (Brasil): O time que a gente ia enfrentar era muito forte e jogava um ótimo futebol. Os ingleses chegaram no México como campeões mundiais. Mas a glória de ganhar o título em 1966 talvez tenha subido à cabeça dos britânicos. Estou convencido de que os ingleses se superestimaram.

Piazza (Brasil): A Inglaterra, claro, tinha que acreditar em si mesma — que era capaz de ganhar outro título. Mas eu acho que eles estavam tão focados nisso que levaram a coisa longe demais. Chegaram, como eles mesmos disseram, muito seguros de si.

Pelé (Brasil): Desde o início da partida pudemos ver que nossas preocupações eram justificadas. Não foi fácil quebrar a barreira defensiva dos ingleses. A defesa britânica, e esse era o ponto forte deles, me preocupava. Eu achava que, se eles marcassem antes, teríamos dificuldade para empatar. Era um jogo de paciência, quase de xadrez. O time que perdesse a concentração perderia o jogo, e o Zagallo sabia disso.

As duas equipes fizeram alterações em suas formações titulares. O Brasil deu descanso a Gérson, que se recuperava de dores na coxa direita, e o substituiu por Paulo Cézar Caju, um meia inquieto. A Inglaterra, por outro lado, começou com Tommy Wright no lugar de Keith Newton, a quem ele havia substituído no jogo contra a Romênia, depois que Newton foi derrubado numa falta violenta.

Gordon Banks (Inglaterra): Alguns dias antes do nosso jogo contra o Brasil, Alf Ramsey cometeu uma gafe incomum. Após uma sessão de treino, ele nos reuniu e nos disse que os onze que terminaram o jogo contra a Romênia estariam em campo contra o Brasil. O lateral Keith Newton não tinha se recuperado da lesão que havia sofrido no jogo contra os romenos, o que significava que Tommy Wright, seu companheiro de equipe no Everton, deveria seguir entre os titulares. O Peter Osgood, do Chelsea, tinha substituído o Francis Lee, e o Ossie [Osgood] mal podia conter a alegria de estar sendo selecionado para enfrentar o Brasil. Mais tarde naquele dia, tínhamos uma reunião do time e Alf começou a falar sobre os papéis do Francis Lee e do Bobby Charlton para o jogo com o Brasil. O Francis, perplexo, mencionou que não tinha sido selecionado. "Mas você entrará em campo, Francis", disse Alf. Por alguma razão, o Alf tinha esquecido completamente que o Peter Osgood tinha entrado no lugar do Francis Lee contra a Romênia. Alf ficou muito constrangido e o Peter, muito desapontado.

Alan Ball (Inglaterra): Sir Alf fez um de seus discursos memoráveis. "Você perderia uma barra de ouro?", perguntou ele, com uma ponta de mistério. Antes que alguém pudesse responder, acrescentou: "Bom, a bola hoje é ouro. Não desistam dela e vocês vão derrotar esses brasileiros. Mas, se perderem a bola neste calor, podem não conseguir tomá-la de volta".

Bobby Charlton (Inglaterra): Não poderíamos ficar atrás contra os brasileiros, porque isso seria como um convite à derrota. Sem perder de vista a capacidade do Pelé, por exemplo, de mudar tudo num piscar de olhos, tínhamos que ser nós mesmos e fazer nosso jogo funcionar, sem nos deixar contaminar por qualquer indício de medo ou resignação. Isso, sem dúvida, conseguimos fazer.

Terry Cooper (Inglaterra, lateral esquerdo): Lembro que eram quinze para o meio-dia, a campainha estava para tocar, sinalizando para a gente percorrer o corredor até o campo juntos, e eu olhei para a direita, para ver quem estava caminhando do meu lado, e era o Pelé. Lembro de ter pensado: "Caramba, ele é como um navio de guerra compacto. Olhe as coxas dele. Jesus, se eu trombar com esse cara…". E então, olhei para os outros! Aquilo me marcou, pelo fato de eles serem muito fortes fisicamente, além de tecnicamente excelentes.

Alan Ball (Inglaterra): Eu olhei para o time do Brasil e pensei: "Você nunca vai ter um time melhor aí do seu lado, nunca, nunca, nunca". Era simplesmente incrível. Lembro-me de também ter pensado: "Temos que estar no nosso melhor hoje".

Pelé (Brasil): O Estádio Jalisco estava lotado. Foi um dia muito quente, coisa que incomodava mais os ingleses do que a nós, porque estávamos acostumados.

Gordon Banks (Inglaterra): O calor era tão forte que eu já estava suando baldes só de ficar parado na fila antes de entrar.

Pelé (Brasil): O mundo inteiro estava assistindo à partida entre os campeões de 1958 e 1962 e os de 1966. Era mais do que apenas uma vitória que estava em jogo. Era, em primeiro lugar, uma questão de hegemonia no futebol mundial.

Tostão (Brasil): O dr. Roberto Abdalla Moura, que operou meu olho e esteve presente em todos os jogos do Brasil a convite da equipe da delegação brasileira, conta uma história em um dos capítulos de meu livro mais recente:

> Cenário: Guadalajara. Horário da partida: meio-dia. Fazia um calor escaldante. O estádio era bom e estava pronto, mas tinha alguns pequenos defeitos. Um deles, o de não haver energia elétrica em um dos vestiários. […] Na véspera do jogo, à noitinha, os jogadores já recolhidos para o descanso, alguém disse: "Amanhã temos que chegar bem cedo ao estádio, porque existe energia elétrica somente em um dos vestiários, no outro não […]". Mas um outro perguntou: "E se os ingleses chegarem primeiro?". Nos entreolhamos, e alguém disse: "Vamos agora". Assim, quatro mosqueteiros foram de madrugada ao estádio, acordando os seguranças, que, após as explicações necessárias, nos deixaram entrar e ocupar o vestiário ideal, com a bandeira do Brasil e tudo o mais. O resultado foi que, com o calor infernal que fazia na hora do jogo, em pleno verão mexicano, o time inglês não pôde descer para os vestiários no intervalo do primeiro para o segundo tempo. Brasil 1 × 0 Inglaterra. Dizem que Copa do Mundo se ganha com pequenos pormenores, e nós, orgulhosos, nos sentíamos um pouco vitoriosos também, como nossos jogadores.[2]

---

2 Tostão. *Tempos vividos, sonhados e perdidos: um olhar sobre o futebol.* São Paulo: Companhia das Letras, 2016.

Bobby Moore (Inglaterra): A atmosfera no Estádio Jalisco era de pura eletricidade, e o barulho dos torcedores brasileiros tocando instrumentos adicionava um verdadeiro sabor de calipso sul-americano ao evento. Era como se todos estivessem cientes de estarem diante das duas maiores potências mundiais do futebol.

Pelé (Brasil): Fora do Brasil, nunca tinha visto tantos brasileiros com bandeiras em um só lugar. Parecia que estávamos jogando no Maracanã, no Mineirão, no Morumbi ou no Beira-Rio.

Alan Ball (Inglaterra): A gente sabia que podia igualá-los na posse de bola, nos passes, na manutenção da posse no campo de ataque, que é o que se tem que fazer naquele calorão. Tínhamos de adotar um estilo diferente do que usávamos na Inglaterra. A gente *sabia* que podia igualá-los no jogo deles, mesmo naquele clima.

O jogo começou ao meio-dia sob um sol escaldante. As duas seleções dedicaram-se no início a se estudar mutuamente, e a Inglaterra levou a melhor no começo do jogo com Peters e Lee colocando Félix à prova. Nenhum dos lados queria correr riscos desnecessários, e a Inglaterra prestava especial atenção a Pelé.

Gordon Banks (Inglaterra): O Francis Lee tentou encontrar o Hurst, mas o Brito estendeu a perna e interceptou a bola, levando o Brasil a avançar no campo. De Brito para Paulo Cézar para Clodoaldo para Pelé. Poft! Alan Mullery jogou o rei no chão. O Mullery ergueu as palmas das mãos para o juiz, reconhecendo a falta, e se manteve ao lado direito do árbitro, estendendo uma mão ao Pelé, oferecendo ajuda para ele se levantar. Pelé ignorou. Mullery sorriu e esfregou o topo da cabeça de Pelé. "Você está bem, amigo?", perguntou. "Não sou… seu amigo", respondeu o Pelé. "É melhor ser meu amigo… Acredite em mim, você não vai me querer como inimigo", disse Mullery. Pelé simplesmente balançou a cabeça e sorriu para si mesmo.

Alan Mullery (Inglaterra): Hoje em dia você não pode fazer isso, dar umas pancadas. Não funciona atualmente, os jogadores caem até com o vento. E aí o árbitro marca uma falta. Naquele tempo, a gente tinha que levar as pancadas e se levantar pronto para outra. Imagine que o Pelé jogou o quê,

1.600 jogos, 1.300 jogos em sua carreira, e que havia pessoas tentando chutá-lo o tempo todo para tentar impedi-lo de ganhar os jogos! Não era a primeira vez que eu estava jogando contra o Brasil. A primeira vez tinha sido em 1969 no Estádio do Maracanã, e o Maracanã acomodava 200 mil pessoas. Então, depois de ter passado por isso, não me incomodava tanto ter 60 mil pessoas nos assistindo no México. Aquela primeira vez que joguei contra o Pelé no Maracanã foi realmente especial. Persegui-lo por todo o campo, tentando pará-lo, era muito difícil. Mas eu aprendi muito naquele jogo e, um ano depois, estávamos jogando contra ele novamente.

Acho que fiz o trabalho que o Alf Ramsey queria que eu fizesse, impedi-lo de ser o jogador de futebol que ele era, mas foi muito difícil. Nossa chance de ganhar o jogo era não deixarmos o Pelé fazer o que fazia melhor. Então eu o segui por todo canto. Acho que dei algumas boas pancadas. Naquele tempo, eram faltas simples. Hoje em dia, seriam consideradas agressões. As pessoas perguntavam o que se podia fazer para impedi-lo de jogar, e eu respondia que só comprando uma arma e dando um tiro, porque ele era o Lionel Messi de hoje. Um ano antes da Copa do Mundo, a gente já tinha visto o quanto o time do Brasil era bom. Muitos anos depois, conheci o Pelé em Londres e ele me disse que os únicos times que os brasileiros temeram naquela ocasião foram o México e a Inglaterra.

Pelé (Brasil): Tive a impressão de que a Inglaterra estava jogando por um empate, possivelmente na esperança de vencer a Tchecoslováquia por uma larga diferença enquanto a Romênia nos segurava, colocando assim a Inglaterra nas quartas de final em primeiro.

Nobby Stiles (Inglaterra): Não era nada menos que assustador ver a facilidade com a qual o Pelé se desvencilhava do seu marcador. Repetidamente, o Mullery tentava tirar a bola dele. E, repetidamente, falhava. Simplesmente não conseguia chegar perto o suficiente, e em lançamentos e escanteios, o Pelé levava uma vantagem tremenda com seus braços fortes. Ao observar o Pelé em sua maturidade — e no México certamente ele estava no auge — você via o talento que ele tinha em todos os fundamentos necessários para vencer no futebol. Se um passe simples funcionava melhor para o time, ele optava pelo passe. Era só quando estava sob pressão e sem alternativa que ele se lançava em alguma jogada mais ousada. O Pelé era o motor e o coração do Brasil, além de ser o exemplo máximo do que o Brasil sente pelo futebol.

Gordon Banks (Inglaterra): Os primeiros dez minutos da partida entre a Inglaterra e o Brasil podem ser mais bem descritos como uma partida de xadrez em um campo de futebol, com ambos os times se estudando. Então, justo quando as coisas iam se acomodando, de repente o jogo ganhou muita vida.

O jogo Inglaterra × Brasil teve algo de inusitado: é mais lembrado pelo gol que não foi marcado do que pelo gol que foi. Jogados dez minutos de partida, Jairzinho alcançou a bola na linha de fundo e cruzou para Pelé, que cabeceou para baixo no que parecia um gol certo. Só que Gordon Banks conseguiu defender a bola em cima da linha e mandá-la para fora. Até hoje, mais de cinquenta anos depois, essa defesa ainda é lembrada como uma das maiores de todos os tempos.

Narração da TV britânica: *Lá vai Jairzinho, a bola está dentro do campo, foi um bom cruzamento, aí está Pelé. E que fantástica defesa de Banks. Que defesa fantástica de Gordon Banks. Uma cabeçada incrível de Pelé.*

Bobby Moore (Inglaterra): Uma coisa que ninguém colocava em xeque é que tínhamos o melhor goleiro do mundo. Gordon Banks deu a maior prova do seu talento com uma defesa realmente mágica no décimo minuto de jogo.

Gordon Banks (Inglaterra): Tudo começou com um passe fantástico do Carlos Alberto, que jogava como lateral direito. Ele lançou com a parte de fora do pé direito, colocando curva na bola e fazendo ela contornar o zagueiro e chegar logo à frente do Jairzinho. Eu dei dois passos para trás, imaginando que, como o Pelé tinha entrado na nossa área, o Jairzinho iria cruzar na marca do pênalti e eu seria o primeiro a chegar na bola. Só que o Jairzinho não mirou na marca do pênalti. Ele cruzou a bola para fora da pequena área, mais ou menos a um metro da minha trave direita. Quando virei minha cabeça, vi o Pelé de novo. Ele tinha se aproximado rápido, tamanha era sua capacidade atlética, e já estava no ar. Ele cabeceou perfeitamente. Ergueu-se acima da bola e cabeceou para baixo, na direção do meu canto direito. No momento em que a bola saiu da sua cabeça, ouvi o Pelé gritar "Gol!".

Carlos Alberto (Brasil): Quando o Pelé se preparou para pular e cabecear a bola, acho que todos nós pensamos que seria gol.

Gordon Banks (Inglaterra): Diante de uma situação como essa, sua mente mantém a concentração. A experiência e a técnica assumem o controle. Pensei: se eu tocar a bola, não vou conseguir segurá-la. A bola atingiu o chão dois metros à minha frente. Minha preocupação imediata era o quanto ela subiria. Depois que ela quicou no gramado, foi em direção ao meu canto direito, e consegui tocar a bola com a ponta do dedo da minha mão direita. Era a primeira vez que eu estava usando essas luvas em particular. Percebi que os goleiros mexicanos e sul-americanos usavam luvas que eram maiores que as dos britânicos, com palmas cobertas por uma borracha furadinha. Tinha ficado tão impressionado com essa inovação que comprei dois pares. Esses pequenos furinhos na borracha ajudavam: a bola que veio quicando não desviou imediatamente da minha mão e assim consegui mandá-la para mais alto. Mas outra coisa passou pela minha cabeça. Ao direcionar a bola para cima, eu poderia acabar mandando-a para a parte de cima da rede. Então virei minha mão direita ligeiramente, usando o terceiro e o quarto dedo como alavanca. Caí na parte interna lateral do gol e minha primeira reação foi olhar para o Pelé. Eu não tinha a menor ideia de onde estava a bola. Ele parou, a cabeça entre as mãos, e eu soube ali o que precisava saber. Noventa e nove vezes em cem o grito de "Gol!" do Pelé teria sido justificado, mas naquele dia eu estava à altura do desafio. Foi realmente aquela coisa de estar no lugar certo na hora certa — uma daquelas raras ocasiões em que anos de trabalho duro e treinos se combinam num momento perfeito. Conforme o Pelé foi indo para o canto para bater o escanteio, ele se virou para mim e sorriu. Disse que pensou que tinha marcado. Eu também — e disse isso a ele. "Grande defesa... companheiro", ele falou. Era um momento crítico do jogo, o placar estava 0 a 0, e se a bola tivesse entrado naquele momento específico, acho que teríamos perdido a confiança.

Pelé (Brasil): Banks fez o que, para mim, foi a melhor defesa da Copa do Mundo. Não porque ele defendeu a minha cabeçada. Apenas estou reconhecendo um fato. Era uma cabeçada difícil, surpreendentemente difícil de defender, e no cantinho. O mergulho do goleiro foi instantâneo e eficiente.

Nobby Stiles (Inglaterra): Quando ele defendeu a bola do Pelé — aparentemente de forma mais brilhante que qualquer outro goleiro antes dele — saltamos do banco e balançamos a cabeça maravilhados. O Banksy, com seu jeito bastante sério, disse que não sabia o motivo de tanto estardalhaço. Estava apenas fazendo seu trabalho e, valia lembrar, ele já tinha feito defesas igualmente boas na Inglaterra em jogos normais do campeonato.

Gordon Banks (Inglaterra): Essa defesa na bola do Pelé é considerada por muitos a maior que já fiz. Essas opiniões são sempre subjetivas. Acredito que minha defesa contra o Pelé ter recebido tantos elogios se deve em grande parte ao fato de ter acontecido num jogo de alto nível para uma audiência global de TV.

Ado (Brasil, goleiro): Eu me inspirava nele, no Banks. Gostava muito do cara. Meu tio me mandava fotos dele da Itália, porque era mais fácil encontrá-las na Europa. No Brasil, tínhamos pouco acesso a jornais e televisão. Então eu acompanhava de longe. No Brasil, não tínhamos treinadores de goleiros, o treino de goleiros no Brasil começou em 1970, com o [Raul] Carlesso. O cara que me treinava no Corinthians era o Dadson, um ex-boxeador que lançava aquelas bolas pesadas de treino para mim. Eu era muito forte [risos]. Enfim, tentava me inspirar nesses caras.

Gordon Banks (Inglaterra): O Pelé sempre me diz quando passa pela Inglaterra: "Eu viajo por todo o planeta e todo mundo sempre comenta sobre os gols que marquei, mas aqui na Inglaterra só falam da sua defesa". As filmagens da TV me mostram sorrindo enquanto eu me virava para assumir minha posição para defender o escanteio. Eu estava rindo do que o Bobby Moore tinha acabado de me dizer. "Você está ficando velho, Banksy", ele brincou, "você costumava agarrar a bola." E costumava mesmo.

A defesa de Banks impulsionou sua seleção, mas os ingleses não conseguiram o gol e, pouco tempo depois, aconteceu o incidente que muitos jogadores brasileiros acreditam ter sido o ponto de virada na partida. Tommy Wright cruzou uma bola excelente do flanco direito e Félix fez grande defesa depois de cabeceio à queima-roupa de Francis Lee. Os brasileiros acharam que Lee havia chutado Félix quando os dois disputaram o rebote, e partiram para revidar o mais rápido possível.

Bobby Charlton (Inglaterra): Depois da defesa do Banks, nosso sentimento era o de que éramos invencíveis. Só faltava ser mais preciso quando ficávamos de frente para o gol. Mas era angustiante, porque esse momento não chegava.

Bobby Moore (Inglaterra): Durante a tensão do confronto, houve apenas um momento em que pareceu que o caldo podia entornar. Foi quando o Francis Lee mergulhou para cabecear a bola cruzada pelo Tommy. O Félix não segurou, o Lee foi tentar pegar o rebote e elevou o pé na tentativa de chutar, mas seu movimento acabou atingindo o goleiro. Vários jogadores brasileiros cercaram o Lee, mas, felizmente, foram só alguns xingamentos e ficou por isso mesmo, porque, afinal, o atacante do Manchester City estava apenas tentando acertar a bola.

Narração da TV britânica: Tommy Wright avança rápido e faz um ótimo cruzamento. Foi para Lee. Acho que ele chutou o goleiro. Que está valorizando. Vamos ver o lance de novo. Um belo arranque de Tommy Wright. Francis Lee cabeceia, o goleiro rebate. Lee cai. A bola está solta, o goleiro não agarrou ainda. E Lee dá um chute na cabeça dele.

Francis Lee (Inglaterra): Eu sabia o que ele estava fazendo, e sabia por que estava fazendo aquilo. Mas foi um chute acidental. Acontece que o goleiro fez uma defesa muito boa, uma defesa instintiva. Mas eu estava perdendo uma oportunidade de ouro. Mandei a bola exatamente no lugar que queria que ela fosse, mas ele abriu os braços e salvou o gol, então simplesmente mergulhou no chão para tentar pegar o rebote, e eu tentei chutar, mas ele foi na bola ao mesmo tempo. Acho que chutei o ombro dele ou algo assim. Ele deu uma valorizada.

Félix (Brasil): Ele entrou de forma perigosa. E já tinha atingido o Everaldo. Foi um cruzamento, e eu pensei que era para o Bobby Charlton, mas foi para o Lee. O cruzamento veio da direita — nossa esquerda — e o Lee se jogou para cabecear. Eu espalmei com uma mão; foi uma grande defesa, na verdade, e depois me atirei para pegar a bola. Lee tentou chutar no rebote, mas acertou o meu rosto, bem no meu rosto, e me nocauteou. Eu vi as fitas depois... Eu caí no chão e ele me chutou, eu estava tremendo. O Mario Américo veio correndo e cuidou de mim. Então me levantei e continuei jogando. Era como se eu fosse um boxeador que foi nocauteado e sabe que tem que ficar de pé novamente. Joguei no automático depois disso, sabia tudo o que estava fazendo, mas era como se estivesse de fora só me assistindo jogar. Então o primeiro tempo acabou e continuava empatado.

Francis Lee (Inglaterra): Foi uma grande defesa. Não consegui fazer o gol, mas mandei a bola onde eu queria. O problema foi que ele abriu os braços e conseguiu espalmar, depois a bola quicou no chão. Eu tentei chutar a bola quando ela estava no chão. E fiquei bem chateado por não ter marcado, porque achava que devia ter feito aquele gol. Alguém me disse uma vez que, para os brasileiros, aquela defesa tinha sido tão boa quanto a do Banks na cabeçada do Pelé. Todo mundo falava que o Félix não era um goleiro muito bom, e nós pensamos que essa seria a nossa chance, mas aí o cara acabou fazendo uma defesa daquelas. Se a bola tivesse entrado, teríamos ganhado o jogo.

Carlos Alberto (Brasil): Ainda havia resquícios do que vimos em 1966. No jogo contra a Inglaterra, eles tentaram impor seu estilo, mas não estava funcionando e a gente não ia se submeter. Tinha um cara, o Lee, que em duas ocasiões diferentes disputou a bola com o Félix e o atingiu, quando podia ter tirado o pé. Se a bola estava com o goleiro, o que ele achou que estava fazendo quando chutou o cara no rosto? Na segunda vez, eu entrei no rolo. Lembro que falei para o Pelé: "Pelé, a gente tem que fazer...". E o Pelé sabia como lidar com essas coisas. Eu não era bom nisso, exagerava e arriscava ser expulso. Então só falei: "Poxa, Pelé...". E ele: "Deixa comigo, deixa comigo". Mas o jogo reiniciou e a primeira bola disputada foi bem entre mim e o Lee. E pensei comigo: "Não vou esperar o Pelé". Fui meio desajeitado, mas pensei: "Ele vai ver o que é bom". Então acertei o Lee na coxa e a pele dele ficou de um vermelho vivo, porque ele era muito branco. E imediatamente pensei: "Droga, vou ser expulso". Mas parece que o árbitro meio que reconheceu que o cara estava jogando sujo, acabou me dando um cartão amarelo. Lembro que a partir daí o jogo melhorou. Eles tinham um grande time, e começaram a jogar futebol, futebol de verdade, e vou dizer, tivemos muita sorte naquele jogo, porque depois que fizemos 1 a 0...

Félix (Brasil): O Carlos Alberto gritou para o Pelé, "Ei, Negão, você precisa dar um jeito nesse cara". E o Pelé falou: "Como vou dar um jeito se ele está lá e eu estou aqui na frente? Como você quer que eu resolva isso?". O Pelé foi chutado tantas vezes, coitado, que sabia como dar o troco. Eu vi o Pelé começar no futebol, porque eu jogava na Portuguesa na mesma época em que ele começou. Então vi como ele era tratado. Ele aprendeu a retribuir sem que o árbitro visse. Então, nesse caso, o Carlos Alberto pediu que ele fizesse alguma coisa. Mas de repente a bola foi para o Lee e o Carlos Alberto deu uma pancada no cara. O Lee teve sorte de não ter se machucado mais feio.

Narração da TV mexicana: Não, Carlos Alberto. Não. Não. Não. Não faça isso! Não há necessidade disso, Carlos Alberto. Você tem que jogar limpo. Uma falta muito forte e muito feia de Carlos Alberto. Meu bom amigo Carlos Alberto, capitão da seleção brasileira, você não pode fazer isso.

Francis Lee (Inglaterra): Ele me atingiu, mas tudo bem, isso acontece o tempo todo. Não é novidade.

Edu (Brasil): O jogo da Inglaterra foi o mais difícil, porque eles queriam muito ganhar. Um momento importante foi quando o Lee estava ameaçando a nossa meta e fez uma falta mais dura no Félix. O Carlos Alberto revidou, o Lee ficou meio assustado e, depois, se acalmou. E a Inglaterra acabou. Porque ele era o trunfo deles, era quem criava as jogadas para os ingleses. Isso mudou o jogo.

O incidente confirmou o que muitas pessoas viam, mas poucas estavam dispostas a admitir: apesar de todo o talento e habilidade, os brasileiros não eram anjos e sabiam brigar quando era preciso.

Martin Peters (Inglaterra): Acho que o jogo em si me tirou alguns anos de vida. No intervalo, eu estava convencido de que não haveria nenhum gol. Estávamos sendo cautelosos uns com os outros e um empate convinha aos dois times — não que não houvesse combate físico. Os romenos tinham sido duros, mas, do meu ponto de vista, os brasileiros eram mais ainda. E se isso parecia difícil de acreditar, eu tinha os hematomas e os machucados para confirmar minha opinião. O Jairzinho veio para cima da bola com muita força e chutou minhas canelas e também me desentendi com o Pelé perto do apito final. Ele me atingiu e eu devolvi, foi a segunda vez que perdi a paciência, o que é incomum para mim. Eu sei que o Brasil progrediu na Copa do Mundo porque tinha caras como o Pelé, o Tostão, o Jairzinho e o Rivellino, mas seria estupidez ignorar que eles eram realmente uma equipe e, tirando o goleiro meio excêntrico, não iam tão mal na defesa como se dizia. Sabiam fazer faltas e jogar duro quando era necessário, e percebi isso muito bem.

Alexandru Neagu (Romênia, atacante): O Pelé era muito bom, mas era trapaceiro e não tinha modos em campo. Costumava se jogar e tentar enganar o árbitro e os adversários.

Nicolae Lupescu (Romênia, zagueiro): A certa altura, atingi o Pelé com força. Ele cuspiu em mim e me disse algo que nunca entendi. Eu cuspi de volta.

O jogo estava equilibrado e, no intervalo, as duas equipes acreditavam que conseguiriam atacar e se impor no segundo tempo. O Brasil tinha a vantagem de se sentir mais em casa no calor, mas a Inglaterra permanecia confiante.

Martin Peters (Inglaterra): No intervalo estávamos empatados e eu não conseguia ver chances de eles marcarem. O Pelé estava sendo marcado de forma excelente pelo Alan Mullery e o Tostão e o Jairzinho também haviam sido contidos. Tínhamos todas as razões para achar que se alguém fosse marcar um gol, seríamos nós, porque a defesa deles, especialmente o goleiro Félix, estava com os nervos à flor da pele.

Pelé (Brasil): Os ingleses trabalharam muito defensivamente para anular nossos ataques. O Alan Ball jogou recuado, assim como o Bobby Charlton, tudo para que a defesa deles não fosse sobrecarregada. Com isso, o ataque dos ingleses mal incomodou a nossa defesa. Eu tinha a impressão de que eles estavam jogando por um empate.

Gordon Banks (Inglaterra): Ao entrar no vestiário no intervalo, fiquei surpreso ao ver o pessoal da delegação que não estava jogando, como o Jack Charlton e o Peter Osgood, junto com o Peter Thompson e o Brian Kidd, quebrando pedaços de gelo com facas e cinzéis. O Alf os instruiu a colocar gelo quebrado em toalhas, e nos disseram para pendurar em volta do pescoço para nos refrescarmos. Aquilo foi ótimo, então pedi a Peter Thompson para cortar um pouco mais de gelo e colocá-lo numa bolsa de polietileno para mim. Eu pretendia levar o saco de gelo comigo para o campo, colocá-lo atrás de uma das traves para que, quando o jogo estivesse calmo e a bola no campo de defesa do Brasil, eu pudesse me refrescar. Com menos de dez minutos do segundo tempo nós estávamos atacando, então peguei a bolsa pensando num breve — mas bem-vindo — refresco. E não conseguia acreditar. Tudo que encontrei foi um saco de água morna. Em pouco mais de dez minutos, cada pedaço de gelo tinha derretido.

O único gol do jogo veio aos quinze minutos do segundo tempo e, embora a jogada não tenha sido especialmente plástica do início ao fim, apresentou muito do brilho individual pelo qual o Brasil seria lembrado: Tostão dá um toque entre as pernas de Bobby Moore, Pelé passa sem olhar e Jairzinho marca.

Martin Peters (Inglaterra): Marcaram com um gol que era a especialidade deles. Foi lindo de assistir, suponho, mas poucas pessoas perceberam toda a desorganização na área. Eles deram sorte três vezes no lance, antes de o Jairzinho chutar para o gol. Mesmo assim, a bola entrou, e é isso que conta.

Narração de Fiori Gigliotti, locutor brasileiro: *Goooooooooooooooooooooool! Jairrrziiinho, para o Brasil! Desencanta a torcida brasileira! O tempo passa! Catorze minutos e meio. Jairzinho depois de um levantamento de Paulo Cézar. Depois de uma finta de Pelé. Rolando para Jairzinho. Que dribla curto e o goleiro sai. O brasileiro chuta, o goleiro inglês fica louco da vida, mas agora não adianta chorar. Gol brasileiro no México! Para a festa e delírio da torcida brasileira, do nosso querido Brasil. Um para o Brasil, zero para a Inglaterra.*

Pelé (Brasil): A jogada do Tostão foi genial. Ele driblou dois zagueiros e depois cruzou para mim dentro da área, quase sem olhar. Eu poderia ter chutado. Mas o Cooper estava lá para bloquear meu chute. Vi o Jair livre e passei a bola para ele. O Cooper me fechou, mas eu passei para o Jair. O chute foi forte e no ângulo. Brasil, 1 a 0. Todos nós sentimos que aquele gol valia a Copa do Mundo.

Jairzinho (Brasil, atacante): Foi uma jogada maravilhosa do Tostão pela esquerda. Ele driblou um, dois, três, quatro defensores ingleses e cruzou de direita para a área. A bola chegou no Pelé, eu gritei, ele passou para mim e eu vim correndo para dar o chute. Meu marcador, o Cooper, ficou no chão, o Banks saiu do gol e eu acertei a rede. Foi um lindo gol. Comemorei esse gol por cerca de cinco minutos. Nunca pulei tanto na minha vida.

Tostão (Brasil): No segundo jogo da Copa, contra a Inglaterra, eu tinha tido poucas chances de combinar as jogadas com o Pelé. Então vi o Roberto se aquecendo e pensei: "Ele [Zagallo] vai me substituir". Tenho certeza de que isso me deu o estímulo para tentar uma jogada individual, então dei o drible que ajudou a armar nosso único gol — vendo a gravação, admito que cometi uma falta em Bobby Moore com o braço. Mas marcamos, e mesmo com o Roberto entrando para me substituir depois, eu sabia que tinha selado meu lugar na equipe.

Zagallo (Brasil): Até ali eu não tinha sentido euforia no México. Mas aquele momento foi tão especial que até hoje quando penso nisso não sei se rio ou se choro. Cinco minutos depois, o dr. Antônio do Passo me perguntou se nós ganharíamos o jogo. E eu disse: "Dr. Passo, num jogo assim, quem marca o primeiro gol vence". E nós tínhamos marcado o primeiro gol. Eu estava calmo, mas tinha na cabeça que o momento da verdade havia chegado para nossa defesa tão criticada — "Meu Deus, será que o Brito e o Piazza vão resistir? E o Félix. Será que os três aguentam? Será que não se abalaram com as críticas? Não!" O resto do jogo provou que poderíamos ser campeões: um ataque excelente e um meio de campo magistral. Somado a isso, estávamos tendo um desempenho defensivo extraordinário. Félix foi uma parede. Brito e Piazza cresceram e se tornaram gigantes. E não foram só eles. Todos.

Bobby Moore (Inglaterra): A cara de alívio nos rostos dos jogadores brasileiros quando eles marcaram foi suficiente para me convencer de que estavam mais preocupados conosco do que com qualquer outro time.

Alan Ball (Inglaterra): Foi maravilhoso ter jogado essa partida. Tem apenas uma coisa que eu lamento. Vou continuar afirmando até o dia que eu morrer que o Tostão me deu uma cotovelada no rosto quando eu estava prestes a roubar a bola dele. Ele se virou e lançou a bola com o pé direito. Ela foi direto para o Pelé. Com o Brian Labone bem na sua frente e o Terry Cooper se esforçando para chegar nele, o Pelé decidiu não chutar e optou por rolar a bola quase suavemente do lado para o Jairzinho. Cooper perdeu o equilíbrio quando tentou interceptar o Jairzinho, que mandou um chute cruzado alto de pé direito. Não quero parecer ressentido, mas o juiz deveria ter marcado a falta do Tostão.

A Inglaterra dominou a última meia hora do jogo, pressionando em busca do empate. Os ingleses tiveram algumas chances razoáveis e outras bastante boas. A melhor foi o chute do substituto Jeff Astle, que perdeu a oportunidade de marcar a dez metros do gol. Alan Ball viu sua tentativa de fora da área bater na trave e Félix teve que trabalhar bastante porque os cruzamentos choviam de todos os lados. Como a Inglaterra colocou seus homens no ataque, a defesa se abriu e o Brasil contra-atacou. Mas nenhuma das equipes conseguiu fazer outro gol.

Martin Peters (Inglaterra): Pela primeira vez as coisas saíram do controle, provavelmente porque estávamos avançando mais e deixamos algumas lacunas na defesa. O resto da partida foi pura agonia para nós (o pobre Jeff Astle riu do momento em que chutou a bola na rede pelo lado de fora, quando estava praticamente de frente para o gol adversário e o goleiro estava fora da jogada). Ele sorriu por fora, mas nem imagino o que devia estar sentindo por dentro. Aí se virou e socou o ar. É muito injusto, no entanto, destacar uma única falha. Houve muitas de outros jogadores.

Terry Cooper (Inglaterra): Para ser justo, o Jeff Astle tinha acabado de entrar no jogo.

Gordon Banks (Inglaterra): O Jeff terminou a temporada como artilheiro da primeira divisão [do Campeonato Inglês, pelo West Bromwich] e recebeu uma bola que, normalmente, seria moleza para ele. Talvez tenha sido porque tinha acabado de entrar em campo e ainda não estava devidamente ajustado ao ritmo e à intensidade do jogo, não sei. Seja qual for o motivo, ele perdeu o tipo de chance que normalmente aproveitaria. Com o Félix adiantado, ele chutou a bola para fora. Perdeu um gol feito, e nós, a chance de empatar um jogo emocionante. Nós demos tudo o que tínhamos. O Bobby Moore foi magistral. O Alan Mullery, incansável.

O Alan Ball teve azar quando finalizou da esquerda da área e seu chute bateu na trave brasileira, com o Félix já rendido. Perto do final, pensei que um empate teria sido justo.

Jairzinho (Brasil): Os ingleses tiveram muitas chances de marcar. E, para mim, este foi o melhor jogo do nosso goleiro Félix.

Bobby Charlton (Inglaterra): Não conseguimos o empate que era, sempre acreditarei, o mínimo que merecíamos, porque mostramos que éramos autênticos campeões mundiais. Foi uma partida magnífica e não tenho dúvidas de que fomos o rival mais difícil que o Brasil enfrentou no torneio. O Francis Lee teve uma boa chance, mas não teve alternativa senão cabecear direto no goleiro brasileiro, o Félix. O Martin Peters teve uma oportunidade um pouco antes disso, depois de uma arrancada rápida, mas sua cabeçada foi muito alta. Um chute do Alan Ball pegou na trave. E, finalmente, teve a bola que caiu nos pés do Jeff Astle, que tinha substituído o Lee. O Astle era brilhante no jogo aéreo, mas não tanto no chão, e seu chute com o pé esquerdo foi para fora.

Pelé (Brasil): O que realmente deu valor à nossa vitória foi a maneira como os ingleses jogaram. Eles deram tudo para tentar impedir que nós ganhássemos.

Piazza (Brasil): Às vezes, como contra o Uruguai, por exemplo, a gente ia mal no primeiro tempo. Mas a gente sempre conseguia jogar melhor no segundo. Agora, contra a Inglaterra, eles eram os campeões. E realmente tinham uma equipe extraordinária, então o jogo foi quente de ponta a ponta. Essa vitória teve um pouco de sorte. Uma chance surgiu e nós a aproveitamos. A Inglaterra teve a chance de empatar, tiveram também a chance de marcar o primeiro gol, mas isso é do jogo. Nós sabíamos que a Inglaterra era uma equipe forte.

Ado (Brasil): Foi a final antes da final. Eu acompanhava a Inglaterra meio de longe e gostava do meio-campo e do goleiro. Eles tinham um time impressionante. Eu disse: "Se a gente derrotar os ingleses, então não tem como perder depois disso". E nós conseguimos, mas foi um jogo duro. E serviu como uma confirmação do que poderíamos fazer nos outros jogos que viriam.

Bobby Charlton (Inglaterra): Foi uma grande partida que sempre vai ser lembrada por ter sido definida por uma bola, por um lance do destino. Se eu pudesse voltar a todas as partidas que joguei pela Inglaterra e só escolher uma delas para mudar o placar e transformar a derrota em vitória, seria essa, porque se a tivéssemos ganhado, acredito que ninguém poderia nos parar.

Bobby Moore (Inglaterra): Não acho que seria irrealista dizer que merecíamos pelo menos um empate contra o Brasil. Nós jogamos melhor em grande parte do jogo, especialmente no final. Fizemos tudo certo, exceto pelo importante detalhe de acertar o gol. Acho que, no final das contas, só temos a nós mesmos para culpar. Criamos inúmeras chances e jogamos fora todas elas.

Francis Lee (Inglaterra): Por quantos gols deveríamos ter vencido o Brasil? Devíamos ter derrotado eles por 4 a 3 ou 4 a 2. Eu teria adorado jogar contra os brasileiros numa noite fria em Manchester. Ou numa noite gelada em Wembley. Aí poderíamos ter um jogo bom de verdade.

Pelé (Brasil): O crédito deve ser dado para quem é devido. Os ingleses tinham alguns jogadores excelentes. Homens como Banks, Bobby Moore, Cooper, Bobby Charlton e Jack Charlton. Eles poderiam jogar em qualquer seleção brasileira de qualquer época — e isso não é um elogio qualquer.

O jogo terminou com outro momento icônico. Enquanto Pelé e Bobby Moore trocavam suas camisas, um cinegrafista os flagrou juntos, numa conversa na qual os dois jogadores demonstravam o enorme respeito que claramente sentiam um pelo outro.

Bobby Moore (Inglaterra): No final da partida, troquei de camisa com o Pelé e disse a ele: "Vejo você na final". Ele acenou com a cabeça, sorriu e respondeu: "Acho que sim".

Nobby Stiles (Inglaterra): Se fosse para escolher uma imagem perfeita do que o futebol representa no seu melhor, no seu estado mais puro, seria aquela do Pelé abraçando e trocando a camisa com o Bobby Moore no final do jogo.

e: "Vejo ocê n
al". Ele ceno
m a cab sorr
res "Ac
e si quei
misa c o Pel
final"

Bobby Charlton (Inglaterra): Quando, ao final, o Pelé e o Moore trocaram as camisas, foi algo totalmente apropriado. Pensando em tudo que o nosso capitão tinha enfrentado, em como ele tinha lidado com as dificuldades, na força que nos deu quando voltou ao time, eu só podia me maravilhar com a qualidade do jogo dele naquele dia em Guadalajara. Ele foi um gigante numa partida que sempre considerarei uma das melhores, senão a melhor em que joguei.

Gordon Banks (Inglaterra): Tenho certeza de que a intenção do Bobby era ir até o Pelé para parabenizá-lo. Mas foi o brasileiro quem fez isso. O vencedor achou por bem esbanjar elogios ao vencido, porque o Pelé sabia que o Bobby tinha se destacado, e que o Brasil teve sorte de ganhar, assim como tivemos o azar de perder. Os times se equivaliam, mas houve uma diferença importante. A finalização. O Brasil aproveitou sua melhor chance e nós perdemos a nossa. Quando se joga futebol nesse nível, as consequências de perder uma chance podem ser catastróficas.

Terry Cooper (Inglaterra): Provavelmente o melhor time contra quem eu já joguei. Provavelmente o melhor time que já vi em qualquer tempo.

Jack Charlton (Inglaterra, zagueiro): Todos depois desse jogo pensavam que a final seria Inglaterra × Brasil. Todo mundo pensava isso. E nós também, para dizer a verdade.

Martin Peters (Inglaterra): Minha primeira reação à nossa derrota para o Brasil, uma derrota que teve consequências indesejáveis, foi de absoluto desânimo. Eu passei mal. Estava no futebol fazia tempo suficiente para saber que você nem sempre é recompensado pelo esforço, e suponho que já deveria ter aprendido que não dá para ganhar todas. Mas o fato é que acho que nunca vou olhar para esse jogo sem sentir pena de mim e dos outros rapazes. Tanto trabalho, tanta força de vontade, tanta preparação, tudo indo pelo ralo. A autopiedade não deve ter lugar na constituição de um profissional, mas nós somos apenas humanos e estávamos todos inconsoláveis. Talvez tenha sido por isso que a gente se deu o direito de afrouxar a corda naquela noite no hotel. O Alf nos deu autorização e nós tomamos umas doses para tentar esquecer. Não chegamos a perder a cabeça, mas agora sei por que as pessoas usam o álcool para tentar apagar lembranças desagradáveis.

Pelé (Brasil): Quando voltamos para o hotel depois do jogo, felizes e animados, havia uma multidão de brasileiros e mexicanos por lá, todos querendo continuar a celebração pelo resto da tarde e noite adentro. Era quase impossível dormir. As buzinas dos carros não paravam e a multidão continuava cantando e gritando. Dava para pensar que tínhamos ganhado a Copa do Mundo, e a gente nem tinha passado para as quartas de final.

O resultado do jogo fez o Brasil, com quatro pontos de quatro possíveis, praticamente se garantir na fase seguinte. A Romênia ainda podia se classificar para as quartas de final com uma vitória, mas era uma equipe cuja preparação havia deixado a desejar. O goleiro titular, Necula Răducanu, tinha sido afastado por indisciplina e teve que esperar até os 28 minutos da terceira partida da equipe, contra o Brasil, para entrar em campo. Foi a primeira vez que um goleiro foi substituído em uma partida de Copa do Mundo. O comportamento inadequado era indicativo de problemas maiores no time da Romênia. Nicolae Dobrin, o melhor jogador do futebol romeno em 1966, 1967 e 1971, também havia sido excluído da equipe por causa de seu comportamento fora do campo.

Nicolae Lupescu (Romênia): O Dobrin não jogou no torneio porque gostava demais de cerveja. Ele costumava beber só uma, mas por causa do calor acabava pedindo uma segunda, depois uma terceira e assim por diante. Foi isso. O Dobrin reclamava o tempo todo do calor, então não queria treinar. À noite, ia aos bares, saía do hotel. Eu gostava dele como pessoa, mas não foi injusto ele ficar fora. Ele não merecia jogar!

Angelo Niculescu (Romênia, técnico): Não falei com o Dobrin depois da Copa do Mundo sobre o motivo da minha decisão de não usá-lo. Ele sabia que eu gostava de disciplina e que eu achava que os jogadores deveriam dar tudo de si num torneio tão importante. Não podia passar o dia inteiro pedindo para ele se comportar, dar o melhor. Ele reclamava do calor o tempo todo. Eu disse a ele: "Dobrin, nunca houve um jogador nascido com um guarda-chuva para protegê-lo!".

Nicolae Lupescu (Romênia): E quanto a Răducanu... O que o técnico podia fazer se não o encontrava na cama às três da manhã?

Pelé (Brasil): Tivemos a sorte de o excelente goleiro Răducanu não jogar toda a partida. Havia rumores de que ele estava sendo punido por ter empurrado alguém na piscina do hotel num momento de descontração.

Mircea Lucescu (Romênia, atacante): As camisas que usamos contra o Brasil fui eu que comprei! O Brasil estava jogando de amarelo, assim como nós. Fui a um mercado e comprei as camisas azuis com as quais jogamos. Depois, afixei os escudos nacionais com um alfinete! Eu ainda tenho a camisa do Pelé, nós trocamos no final do jogo. Eu não a lavei, guardei exatamente como ele me deu. Agora é como uma pintura pra mim! Ainda tem algum suor nela.

A Romênia não foi um adversário fácil para os brasileiros. Pelé e Jairzinho marcaram e levaram o Brasil à vantagem de 2 a 0 depois de 22 minutos de jogo, mas os romenos, já com seu goleiro titular de volta à posição, lutaram bravamente. Florea Dumitrache fez o primeiro de sua seleção, doze minutos antes do intervalo, e mesmo depois de Pelé ter restaurado a vantagem de gols do Brasil na metade do segundo tempo, Emerich Dembrovschi trouxe a Romênia de volta ao jogo nos sete minutos finais.

Pelé (Brasil): A Romênia tinha vencido a Tchecoslováquia, para surpresa geral, e ganhou o respeito de todos. Dembrovschi e Dumitrache, dois atacantes poderosos, provaram ser jogadores de calibre internacional. Começamos jogando um futebol excelente contra um time que obviamente estava nervoso por jogar contra nós, por conta do nosso histórico e reputação. Com apenas dezenove minutos de bola rolando, recebi a bola, conduzi pela defesa romena e chutei para marcar nosso primeiro gol, um gol fácil,[3] e apenas um minuto depois o Jairzinho passou pelo meio da defesa da Romênia e também facilmente marcou nosso segundo gol. Parecia que poderíamos fazer tantos gols quanto quiséssemos, sempre que quiséssemos, e permitimos que esse sentimento nos fizesse baixar a guarda. Pouco depois, o Dumitrache fez um gol brilhante, passando pela nossa defesa como se ela não estivesse lá e enganando

---

3 Na realidade, o primeiro gol de Pelé no jogo contra a Romênia foi marcado em cobrança de falta, batida da entrada da área. (N. E.)

completamente o Félix. A segunda metade mal tinha começado quando eu marquei nosso terceiro gol, e imediatamente voltamos a ser a mesma equipe eufórica, convencida de que alguma inspiração divina nos levaria a uma vitória esmagadora — mas então a defesa romena melhorou e não conseguimos mais avançar contra eles. E faltando oito minutos, o Dembrovschi recebeu uma bola pelo alto e cabeceou muito bem para marcar o segundo gol da Romênia. O jogo acabou assim, com o Brasil vencendo por 3 a 2, um resultado que estava longe de ser a vitória folgada que esperávamos, e estou convencido de que um pouco mais daquele excesso de confiança do primeiro tempo poderia ter nos levado a um empate, ou até mesmo a uma derrota.

Nicolae Lupescu (Romênia): No intervalo do jogo contra o Brasil, nosso técnico disse para atacarmos, para esquecermos que nosso adversário era o Brasil. Ele deixou claro o que queria, aos berros. Estivemos perto de conseguir algo importante nesse jogo. Se tivesse durado mais dez minutos, acho que teríamos empatado, e depois vencido a partida.

Necula Răducanu (Romênia, goleiro): Eu poderia ter jogado no Brasil. Estive lá em 1969, no Rio, e fiquei amigo do Pelé. Nós nos reencontramos em Guadalajara, na Copa do Mundo. Mantivemos contato depois, e até temos algumas fotos juntos. Ele costumava me chamar de Ricardo. Pelé marcou um gol contra mim em 1970. Depois do jogo, os jornalistas me perguntaram: "Como Pelé marcou o gol em você?". Eu disse: "Eu o deixei marcar porque ele é meu amigo!".

A vitória brasileira sobre a Romênia significava que a Inglaterra enfrentaria a Tchecoslováquia precisando somente de um ponto para se classificar para o mata-mata. O técnico Alf Ramsey fez várias mudanças no time inglês, e a principal foi a entrada de Allan Clarke, atacante de 23 anos do Leeds United, entre os titulares. Clarke foi provocado pelo treinador, que disse que ele finalmente estava pronto para vestir a camisa da Inglaterra.

Allan Clarke (Inglaterra): Um dia antes de jogarmos contra a Tchecoslováquia — lembro como se fosse ontem — o Alf veio até mim e falou: "Você joga amanhã". Eu respondi: "Que ótimo". E então ele disse: "Acho que você está pronto agora, filho". Pensei comigo: "Alf, estou pronto *há três anos*".

Bobby Moore (Inglaterra): Precisávamos apenas empatar contra a Tchecoslováquia para estar entre os oito. Estávamos confiantes que conseguiríamos. Com a intenção de manter seus jogadores descansados para as quartas de final, Sir Alf fez várias alterações para o jogo contra os tchecos. Ele deu ao Allan Clarke — no seu aniversário de casamento e aniversário de sua esposa — sua primeira chance como titular e colocou também o Jack Charlton, o Jeff Astle, o Colin Bell e o Keith Newton, já recuperado. Ninguém falou muito quando Sir Alf perguntou à equipe, de antemão, quem queria se voluntariar para bater pênaltis, já que o Geoff Hurst estava fora do jogo. Ninguém respondeu, então o Allan Clarke disse que aceitava o encargo, como havia feito no Leicester e no Fulham. No final das contas, sua decisão lhe deu a oportunidade de marcar um gol logo na estreia como titular.

Alan Ball (Inglaterra): Saímos daquele jogo [contra o Brasil] ainda aguerridos, sabendo que tínhamos uma equipe capaz de defender o título de campeões mundiais. O Brasil derrotou a Romênia, o que significava que liderariam o grupo. Muitas pessoas estavam pensando nas possibilidades matemáticas de classificação à medida que avançávamos para a nossa última partida do grupo, mas o essencial era que não podíamos perder. O Brasil podia relaxar. Nós, se perdêssemos por um gol, teríamos — entre pontos e saldo de gols — o suficiente para empatar com a Romênia, e aí seria uma questão de sorte. Se perdêssemos por dois gols, a Romênia passaria. Sir Alf decidiu descansar alguns jogadores e escalar reservas. Devia estar confiante.

O jogo em si foi ruim; nenhuma das equipes mostrou muita qualidade e, deixando de lado o pênalti que resultou na vitória inglesa, erros dos goleiros de ambas as seleções foram o mais próximo que Inglaterra e Romênia chegaram de fazer gols. O time inglês talvez pudesse ser perdoado pela perda de foco e por já começar a pensar no futuro, já que nas quartas de final enfrentaria a melhor equipe do Grupo 4, mas a insípida exibição não era um bom presságio para o resto do torneio.

Allan Clarke (Inglaterra): Tivemos uma reunião do time antes do jogo e tínhamos um sujeito chamado Les Cocker, que era preparador físico do nosso grande time do Leeds United. E ele disse: "Se tivermos um pênalti, quem vai cobrar?". Eu estava fazendo minha estreia e esperava que um jogador mais experiente se apresentasse como voluntário, mas o tempo foi passando. Então respondi: "Eu bato". E o Alf disse: "Bom rapaz". Ganhamos de 1 a 0 e fui eu que marquei o gol de pênalti. Depois do jogo, estava me enxugando e o Les Cocker veio até mim e disse: "O Alf agia engraçado quando você estava ajeitando a bola para bater". Les estava no banco de reservas com o Alf e disse que ele lhe perguntou: "Será que o Allan vai marcar?". Fez a pergunta duas vezes: "Será que o Allan vai marcar?". E o Les respondeu: "Alf, pode apostar sua casa que vai".

Martin Peters (Inglaterra): Nossa política sempre foi a de nos preocuparmos com um jogo de cada vez e não nos incomodarmos com o que os outros estavam fazendo, mas nessa altura era quase impossível não pensar nas possibilidades, até porque sabíamos que em certo sentido nosso futuro podia estar nas mãos de outra equipe. Sermos derrotados pelo Brasil, injustamente ou não, os fez chegar à liderança do grupo e significou que eles ficariam em Guadalajara para as quartas de final. Nós estávamos numa situação de vida ou morte pelo segundo lugar, jogando em León, a cerca de 250 quilômetros de distância dali, para um público de apenas 25 mil pessoas. Felizmente, nossa terceira partida na fase de grupos contra os tchecos aconteceu depois de o Brasil já ter derrotado a Romênia, então sabíamos que um empate estaria de bom tamanho.

Alan Ball (Inglaterra): Não estávamos no nosso melhor. Essas coisas acontecem de vez em quando. Há dias em que tudo que você tenta parece não dar certo. Felizmente, marcamos aos quatro minutos do segundo tempo, quando o Colin Bell sofreu falta na área e o Allan Clarke cobrou o pênalti. Eu entrei dezesseis minutos depois no lugar do Bobby Charlton, que estava igualando o recorde do Billy Wright de 105 partidas pela Inglaterra.

Bobby Moore (Inglaterra): Fomos os primeiros a admitir que jogamos mal naquele dia. Se foram as substituições que atrapalharam o ritmo do time ou não, não sei. Nada parecia correr como devia e até levamos um susto quando uma bola do Karol [Dobiaš], a oito minutos do fim do jogo, passou pelo Gordon Banks e foi parar na trave. Veja bem, o Colin Bell, que substituiu o Bobby Charlton, também tinha acertado a trave adversária pouco antes. Enfim, ganhamos, e isso era o que realmente contava naquela fase.

Gordon Banks (Inglaterra): Dominamos a partida contra os tchecos, mas não foi simples. Um pênalti do Allan Clarke nos deu a vitória por 1 a 0, o suficiente para nos classificarmos no nosso grupo. Perto do final do jogo, o zagueiro tcheco [Karol] Dobiaš tentou a sorte a uns vinte e cinco metros do gol. A bola pegou efeito e o que deveria ter sido uma defesa confortável para mim de repente se tornou um problema. Consegui tocar na bola com as pontas dos dedos da minha mão direita e a desviei para cima. Imediatamente me virei e fiquei surpreso de a bola ter batido na trave e voltado para as minhas mãos. "Sensacional!", disse o Jack [Charlton]. "Que truque você tá preparando contra os alemães?"

Alan Ball (Inglaterra): Antes do jogo, o atacante que era a estrela da Romênia, o Dumitrache, previu que marcaria dois gols contra nós. Ao ouvir o apito final, não pude resistir, levantei dois dedos e disse a ele: "Onde estão seus dois gols então, amigo?". Ele deu de ombros. Eu podia ser irritante às vezes!

Gordon Banks (Inglaterra): A imprensa mexicana tinha suavizado o tratamento com a gente, mas o público mexicano ainda foi muito hostil quando entramos em campo para o nosso último jogo do grupo contra a Tchecoslováquia. Eu tive mais problemas com a torcida durante essa partida do que com o ataque dos tchecos. Eles atiraram em mim cascas de laranja, sementes de maçã e moedas ao longo de todo o primeiro tempo. Reclamei com o árbitro, que levou a questão para os funcionários da Fifa que estavam presentes. Eles, por sua vez, pediram à polícia mexicana para ficar atrás do meu gol, e isso mudou as coisas drasticamente: choveu cinco vezes mais cascas de laranja e moedas. Não faltaria troco para uns telefonemas depois desse jogo.

Bobby Moore (Inglaterra): Sir Alf Ramsey viu nossos rostos abatidos, tristes e disse: "Saiam e se divirtam um pouco". Foi depois da nossa derrota para o Brasil em Guadalajara, e ele sabia como a gente estava se sentindo. Então, pela primeira vez desde nossa chegada ao México mais de quatro semanas antes, relaxamos um pouco. E quando digo "um pouco" é porque, em casa, na Inglaterra, um jornal publicou uma história sobre alguns de nós terem saído para uma noite de baderna e terem sido punidos por Sir Alf na manhã seguinte. Isso foi pura invenção.

Tabela do grupo

GRUPO 3

	JOGOS	VITÓRIAS	EMPATES	DERROTAS	SALDO DE GOLS	PONTOS
Brasil	3	3	0	0	5	6
Inglaterra	3	2	0	1	1	4
Romênia	3	1	0	2	-1	2
Tchecoslováquia	3	0	0	3	-5	0

2 de junho. Guadalajara, Estádio Jalisco   INGLATERRA 1 × 0 ROMÊNIA
Gol: Hurst, aos 20'2ºT (1-0)

3 de junho. Guadalajara, Estádio Jalisco   BRASIL 4 × 1 TCHECOSLOVÁQUIA
Gols: Petráš, aos 11'1ºT (0-1); Rivellino, aos 24'1ºT (1-1); Pelé, aos 14'2ºT (2-1); Jairzinho, aos 16'2ºT (3-1); Jairzinho, aos 38'2ºT (4-1)

6 de junho. Guadalajara, Estádio Jalisco   ROMÊNIA 2 × 1 TCHECOSLOVÁQUIA
Gols: Petráš, aos 5'1ºT (0-1); Neagu, aos 7'2ºT (1-1); Dumitrache, de pênalti, aos 30'2ºT (2-1)

7 de junho. Guadalajara, Estádio Jalisco   BRASIL 1 × 0 INGLATERRA
Gol: Jairzinho, aos 14'2ºT (1-0)

10 de junho. Guadalajara, Estádio Jalisco   ROMÊNIA 2 × 3 BRASIL
Gols: Pelé, aos 19'1ºT (0-1); Jairzinho, aos 22'1ºT (0-2); Dumitrache, aos 34'1ºT (1-2); Pelé, aos 22'2ºT (1-3); Dembrovschi, aos 39'2ºT (2-3)

11 de junho. Guadalajara, Estádio Jalisco   TCHECOSLOVÁQUIA 0 × 1 INGLATERRA
Gol: Clarke, de pênalti, aos 5'2ºT (0-1)

5. A fase de grupos: Grupo 4

5. A fase de grupos: Grupo 4

Fechados e cheios de segredos, os países da Cortina de Ferro sempre se mantinham envoltos em mistério ao chegarem às Copas do Mundo. Em 1970, quatro das nove seleções europeias classificadas vinham do bloco comunista e não se sabia muito sobre elas. Uma em particular, a Bulgária, estava participando de sua terceira Copa do Mundo consecutiva, ainda esperando pela primeira vitória em Mundiais. Eles chegaram bem cotados ao México, tendo superado a Polônia e a Holanda nas Eliminatórias. Tinham na equipe vários dos jogadores que levaram o país à final do torneio olímpico de futebol dois anos antes e, como essa edição das Olimpíadas também havia acontecido no México, contavam com a vantagem adicional de já ter tido a experiência de atuar no calor e na altitude.

Dimitar Penev (Bulgária): Quer saber, nós tínhamos um ótimo time naquela época. E tudo começou dois anos antes, em 1968, quando, coincidentemente, o México sediou os Jogos Olímpicos. A Bulgária conseguiu terminar como vice-campeã olímpica de futebol, perdendo para a Hungria na final. Alguns dos caras que jogaram naquele torneio olímpico voltaram ao México dois anos depois para a Copa do Mundo. Jogadores como o meu colega de equipe do CSKA Sofia, o [atacante] Petar Zhekov, participaram de ambos os eventos e, portanto, já estavam familiarizados com o que era necessário para jogar no México. Tivemos um ótimo desempenho nas Eliminatórias para a Copa de 1970 e queríamos mostrar ao mundo que a Bulgária estava cheia de jogadores talentosos. Além disso, a Copa do México foi a terceira consecutiva da Bulgária e, dado o nosso sucesso nas Olimpíadas de 1968, era algo que esperávamos que nos ajudasse. Infelizmente, as coisas não foram bem para nós…

Em 1970, antes de haver cobertura regular da televisão, antes da internet e também da globalização de jornais e revistas, podia ser difícil descobrir detalhes sobre futuros adversários. Esse era definitivamente o caso quando se tratava das nações do bloco comunista, amplamente isoladas dos países ocidentais. Era mais fácil para os vizinhos europeus, que pelo menos podiam acompanhar o desempenho dos melhores clubes nas competições europeias e a equipe nacional de tais países nas Eliminatórias da Eurocopa e da Copa do Mundo. Mas as nações de fora da Europa sabiam pouco sobre os rivais da Cortina de Ferro, e a Bulgária igualmente conhecia muito pouco a respeito de seus adversários da América do Sul e da África. O que sabiam vinha de fontes que não levavam em consideração, necessariamente, a escalação de momento de cada equipe.

Dimitar Penev (Bulgária): Fomos ao México para nos familiarizarmos com o clima, com o país, com os arredores. Naquela época, nossa seleção nacional tinha um time B — e essa segunda equipe viajou para o Brasil na mesma época. Depois, alguns dos caras que costumavam jogar no time B se juntaram ao time A para a Copa do Mundo. Portanto, apesar de estarmos vivendo atrás da Cortina de Ferro, essas turnês para jogos de futebol não eram tão surpreendentes quanto podem parecer agora. Conseguimos derrotar o Peru por 3 a 1 no primeiro amistoso, mas alguns dias depois perdemos por 5 a 3 para eles. Achávamos que poderíamos vencê-los quando chegasse a hora da verdade e tivéssemos que enfrentá-los na Copa, mas não era para ser... Em 1970, quando o Mundial estava para começar, estávamos em péssima forma por causa dos equívocos na preparação. Naquela época, conhecer os pontos fortes dos seus próximos rivais não era tarefa fácil. Nós coletávamos informações principalmente por meio de outros conterrâneos que moravam nos países das seleções contra as quais iríamos jogar. No início da década de 1970, já tínhamos embaixadas em todo o mundo e frequentemente recebíamos algumas informações úteis através de nossas missões diplomáticas. Também conseguíamos ler alguns jornais alemães — e eles estavam sempre cheios de fatos interessantes relacionados aos times que a gente ia enfrentar. É assim que as coisas costumavam ser feitas naquela época.

Berti Vogts (Alemanha Ocidental): Não era como hoje em dia. Nós não tínhamos a oportunidade de ver os jogos, fazer análises de vídeo etc. Nosso assistente técnico assistia às partidas e depois conversávamos sobre o assunto. Havia jogos na televisão, mas não havia nenhuma análise como as que são apresentadas aos jogadores hoje em dia. Simplesmente não existia.

No primeiro jogo do grupo, a Bulgária enfrentou o Peru, em León. A disputa era significativa por várias razões. Era a primeira vez que o Peru se classificava para uma Copa do Mundo desde o torneio inaugural em 1930, e as expectativas eram altas para uma equipe que havia garantido seu lugar ao eliminar a Argentina, com um empate emocionante por 2 a 2 na Bombonera. Tragicamente, um grande terremoto abalou o Peru às vésperas do início do campeonato. No entanto, as notícias dos danos e das milhares de mortes foram ocultadas dos jogadores pelo maior tempo possível para que não atrapalhassem sua preparação.

Héctor Chumpitaz (Peru, zagueiro): Na realidade, não sabíamos da magnitude do terremoto. O diretor José Aramburú Menchaca, que era presidente do Comitê Nacional de Esportes [CND], que hoje é o IPD [Instituto Peruano de Esporte], foi quem nos tranquilizou e nos disse que tinha sido uma coisa pequena, que realmente não tinha atingido Lima com muita força. Ele mentiu e nos contou essa história para que não nos preocupássemos.

Era difícil obter notícias confiáveis. Alguns torcedores repassaram informações aos jogadores, mas os dirigentes minimizaram a escala da tragédia. Quando descobriram a gravidade da destruição, alguns dos atletas queriam voltar para casa imediatamente, mas foram persuadidos a ficar, sob o argumento de que poderiam fazer mais por seus compatriotas tendo bom desempenho no México e devolvendo-lhes os motivos para sorrir.

Héctor Chumpitaz (Peru): Foi um dia antes da partida contra a Bulgária, porque fomos ver o gramado em León. Nós fomos treinar, checar a superfície do gramado, ver quais eram as condições, esse tipo de coisa. Foi quando os torcedores peruanos ali presentes nos contaram. A gente não acreditou em tudo que eles disseram que tinha acontecido, porque foi uma conversa rápida, e não era bom para os jogadores ter tanta preocupação. Nós sabíamos que algumas pessoas tinham morrido, mas não sabíamos de todo o resto. Era uma época em que as comunicações eram mais difíceis. É mais fácil hoje em dia, com as redes sociais que mostram tudo, mas naquela época só tínhamos o que os torcedores nos contavam. Alguns jogadores ficaram muito preocupados porque eram de províncias, como o Nicolás Fuentes, que era da província de Camaná. Havia outros, o falecido Julio Baylón e o [Pedro] "Perico" León, eram vários, mas tínhamos que acalmá-los, porque sabíamos que, embora estivéssemos preocupados e sentíssemos a dor deles, tínhamos que nos manter calmos.

México 70

O presidente [Juan Velasco Alvarado] nos enviou um telegrama, dizendo que tudo estava bem, que tudo estava sob controle. Ele nos pediu para manter a calma porque estávamos representando nosso país, e nos desejou boa sorte. Com tudo isso, eu sabia que, apesar de todos esses problemas, conseguiríamos avançar na Copa do Mundo.

O Peru, vestindo uma camisa vermelha diferente, sem a faixa transversal que era sua marca registrada, venceu o primeiro jogo, embora não tenha ido bem no início do confronto. Os peruanos levaram o primeiro gol depois de uma jogada ensaiada muito bem executada pelos búlgaros, aos doze minutos de jogo; e sofreram outro no começo do segundo tempo, quando o goleiro Luis Rubiños, depois de uma cobrança de falta, deixou a bola roçar suas mãos e seguir diretamente para o fundo das redes. Mas a Bulgária esmoreceu em razão das condições climáticas e o Peru virou o jogo para 3 a 2. Os sul-americanos atropelaram os rivais na segunda metade do jogo e poderiam ter construído vantagem ainda maior.

Héctor Chumpitaz (Peru): O jogo começou e eles marcaram um gol que parecia ter sido criado em laboratório. Muito, muito, muito bem planejado. No início do segundo tempo, marcaram outro, 2 a 0. Viramos o jogo de 2 a 0 para 3 a 2. Nosso primeiro gol foi do [Alberto] Gallardo, o segundo foi meu, em cobrança de falta, e o terceiro do "Nene" Cubillas.

Dimitar Penev (Bulgária): Jogamos um primeiro tempo fantástico — conseguimos abrir o placar logo no início, e então marcamos outro gol depois do intervalo. Mas a essa altura, já sabíamos que algo estava errado. Quando chegamos ao vestiário no intervalo, ficamos muito tontos por causa da altitude e pelo fato de não termos tomado água suficiente. Nossa preparação equivocada vinha cobrar seu preço. Apesar disso, dobramos nossa vantagem no início do segundo tempo, mas nos perdemos. A gente sabia que isso ia acontecer — os peruanos jogaram muito melhor do que nós depois do intervalo. Eles corriam mais e ganhavam todas as disputas de bola. No dia seguinte ao jogo, admitimos que tínhamos cometido alguns erros graves na preparação para o torneio. Estávamos exaustos. Fazia muito calor, a umidade era insuportável e, além disso, estávamos desidratados!

Hugo Sotil (Peru, atacante): O primeiro tempo terminou 1 a 0 e, no intervalo, me disseram para eu me aquecer. Eu já estava mais quente do que um frango na grelha e os búlgaros fizeram 2 a 0. Eu estava com fome de bola. Quando me aproximei do gol, três gringos me marcaram, pois eu já tinha feito três gols contra eles num amistoso não muito tempo antes. Assim, eles se esqueceram do Gallardo, que estava do outro lado do campo, e ele marcou o 2 a 1. Em seguida, fui derrubado dentro da área, mas o árbitro marcou falta fora da área, e o Chumpitaz fez 2 a 2. Então, o Cubillas acelerou contra dois zagueiros e nos colocou em vantagem ao fazer o 3 a 2.

Héctor Chumpitaz (Peru): Lembro-me de uma anedota que aconteceu quando estávamos perdendo por 1 a 0, no intervalo do primeiro jogo. Estávamos no vestiário e um pote de terra apareceu; nos disseram que o solo tinha vindo do Peru, de Huaraz. E o Aramburú Menchaca começou a jogar a terra no chão, no seu terno e nos seus sapatos. E disse para a gente fazer o mesmo. E você acredita que nossa sorte mudou? Viramos a partida e vencemos a Bulgária por 3 a 2. Isso se tornou uma superstição para trazer boa sorte mesmo quando a gente saía atrás no placar.

Hugo Sotil (Peru): Foi inesquecível. Depois da tragédia no nosso país, fomos capazes de dar ao Peru uma vitória tão bonita contra a Bulgária, mesmo tendo visto eles abrirem uma vantagem de dois gols. Não estávamos salvando vidas, mas conseguimos diminuir o sofrimento de alguma forma.

Teófilo Cubillas (Peru, meio-campista): Saber que levamos um pouco de felicidade para o nosso país foi um sentimento impossível de colocar em palavras.

Héctor Chumpitaz (Peru): Lembro de ter entrado em contato com minha esposa mais tarde. Naquela época a gente só fazia isso via telefone fixo, ou telegramas em que só chegavam algumas poucas palavras. Foi quando descobri que o terremoto tinha sido mais forte do que tinham nos contado, mas isso foi só depois do jogo contra a Bulgária. Fiquei muito preocupado, como todo mundo, mas não sabia exatamente tudo o que tinha acontecido. Ela me disse que, em Lima, não tinha sentido o terremoto tão forte quanto no epicentro, em Huaraz. Depois de alguns dias, ela já estava a par de tudo: o número de mortos, as casas que caíram... Ela até me disse que havia uma colina com uma cruz e, após o terremoto, a colina tinha desaparecido e a única coisa que restou foi a cruz. Daí em diante, ficamos um pouco mais preocupados.

Vice-campeã na Inglaterra em 1966, a Alemanha Ocidental ainda contava com muitos dos seus melhores jogadores da Copa passada, e era a grande favorita para ficar em primeiro no grupo. O Marrocos jogava sua primeira Copa do Mundo, tendo se retirado do torneio anterior como parte do boicote africano ao Mundial da Inglaterra. Era o primeiro país da África a competir em uma Copa do Mundo desde 1934, e ninguém imaginava que tivessem chance de superar a poderosa Alemanha. Até os marroquinos entraram em campo duvidando de si mesmos, mas o jogo começou de forma surpreendente quando eles assumiram a dianteira no placar aos 21 minutos. De repente, uma das principais zebras do torneio parecia uma possibilidade real.

Allal Ben Kassou (Marrocos): Estávamos confiantes e cheios de coragem, embora tivéssemos um jogo de abertura muito difícil. A equipe alemã da década de 1970 tinha uma grande reputação e alguns dos maiores nomes do futebol, como Beckenbauer, Seeler, Müller e o goleiro Maier. No que diz respeito a nós, estávamos representando o Marrocos e a África. Eles eram adversários que tínhamos de tratar com a maior seriedade. Seria uma partida difícil, mas queríamos tentar ao máximo obter um resultado que agradasse tanto a nós quanto aos torcedores marroquinos.

Wolfgang Overath (Alemanha Ocidental): Nossa confiança não estava muito em alta durante aqueles primeiros dias no México. Nós treinávamos, mas não saíamos do lugar. O calor incrivelmente forte e o ar rarefeito nos afetaram no início. Depois de meio minuto de esforço, a gente precisava de dois ou três minutos de descanso.

Berti Vogts (Alemanha Ocidental): Sim, costumávamos treinar ao meio-dia. Começamos com os treinos às oito da manhã e depois veio o nosso treino principal ao meio-dia, para nos habituarmos ao calor. Mas na semana inteira antes do primeiro jogo, não treinamos ao meio-dia para preservar nossas energias, já que a Alemanha jogava um futebol de força, e precisávamos manter o ritmo durante todos os noventa minutos. Então, naquela semana antes de jogarmos contra o Marrocos, nós não treinamos ao meio-dia.

O gol do Marrocos veio após uma trapalhada da defesa alemã. A bola foi cruzada da esquerda e viajou por toda a área. Quando Maier corria em direção ao segundo pau, um zagueiro alemão interceptou o cruzamento e cabeceou para dentro da pequena área, onde Mohammed Houmane Jarir estava sozinho de frente para o gol aberto. Maier escorregou e Jarir, completamente livre, estufou as redes.

Said Ghandi (Marrocos, meio-campista): Nosso primeiro gol realmente chocou os alemães. Só Deus sabe o que eles devem ter pensado quando ficamos em vantagem.

Berti Vogts (Alemanha Ocidental): Foi um erro de um jogador da nossa defesa. No intervalo estávamos perdendo por 1 a 0. Todos nós dissemos: "Se conseguirmos um gol, os marroquinos vão ficar com medo, os africanos costumam ficar nervosos. Portanto, precisamos conseguir logo o empate". E conseguimos, foi uma vitória muito feliz para nós. Se você olhar para o jogo como um todo, o Marrocos jogou melhor que a Alemanha.

Allal Ben Kassou (Marrocos): Honestamente, nós realmente não achávamos que podíamos vencê-los. Eles atacaram muito desde o início do jogo e tive que fazer algumas defesas importantes. Todos os ataques deles davam a impressão de que iam acabar em gols e, diante disso, com tantas defesas seguidas, nossa confiança começou a se abalar. Mas quando marcamos, tudo mudou. Nossa confiança cresceu novamente e nos sentimos bem, só que tínhamos que manter o foco para segurar a vantagem.

Ainda estava 1 a 0 no intervalo, mas a entrada do ponta Jürgen Grabowski no segundo tempo despertou os alemães e estabeleceu um padrão para o restante do torneio. A Alemanha marcou duas vezes, ambos os gols frutos de combinações entre Uwe Seeler e Gerd Müller. Nos meses que antecederam o Mundial, havia considerável apreensão em relação à dupla de ataque escolhida para a disputa, já que muitos acreditavam que Seeler, de 33 anos, que jogava sua quarta Copa do Mundo, e Müller, que tinha 24, estreante em Copas, não funcionariam bem juntos. Convencido a retornar à seleção, Seeler voltou como a figura paterna de uma equipe que serviu de transição entre os finalistas de 1966 e os campeões de 1974. Os alemães tiveram sorte contra o Marrocos, mas a virada foi também a resposta perfeita aos críticos que opinavam que o experiente Seeler e o jovem Müller não formariam uma boa dupla.

Sepp Maier (Alemanha Ocidental): Eles diziam que a combinação Müller e Seeler não funcionaria, que um atrapalharia o outro. Além disso, houve um comentário infeliz do Gerd depois do nosso primeiro jogo: "Ou jogo eu ou joga o Seeler". O [técnico] Helmut Schön insistiu nos dois, e Gerd começou um incêndio com o qual teve que lidar. E eis que nunca tivemos uma dupla de atacantes mais incendiária que aquela.

Berti Vogts (Alemanha Ocidental): Antes você tinha um centroavante, um ponta-direita e um ponta-esquerda. Depois vinham os meios-campistas, mas pela primeira vez jogamos com dois atacantes, e isso surpreendeu os nossos adversários. Tanto o Gerd Müller quanto o Uwe Seeler eram jogadores de primeira classe e, mais do que isso, eram dois caras legais, e isso tornava a coisa toda muito divertida. Eu era o mais jovem de todos os nossos 22 jogadores, e Uwe Seeler ajudava os mais jovens em particular, o que era ótimo.

Uwe Seeler (Alemanha Ocidental): Primeiro jogo, primeira vitória: 2 a 1 contra o Marrocos. Alegria dupla e a confirmação para o movimento de xadrez realizado pelo Schön: um gol do Gerd, um gol meu.

Sigfried Held (Alemanha Ocidental, meia-atacante): O Gerd Müller era um artilheiro natural. Ele era clínico. O Uwe Seeler era muito forte no jogo aéreo e não fugia da briga. Gerd Müller era provavelmente um pouco mais esperto em campo.

Jürgen Grabowski (Alemanha Ocidental, meia-atacante): Jogamos no calor extremo do meio-dia, mas havia tanto entusiasmo que a gente nem ligou pra isso. Era um calor seco e nos saímos muito bem.

Wolfgang Overath (Alemanha Ocidental): Os marroquinos lidaram com o calor muito melhor do que nós, jogaram mais racionalmente. Mas a gente acabou se acostumando, e depois de um tempo nos demos conta disso. Eles deixavam a bola correr, enquanto nós estávamos mais concentrados em mostrar serviço individualmente. Esse foi um erro fundamental e logo pagamos o preço. O time que era a zebra, ou a suposta zebra, fez 1 a 0 no vigésimo primeiro minuto de jogo. Seria o nosso fim? Dúvidas sombrias se apoderaram de mim, porque nada parecia dar certo. O Helmut Schön e o [auxiliar] Jupp Derwall tentaram levantar nosso astral no intervalo e nos convencer de que ainda podíamos ganhar, mas a chama realmente não queria acender.

Allal Ben Kassou (Marrocos): Perdemos por 2 a 1, e ninguém gosta de perder, mas quando você perde para um dos melhores times do mundo, que na época jogava um ótimo futebol, aí o 2 a 1 não é um resultado tão ruim. Foi uma ótima experiência. Ficamos felizes e ainda continuamos entusiasmados.

A Alemanha teve sorte e sabia disso. Haviam vencido na estreia, mas no sufoco, e alguns dos jogadores admitiriam mais tarde que não tinham tido respeito suficiente pelos africanos.

Berti Vogts (Alemanha Ocidental): Sabíamos muito, muito pouco sobre os marroquinos, e nesse jogo tivemos muita sorte ao vencer por 2 a 1.

Wolfgang Overath (Alemanha Ocidental): Graças a Deus, o primeiro adversário foi o Marrocos. Foi um pequeno alívio. Para nós estava claro: se não arrasarmos com os norte-africanos, de quem esperávamos ganhar? Entramos no jogo um pouco arrogantes.

Berti Vogts (Alemanha Ocidental): Joguei três Copas do Mundo e o primeiro jogo é sempre o mais difícil para a equipe alemã. No primeiro jogo você ainda não encontrou o seu ritmo e não sabe como está em relação aos outros. O Marrocos era o rival mais desconhecido para nós. Recebemos poucas informações sobre eles, até discutimos entre nós por que isso tinha acontecido, por que sabíamos tão pouco, mas era outra época. Apenas isso.

Wolfgang Overath (Alemanha Ocidental): Vencemos com ajuda de um pouco de sorte. O Uwe e o Gerd Müller conseguiram evitar um fiasco com os gols que fizeram. Tínhamos escapado por pouco novamente. Quem não escapou foi o [atacante] Helmut Haller. No jogo, ele mostrou que não estava em boas condições, depois de ter perdido muitos treinos por conta de uma grave lesão no ombro sofrida durante um amistoso contra a Romênia. Ele teve que ceder o seu lugar na equipe e não teve chance de jogar contra a Bulgária. O Haller foi um exemplo para nós, porque aquilo deixou claro que todos tínhamos que estar em excelentes condições físicas. Diante das condições climáticas difíceis que encontramos no México, tínhamos que estar em forma.

Sigfried Held (Alemanha Ocidental): Foi um jogo muito difícil. A reação na época não foi boa. Eu fui um dos jogadores que não jogaram a partida seguinte por conta desse jogo. A imprensa não gostou, e então mudanças foram feitas.

O capitão do Peru, Chumpitaz, encerrou seus dezesseis anos de carreira internacional em 1981, com 105 partidas pela seleção, número que ainda o mantém entre os dez atletas com mais jogos pela equipe nacional peruana. No México, ele já era uma personalidade dominante no vestiário, e sua crença nas propriedades mágicas do punhado de terra peruana tinha funcionado tão bem, ou pelo menos era essa sua impressão, que ele seguiu rotina semelhante no segundo jogo, contra o Marrocos. Melhor jogador entre os marroquinos na primeira partida, o goleiro Allal Ben Kassou jogou apenas graças a uma injeção de analgésicos para diminuir as dores no tornozelo, mas pouco pôde fazer para impedir os empolgados sul-americanos. O Peru venceu por 3 a 0, com Cubillas marcando dois dos três gols num intervalo de dez minutos no segundo tempo. A derrota encerrou prematuramente as chances de o Marrocos progredir no torneio.

Héctor Chumpitaz (Peru): Então veio o segundo jogo contra o Marrocos. Estava 0 a 0 e, no intervalo, eu peguei a terra de novo. No segundo tempo fizemos 3 a 0. Também levamos a terra para a terceira partida, contra a Alemanha, mas aí perdemos por 3 a 1 — assim mesmo, essa história deu paz de espírito aos jogadores, e, acima de tudo, nós já sabíamos melhor o que tinha acontecido no Peru.

Said Ghandi (Marrocos): O Peru sofreu um terremoto em seu país e os jogadores inicialmente queriam abandonar o torneio e voltar para casa. Isso significaria que a vitória na partida seria nossa. Nosso treinador até nos permitiu uma pausa nos treinos, mas os peruanos decidiram no final das contas que iriam jogar. Nós tiramos um dia de folga e perdemos o nível certo de tensão psicológica. A equipe perdeu o foco e ficou completamente desequilibrada.

Héctor Chumpitaz (Peru): Tudo o que tinha acontecido no Peru, somado ao fato de que nunca havíamos jogado uma Copa do Mundo, tornava uma grande alegria ter a chance de cantar o hino nacional. Por conta da Copa e do terremoto em Huaraz, eu derramei algumas lágrimas. Foi muita emoção.

Na segunda rodada, contra a Bulgária, os alemães novamente saíram atrás no placar, e foram salvos mais uma vez pela parceria entre Seeler e Müller. O treinador

Helmut Schön colocou Seeler mais recuado e a tática funcionou perfeitamente contra uma equipe que estava pagando um alto preço pela precariedade de sua preparação. Juntos, Seeler e Müller marcaram quatro dos cinco gols da Alemanha numa vitória contundente por 5 a 2. Reinhard Libuda marcou o outro e deu duas assistências para Müller, cujos costumeiros gols marcados de dentro da área e de perto da meta eram conhecidos na Alemanha como "golzinhos".

Berti Vogts (Alemanha Ocidental): Ambos eram jogadores importantes, mas havia essa grande questão para os jornalistas. Quem era o melhor, Gerd Müller ou Uwe Seeler? Mas já sabíamos havia um tempo que o Helmut Schön tinha falado com o Uwe Seeler, que tinha nos dito: "Vocês vão ficar surpresos. Vou recuar um pouco para o meio de campo e de lá darei suporte ao Gerd Müller". O Gerd tinha dificuldades para cobrir grandes espaços, já o Uwe Seeler era um verdadeiro touro; mas o Gerd Müller era o jogador que tinha o verdadeiro faro para o gol, e eles foram dois dos melhores atacantes da Copa do Mundo — a maneira como eles brincavam um com o outro...

Uwe Seeler (Alemanha Ocidental): A dupla sempre foi chamada de o jovem Müller e o velho Seeler. O "baixinho atarracado Müller", de 24 anos; o "nosso Uwe", de 33. A imprensa me descrevia como um cavalo selvagem, e ao Müller como o homem dos gols na área. O Franz Beckenbauer era o general de shorts. Nos sentíamos infinitamente fortes.

Wolfgang Overath (Alemanha Ocidental): Contra a Bulgária, nós sabíamos que precisávamos marcar o primeiro gol e estar atentos às cobranças de falta. Mas saber disso não ajudou muito. Antes de nos darmos conta, os búlgaros ganhavam por 1 a 0. Graças a um chute de fora da área. Tchau, tchau, futebol alemão. Eu me vi sendo xingado por torcedores alemães raivosos. Para nossa grande surpresa, levar o primeiro gol não nos desanimou. A mudança na equipe parecia ter funcionado. O Uwe, que tinha jogado como segundo atacante com o Gerd Müller contra o Marrocos, renasceu como meio-campista. No ataque, tínhamos dois pontas de verdade, e tanto o Libuda quanto o [Hannes] Löhr foram jogadores-chave. O Libuda, que jogava pelo Schalke 04, estava num de seus grandes dias. Foi irresistível, sempre escapava dos marcadores e se tornou um dos preferidos tanto dos alemães quanto dos mexicanos. Para começar, ele marcou o gol de empate, com um pouco de sorte, quando o goleiro da Bulgária, o [Simeon] Simeonov, deixou a bola escorregar de suas mãos numa bola cruzada: 1 a 1. Então, ele deu a assistência para o Gerd Müller, com um passe tão bom que o Gerd não tinha como errar.

Dimitar Penev (Bulgária): Todos nós sabíamos que a Alemanha era o time a ser batido no nosso grupo — e até conseguimos marcar o primeiro gol contra eles. Assim como no jogo contra o Peru, fizemos primeiro, desta vez graças ao [Asparuh] Nikodimov, logo após o início do jogo. Mas assim como na partida contra os sul-americanos, nós entramos em colapso em seguida e perdemos por 5 a 2 no final.

Wolfgang Overath (Alemanha Ocidental): Começamos mal, como costumava acontecer com o time alemão [risos].

Uwe Seeler (Alemanha Ocidental): Segundo jogo, quatro dias depois, 7 de junho: segunda vitória, 5 a 2 contra a Bulgária. Outra confirmação positiva: três gols do Gerd, um meu.

Wolfgang Overath (Alemanha Ocidental): No final da partida tínhamos vencido por 5 a 2, estávamos classificados para a próxima fase e, o mais importante, havíamos recuperado nossa confiança.

Berti Vogts (Alemanha Ocidental): A Bulgária não foi um grande problema. Eles eram europeus, conhecíamos seus pontos fortes e suas fraquezas, jogavam defensivamente. Não foi um problema.

Os jogadores búlgaros sabiam que tinham capacidade para protagonizar uma zebra no torneio, e provaram isso ao sair na frente no placar em todos os seus três jogos. Porém, a ordem de não beber água era difícil de descumprir para atletas tão acostumados a um regime autoritário. Jogar na altitude e sob intenso calor sem contar com a hidratação necessária era um obstáculo grande demais para que conseguissem segurar a vantagem obtida, e eles acabavam sucumbindo. Os búlgaros, assim como os marroquinos, viram suas chances desaparecerem depois de duas derrotas nos dois primeiros jogos, e os dois times fecharam a última partida com um empate por 1 a 1 diante de menos de 2 mil torcedores.

Dimitar Penev (Bulgária): Infelizmente, a situação era irreversível. Já havíamos perdido muito peso — estávamos parecendo sombras de nós mesmos, e ninguém se sentia bem. A preparação física para a Copa do Mundo acabou se provando um grande erro — e os culpados foram o partido no poder e a federação de futebol. No que diz respeito ao futebol, tínhamos uma grande equipe. Não é coincidência que em todos os jogos da primeira fase nós tenhamos aberto o placar. Criamos chances claras e foi uma pena não conseguirmos jogar assim durante todos os noventa minutos. Lembro de termos treinado muitas cobranças de falta — e se você olhar para o gol fantástico do Dinko Dermendzhiev, o gol que nos deu a vantagem contra o Peru, dá para ver o esforço fantástico que foi feito nas sessões de treinamento...

Wolfgang Overath (Alemanha Ocidental): Os búlgaros tiveram que lidar com duas derrotas, uma contra o Peru e outra contra nós, e foram rotulados de perdedores na Copa do Mundo. Pra mim, um mês de preparação foi demais para eles. Parecia que os jogadores estavam felizes de finalmente voltarem para casa. Eles pareciam muito indiferentes.

Dimitar Penev (Bulgária): Deixa eu contar uma história engraçada. Antes daquele jogo contra o Marrocos, coincidentemente encontramos metade do time deles, porque descobrimos que estavam muito próximos do nosso hotel. Então nos cumprimentamos e até bebemos um pouco de chá e café juntos. A atmosfera era inacreditavelmente amigável. Parecia que os jogadores do Marrocos não sentiam qualquer pressão — estavam felizes apenas por estar lá e participar daquela Copa do Mundo. Nós, por outro lado, estávamos numa situação totalmente diferente: muito se esperava de nós, inclusive que conquistássemos uma primeira vitória na fase de grupos da Copa do Mundo. Empatamos em 1 a 1 com o Marrocos, embora tenhamos conseguido abrir o placar pelo terceiro jogo consecutivo. Eles ficaram muito felizes com o resultado, enquanto nós ficamos de mau humor. Já havíamos perdido nossos primeiros dois jogos no México, e não conseguimos ganhar o terceiro. Física e psicologicamente falando, realmente nos sentimos muito mal. Curiosamente, tivemos que esperar mais 24 anos pela tão aguardada vitória numa Copa do Mundo — e ela veio na Copa de 1994, quando derrotamos a Grécia por 4 a 0 na fase de grupos. Nessa ocasião, eu era o treinador da Bulgária.

O jogo entre Peru e Alemanha Ocidental decidiria quem ficaria em primeiro lugar no grupo, além de definir a equipe que continuaria na cidade de León, e os europeus se deram melhor. Os alemães ocupavam a ponta da tabela e até poderiam ser perdoados se optassem por reduzir o ritmo, mas estavam dispostos a evitar o Brasil nas quartas de final e deram o máximo em um primeiro tempo empolgante. Müller voltou a fazer três gols em um jogo, todos eles marcados em mágicos dezenove minutos ao final do primeiro tempo. E embora Cubillas tenha conseguido seu quarto gol em três jogos no Mundial, foram os alemães que terminaram com a vitória, por 3 a 1, em mais uma partida bem disputada do começo ao fim naquele que foi, sem dúvida, o grupo mais empolgante da Copa.

Berti Vogts (Alemanha Ocidental): Tínhamos um treinador muito rígido chamado Helmut Schön e ele queria ganhar todos os jogos. Na primeira metade da partida, jogamos com nosso time titular completo. Depois disso, ele fez algumas poucas mudanças, mas uma coisa estava clara: queríamos ser os primeiros do nosso grupo. Estávamos de olho nos outros grupos. Queríamos terminar em primeiro para evitar o Brasil. Essa era a estratégia.

Wolfgang Overath (Alemanha Ocidental): Nosso novo objetivo era claro: tínhamos que ser os primeiros do grupo, tínhamos que derrotar o Peru. Eu sabia que o estilo de jogo dos sul-americanos era favorável para nós, porque eles não tinham boa defesa. Calculamos que se derrotássemos os peruanos, continuaríamos em León. Se ficássemos em segundo no grupo, teríamos que viajar para Guadalajara. Contra o Peru, fomos direto ao assunto. Gerd Müller fez três gols e, em vinte minutos, o jogo já havia acabado. Foi apenas no segundo tempo que os pupilos do Didi tiveram a oportunidade de mostrar suas habilidades artísticas. Pensando já na classificação, largamos um pouco as rédeas e os peruanos vieram com força total. Não pude deixar de pensar no segundo tempo de Bulgária × Peru, no qual a vantagem de 2 a 0 da Bulgária se transformou em uma vitória de 3 a 2 para os latino-americanos. Mas conseguimos sobreviver à pressão dos nossos adversários, que tinham grandes talentos em León, como Cubillas, Gallardo, Sotil, Mifflin e Challe, e deixamos o estádio com a vitória por 3 a 1. Fomos os vencedores do grupo. Se alguém tivesse ousado prever isso depois do jogo de estreia contra o Marrocos, teria sido ridicularizado.

Berti Vogts (Alemanha Ocidental): O Peru era para nós o time mais desconhecido. Como eu disse, contra o Marrocos não fomos bem, e não sabíamos se os peruanos eram realmente bons. E eles tinham uma vantagem, porque o Peru está localizado na altitude; sabíamos que eles jogariam num ritmo rápido. Portanto, tínhamos que ser cuidadosos. Não estivemos muito à vontade, mas queríamos ser os primeiros do grupo a todo custo. Em termos de futebol, os peruanos nos surpreenderam totalmente, eles jogavam muito bem.

Uwe Seeler (Alemanha Ocidental): Terceiro jogo: terceira vitória, 3 a 1 contra o Peru, três vezes Gerd.

Héctor Chumpitaz (Peru): Várias pessoas nos acalmaram, porém o que mais nos acalmou foi vencer nosso jogo de estreia. Havia Didi, o treinador, Alejandro Heredia, o assistente, e até mesmo o diretor Aramburú Menchaca. Sempre tentávamos nos comunicar com os nossos familiares, mas era muito complicado. Além de estarmos acomodados longe da cidade, essa era uma situação difícil para nós. Mesmo sabendo que nossos parentes em Lima estavam bem, ainda estávamos de luto pelas pessoas nas províncias que haviam morrido.

A campanha perfeita da Alemanha Ocidental até então, com três vitórias em três jogos, significava que os alemães não enfrentariam o Brasil nas quartas de final. Mas as boas notícias vinham acompanhadas de um golpe de realidade quase tão assustador quanto, pois teriam pela frente uma reedição da final de 1966 contra a Inglaterra. O Peru iria para Guadalajara, para fazer frente ao favorito, o Brasil. O Marrocos ficou feliz com sua campanha, mas a Bulgária, que apesar de ter jogado três Copas seguidas ainda não havia conseguido ganhar nenhuma partida, precisaria lidar com a incômoda perspectiva de voltar para casa, uma nação comunista, de mãos vazias.

Allal Ben Kassou (Marrocos): Não nos classificamos para a segunda fase, mas jogamos um bom futebol e mostramos ao resto do mundo que o futebol africano tinha que ser levado a sério. Recebemos muito reconhecimento de todos, de nossas famílias, amigos e torcedores. E quando chegamos em casa, havia milhares de torcedores esperando por nós no aeroporto. Eles queriam mostrar o quanto estavam felizes e gratos por tudo que havíamos alcançado.

Dimitar Penev (Bulgária): Tenho outra boa história para colocar as coisas em perspectiva. Nossa participação na Copa do Mundo de 1970 já tinha se encerrado e, na volta para casa, tivemos que trocar de avião na Alemanha. Ao entrar no outro avião, já em solo alemão, uma das aeromoças nos disse: "Preparem-se para algumas críticas pesadas quando chegarem em casa. Eles estão apenas esperando vocês voltarem...". Os funcionários da federação tinham bebido um pouco de uísque durante o voo e se assustaram com o que a moça disse. Então começaram a considerar diferentes cenários. Pensaram até em pousar na Romênia para evitar a ira do público. No final das contas, quando nos aproximamos da fronteira entre a Bulgária e a Romênia, foi decidido que pousaríamos em Sofia mesmo. E o que aconteceu? Não havia ninguém esperando por nós no aeroporto! Ninguém! Alguns de nós, os jogadores, vivíamos no mesmo bairro e fomos para casa juntos. No fim havia alguma presença policial em torno de nossos apartamentos, mas era apenas para o caso de alguém aparecer. Ainda assim, ninguém veio nos responsabilizar por nossa campanha fracassada na Copa do Mundo. Tudo não passou de um boato. Uma das coisas mais curiosas de que me lembro sobre a nossa visita ao México foi que tivemos a chance de comprar alguns chapéus mexicanos típicos, os *sombreros*, como presentes para amigos e familiares. E quando uma aeromoça nos disse qual poderia ser a reação do público ao nosso retorno, decidimos deixar a maioria dos *sombreros* no avião! Não queríamos que parecesse que estávamos voltando para casa depois de algumas semanas de festa no México. Não queríamos deixar as pessoas mais irritadas do que supostamente já estavam. Por isso, ficamos só com alguns dos *sombreros* e deixamos os outros para trás. Mais tarde, descobrimos que os comissários e os pilotos ficaram com todos os chapéus mexicanos! Um dia, estávamos voando pela mesma companhia e com a mesma tripulação e, de repente, eles começaram a brincar: "Oh, muito obrigado por terem nos dado aqueles *sombreros* mexicanos da última vez que nos encontramos!".

Tabela do grupo

GRUPO 4	JOGOS	VITÓRIAS	EMPATES	DERROTAS	SALDO DE GOLS	PONTOS
Alemanha Ocidental	3	3	0	0	6	6
Peru	3	2	0	1	2	4
Bulgária	3	0	1	2	- 4	1
Marrocos	3	0	1	2	- 4	1

2 de junho. León, Estádio León   PERU 3 × 2 BULGÁRIA
Gols: Dermendzhiev, aos 13'1ºT (0-1); Bonev, aos 4'2ºT (0-2); Gallardo, aos 5'2ºT (1-2); Chumpitaz, aos 10'2ºT (2-2); Cubillas, aos 28'2ºT (3-2)

3 de junho. León, Estádio León   MARROCOS 1 × 2 ALEMANHA OCIDENTAL
Gols: Houmane, aos 21'1ºT (1-0); Seeler, aos 11'2ºT (1-1); Müller, aos 35'2ºT (1-2)

6 de junho. León, Estádio León   PERU 3 × 0 MARROCOS
Gols: Cubillas, aos 20'2ºT (1-0); Challe, aos 22'2ºT (2-0); Cubillas, aos 30'2ºT (3-0)

7 de junho. León, Estádio León   ALEMANHA OCIDENTAL 5 × 2 BULGÁRIA
Gols: Nikodimov, aos 12'1ºT (0-1); Libuda, aos 20'1ºT (1-1); Müller, aos 27'1ºT (2-1); Müller, de pênalti, aos 7'2ºT (3-1); Seeler, aos 25'2ºT (4-1); Müller, aos 43'2ºT (5-1); Kolev, aos 44'2ºT (5-2)

10 de junho. León, Estádio León   ALEMANHA OCIDENTAL 3 × 1 PERU
Gols: Müller, aos 19'1ºT (1-0), aos 26'1ºT (2-0) e aos 39'1ºT (3-0); Cubillas, aos 44'1ºT (3-1)

11 de junho. León, Estádio León   BULGÁRIA 1 × 1 MARROCOS
Gols: Jechev, aos 40'1ºT (1-0); Ghazouani, aos 16'2ºT (1-1)

México 70

6. Quartas de final: União Soviética × Uruguai

6. Quartas de final: União Soviética × Uruguai

A composição de uma das quartas de final foi decidida da forma aleatória. Como o México e a União Soviética tinham alcançado a mesma quantidade de pontos e o mesmo saldo de gols positivo, o estatuto da Fifa determinava que o vencedor do grupo deveria ser decidido por sorteio. Tratava-se de uma decisão importante. O vencedor enfrentaria o segundo colocado do Grupo 2, o Uruguai. Quem perdesse o sorteio enfrentaria a Itália. Os soviéticos já tinham estado nessa situação antes. Em 1968, empataram em 1 a 1 com a Itália na semifinal da Eurocopa e os italianos avançaram até a final depois de vencerem no cara ou coroa. Desconfiados, os supersticiosos soviéticos fizeram desta vez o pouco que podiam para evitar a repetição do resultado de dois anos antes.

Anatoly Byshovets (URSS): Como acabamos a primeira fase do torneio com o mesmo número de pontos do México, o vencedor do grupo seria decidido por meio de um sorteio. E tínhamos um precedente ruim — de quando perdemos no cara ou coroa para a Itália em 1968. O "culpado" na época foi o Shesternyov — um rapaz alto, meio fleumático no dia a dia. O italiano Facchetti o venceu na moeda e nós perdemos o sorteio. Então, dessa vez, novamente um cara ou coroa iria decidir com quem jogaríamos a seguir — se com o Uruguai ou o Brasil [na verdade, era a Itália]. Por mais que todos nós amássemos o Shesternyov, ele tinha nos dado azar, então, enviamos o Valeriy Porkujan, meu companheiro de equipe [no Dínamo de Kiev], que sempre tinha sorte quando se tratava de cartas. Ele sempre estava com um ou dois curingas na mão, por isso foi o escolhido para ir ao sorteio. O Valeriy estava super nervoso, porque ninguém queria jogar contra o Brasil.

Evgeny Lovchev (URSS): Tivemos um dia de folga e saímos da cidade para um churrasco. O Valeriy Porkujan era considerado o "sortudo" do time, então foi escolhido para participar do cara ou coroa. A gente estava sentado no campo e vimos um carro se aproximar. De dentro saltou o Valeriy, acenando todo alegre. Ficamos muito contentes, pois sabíamos que isso significava que iríamos pegar o Uruguai na Cidade do México.

Anatoly Byshovets (URSS): Quando ficamos com o Uruguai, respiramos aliviados — e esse foi nosso grande erro. Nós subestimamos enormemente o nosso adversário.

O jogo no Estádio Jalisco foi ruim. As condições climáticas eram de bastante calor e sol forte, o que inibia as ações dos dois lados, e houve poucos lances que empolgaram os torcedores. A União Soviética estava sem um jogador-chave em seu meio de campo, e a reconhecida falta de atacantes na seleção uruguaia nunca tinha ficado tão evidente. A partida terminou sem gols depois dos noventa minutos, foi para a prorrogação e, embora Byshovets tenha balançado a rede poucos minutos após o reinício do jogo, seu gol foi invalidado.

Anatoly Byshovets (URSS): Bem, em primeiro lugar — mais uma vez — nós os subestimamos. Já tínhamos ganhado as quartas de final, na nossa cabeça, só por termos evitado o Brasil [Itália]. Analisando depois como treinador, uma das principais razões para o nosso desempenho falho naquele jogo foi que perdemos um jogador importante do nosso meio de campo, o Victor Papaev, que teve que ficar fora da Copa por conta de uma lesão. Eu o compararia ao Rivellino. Ele também era um craque canhoto, com grande habilidade para o drible, capaz de tomar decisões não convencionais para criar chances e tinha um chute poderoso — era um jogador fundamental para nós, e não pudemos contar com ele na Copa do Mundo. Jogamos com três na defesa, mas não tínhamos ninguém no meio de campo que fosse do tipo do Clodoaldo — para desmontar os ataques adversários e levar a bola à frente. A falta desse jogador foi mais sentida contra o Uruguai. Nossa defesa era sólida, mas não tinha muita criatividade na saída para o jogo. O confronto em si foi relativamente equilibrado, e teve tempo extra, mas foi arruinado por uma arbitragem ruim. Eu até marquei um gol que foi invalidado — embora não houvesse nada de ilegal no lance. Muita gente mais tarde admitiria que o gol deveria ter sido validado. Depois disso, um novo erro do árbitro levou ao gol da vitória do Uruguai.

Ildo Maneiro (Uruguai): Nós tínhamos o [Oscar] Zubía como centroavante. Ele não era muito grande, mas jogava avançado e marcava gols. Só que o Hohberg decidiu apostar no Victor Espárrago e no Fontes; o Fontes era um meio-campista bastante defensivo do Defensor Sporting. Já o Espárrago nunca tinha atuado como camisa 9; jogava aberto quando tínhamos uma linha de quatro no meio de campo. E havia jogado como ponta-esquerda no Cerro antes de defender o Nacional. Tinha capacidade física extraordinária, e poderia ter sido um baita corredor de maratona. Ele era muito disciplinado.

Anatoly Byshovets (URSS): Eles tinham um jogo muito físico. Nesse aspecto, são muito semelhantes à Argentina. E foram duros com a gente, o jogo às vezes parecia luta livre em vez de futebol. Os uruguaios também jogavam com passes curtos, o que não é fácil de enfrentar — considerando que era um time tecnicamente talentoso também. Esse é o problema com o trio latino-americano, Brasil, Argentina e Uruguai — é muito difícil jogar contra eles. Eu era o único atacante na frente, então senti o jogo duro mais do que ninguém. Além disso, estamos falando de 1970, quando os cartões amarelos tinham acabado de ser introduzidos e o jogo era bem mais bruto. Os zagueiros ainda vinham com muita força, já que entradas bem fortes ainda eram perdoadas.

O momento-chave do jogo foi também um dos mais polêmicos do torneio. Quando faltavam apenas três minutos para acabar a prorrogação, Luis Cubilla disputava uma bola com um zagueiro rival na linha de fundo. A defesa soviética parou, acreditando que a bola tinha saído, mas Cubilla fez que não viu e cruzou para Espárrago, que cabeceou para o gol. Os soviéticos protestaram furiosamente, mas o árbitro holandês Laurens van Ravens decidiu que a jogada tinha sido legítima.

Roberto Matosas (Uruguai): O Cubilla demonstrou esperteza e garra ao lutar por aquela bola, ganhar e cruzar para que o Espárrago marcasse. Nunca ficou claro se a bola tinha saído ou não. Para mim, não saiu, mas ao ver o lance na TV, a dúvida permanece. Não acho que a bola inteira tenha cruzado a linha.

Anatoly Byshovets (URSS): Se estamos falando particularmente sobre o incidente na prorrogação, os jogadores — particularmente o Kavazashvili — acharam que a bola estava fora, e pararam no campo. Foi um erro claro da arbitragem. Mais um, já que muitos especialistas em futebol admitiram que meu gol deveria ter sido validado.

Ildo Maneiro (Uruguai): Foi uma partida maravilhosa, com aquele gol do Espárrago no cruzamento do Cubilla. Fizemos uma partida incrível, porque os russos, ao menos atleticamente, eram muito superiores a nós. Mas havia um trabalho coletivo no Uruguai e nós merecemos a vitória. Jogamos muito bem e eu me lembro do "Cascarilla" [Morales] ter feito uma grande partida naquele dia. Foi uma vitória que marcou minha vida como jogador de futebol. Recebi grandes elogios na minha carreira... Mas o mais importante sobre aquele dia: o que o Juan López [técnico do Uruguai no título da Copa do Mundo em 1950] me disse foi muito especial. O Juan e eu fomos caminhar pelo campo após o jogo e ele falou: "Não tem uma folhinha de grama em todo este campo que você não tenha coberto", e mostrou todo o gramado. Foi incrível receber esse elogio de um campeão mundial.

Anatoly Byshovets (URSS): Eu tenho a seguinte característica: procuro viver a minha vida sem arrependimentos, tanto como jogador quanto como treinador. Não me importo com o que os jornais escrevem, desde que eu saiba que fiz tudo que podia. No caso daquela Copa do Mundo, eu não me culpei. Tinha feito tudo que podia. Mas, para o time, foi um resultado doloroso.

Ladislao Mazurkiewicz (Uruguai, goleiro): Eu chorei, ri, cantei. Jogamos 120 minutos sob a temperatura de 35 graus e, antes dos jogos, a gente tinha medo de que as seleções europeias fossem fisicamente superiores a nós. Mas naquele dia fomos mais fortes do que a União Soviética.

Anatoly Byshovets (URSS): Atuei em vários jogos na minha vida depois dos quais eu me sentia vazio. O mais doloroso foi contra a Itália na Eurocopa de 1968, quando dei tudo de mim em campo, como toda a equipe — e depois tivemos que decidir no cara ou coroa. Fiquei sentado no vestiário, nervoso, esperando a decisão na moeda — foi um estresse muito grande, seguido de um vazio absoluto. Com o Uruguai foi a mesma coisa. Estávamos absolutamente esgotados fisicamente — depois de jogar uma prorrogação naquele calor escaldante. Então veio a percepção de que tínhamos perdido, de que as pessoas esperavam mais de nós, de que a gente esperava mais de nós mesmos. Foi extremamente doloroso. Além disso, o corpo diretivo da seleção — e a elite política no nosso país — também esperava que passássemos para a outra fase. Fomos muito criticados em casa por termos sido eliminados. A Fifa me nomeou o melhor jogador russo do torneio, mas em casa a imprensa deu esse título ao [Albert] Shesternyov — o zagueiro central que dormiu no ponto quando o Uruguai marcou o gol.

Evgeny Lovchev (URSS): Acabamos recebendo apenas nosso salário diário no México, já que só ganharíamos um prêmio extra se igualássemos o desempenho da Copa anterior, na Inglaterra, quando chegamos à semifinal.

Anatoly Byshovets (URSS): Tínhamos boa chance de ir mais longe, porém nos superestimamos um pouco. Para mim, pessoalmente, perder nessa fase foi muito decepcionante. Nunca chegamos ao topo como equipe, e era tudo que eu sonhava e pelo que eu lutava enquanto jogador.

Informações da partida

QUARTAS DE FINAL

14 de junho. Cidade do México, Estádio Azteca   URUGUAI 1 × 0 UNIÃO SOVIÉTICA
Gol: Espárrago, aos 12'2ºT da prorrogação (1-0)

**7. Quartas de final:
Itália × México**

7. Quartas de final: Itália × México

A nação anfitriã era uma das equipes que haviam chegado em boa forma à segunda fase do Mundial, tendo marcado cinco gols sem sofrer nenhum até então, enquanto seus rivais, os italianos, tinham balançado a rede apenas uma vez nas três primeiras partidas. Os mexicanos não ficaram felizes por terem de deixar sua base no Azteca, mas a mudança, ainda assim, lhes dava uma vantagem. Toluca era o local de maior altitude da competição, a 2.667 metros acima do nível do mar, quase meio quilômetro mais alto que a Cidade do México. Os italianos teriam de lidar não apenas com um estádio menor, cheio de torcedores hostis, mas também com uma atmosfera de rebentar os pulmões.

Ignacio Calderón (México): Ficamos desapontados quando nos disseram que sairíamos do Estádio Azteca. Não importava tanto quem fosse nosso adversário, porque sabíamos que seria duro jogar contra qualquer um dos times, já que os adversários todos tinham chegado à segunda fase com as mesmas chances de avançar no campeonato. Aí nos disseram que seria a Itália, e a gente achou que tudo bem. Tínhamos vencido a Itália e a Alemanha no Azteca, e tínhamos derrotado também a Argentina. Era difícil ganhar da gente. Mas quando ficamos sabendo que teríamos que ir para Toluca, isso sim nos afetou, não deveríamos ser obrigados a deixar o Azteca. Tínhamos empatado com a Rússia em pontos e em diferença de gols e a Fifa decidiu no cara ou coroa sobre quem deixaria o Azteca. Só que não deveria ter sido assim, porque o México era o país anfitrião, foi um grande erro. Talvez tudo tivesse acontecido da mesma maneira, mas eu acho agora que a história poderia ter sido diferente se tivéssemos jogado no Azteca.

Javier Valdivia (México): Não sei como essa mudança aconteceu, mas ela foi um erro por parte dos organizadores, porque se éramos a nação anfitriã, por que a gente teve que se mudar? Não entendo. Era muito difícil nos vencer no Azteca, temos uma tradição lá, já o campo em Toluca não dava muita liberdade. De qualquer forma, o fato não afetou nosso futebol.

Sandro Mazzola (Itália): No início havia muita apreensão, estávamos muito tensos. Já no vestiário podíamos ouvir todo o barulho dos torcedores da casa. Os vestiários em 1970 não eram como os de hoje. Você podia ouvir e sentir tudo. Então, entrar em campo foi um verdadeiro alívio, porque pelo menos podíamos responder ao vivo ao apoio dos mexicanos. Queríamos mostrar do que éramos capazes contra a equipe anfitriã.

A certa altura, olhamos uns para os outros e depois para a multidão. Olhamos para nossos adversários, que naquele momento estavam calmos. Então eu me lembro de me virar para o Gigi Riva e dizer: "O que eles estão achando? Que já ganharam?". Então, no segundo tempo, conseguimos marcar três gols em treze minutos e vencemos a partida. Foi bonito. Fora do campo, o silêncio era ensurdecedor. A torcida da casa ficou decepcionada com a derrota do México. Lembro-me de como estávamos incrédulos e espantados com essa atmosfera. Ficamos felizes com a forma como reagimos à desvantagem inicial em que nos encontrávamos.

Ignacio Calderón (México): Muitas pessoas diziam que a Itália seria afetada pela altitude e que poderíamos nos aproveitar disso. Mas o fato é que tivemos que percorrer todo o caminho do nosso centro de treinamento até Toluca. Tudo bem, o estádio estava cheio até não poder mais, mas era diferente. Não é que tenhamos entrado com espírito de derrotados. Pelo contrário, tentamos dar o melhor e conseguimos sair na frente do placar.

Tarcisio Burgnich (Itália, lateral direito): Jogar a mais de 2.400 metros acima do nível do mar foi muito difícil, muito complicado. Só correr já era um problema. E era preciso quase um minuto para recuperar o fôlego. Não foi um jogo fácil, embora tenhamos vencido. Estávamos jogando contra os anfitriões e os torcedores estavam obviamente do lado deles. Nós não tínhamos o apoio da torcida.

Angelo Domenghini (Itália): Jogar naquela altitude não era fácil nem mesmo para o México. Ficamos um pouco tensos no primeiro tempo, e fomos lentos. Com isso, eles se colocaram em vantagem. Só que no segundo tempo nós elevamos o nível e aceleramos o ritmo para ganhar a partida. No segundo tempo havia apenas uma equipe em campo, a Itália. Dominamos o jogo.

Com Sandro Mazzola e Gianni Rivera, a Itália tinha dois dos melhores jogadores ofensivos da Europa, mas o técnico Ferruccio Valcareggi não conseguia encontrar uma maneira de encaixar os dois ao mesmo tempo no time. Mazzola jogou todas as três partidas da fase de grupos, e Rivera ficou limitado a uma participação no segundo tempo do jogo contra Israel, substituindo Angelo Domenghini no intervalo. Valcareggi então teve uma ideia para o mata-mata: a staffetta *ou revezamento. A polêmica ideia tática consistia em ter o jogador da Internazionale jogando o primeiro tempo para ser substituído pelo meio-campista do Milan depois do intervalo.*

Enrico Albertosi (Itália): O Valcareggi era um treinador tranquilo, um pai para todos nós. Ele amava todos da mesma maneira. Para ele, entrava quem estivesse em melhor forma no momento. No começo da Copa do Mundo, o Rivera começou jogando e o Mazzola teve que ficar no banco. Mas o Rivera não estava muito bem. Então, o Mazzola entrou no primeiro jogo contra a Suécia e nós vencemos. Depois, empatamos com o Uruguai e com Israel. Quando o Rivera voltou, o Valcareggi não mudou o esquema de treinamento, simplesmente porque a Itália não tinha perdido nenhum jogo. Então, contra o México, ele colocou primeiro o Mazzola e depois o Rivera, e a mesma coisa contra a Alemanha Ocidental.

Sandro Mazzola (Itália): Acordei por volta de uma da madrugada antes do jogo (contra o México), fui ao banheiro e fiquei sabendo, enfim, o que era a famosa "vingança de Montezuma". O Valcareggi me perguntou se eu estava bem para jogar o primeiro tempo e eu disse que sim, que podia jogar metade da partida. E assim minha diarreia resultou na famosa *staffetta*.

Gianni Rivera (Itália, meio-campista): A *staffetta* foi uma escolha totalmente política, não há como justificar tecnicamente. Não faz sentido decidir quais substituições você vai fazer antes mesmo de o jogo começar.

Angelo Domenghini (Itália): Foi uma escolha do Valcareggi e da comissão técnica. Eu não sei se a *staffetta* tinha sido decidida de antemão. Nunca saberemos. O que sabemos, no entanto, é que foi escolha do nosso técnico. Eu não acho que ele tenha considerado colocar os dois juntos. Porque o Gianni Rivera estava mais para um meio-campista, enquanto o Sandro Mazzola era mais um segundo atacante.

Enrico Albertosi (Itália): Não é que o Rivera fosse inferior ao Mazzola. Na verdade, depois que o Rivera entrou, no segundo tempo, a equipe melhorou e o [Gigi] Riva teve mais chances de marcar.

Sandro Mazzola (Itália): O Riva era um jogador de muita força. Ele corria quarenta metros quatro ou cinco vezes consecutivas e acabava com os zagueiros. O resto de nós, quando corríamos quarenta metros, não conseguia mais andar.

Enrico Albertosi (Itália): Eles poderiam ter jogado juntos, claro. Mas para fazê-los jogar juntos, alguém tinha que sair. E quem você tiraria? O Boninsegna? O Riva? O Domenghini?

Gianni Rivera (Itália): Tentaram criar uma rivalidade entre nós. Mas esse lance da nossa rivalidade, de jogar metade da partida cada um, durou apenas poucos dias durante a Copa do Mundo, só que permaneceu na memória coletiva. Não houve ressentimento entre nós.

O México nunca havia chegado às quartas de final de uma Copa do Mundo. Os mexicanos, portanto, estavam surfando uma onda de confiança e suas ambições aumentaram ainda mais quando abriram vantagem no jogo com um gol de José Luis González, depois de apenas treze minutos de jogo.

Ignacio Calderón (México): Ficamos muito felizes quando o José Luis González, o "La Calaca", marcou. Estávamos ganhando por 1 a 0 e mal podíamos acreditar, mas a gente sabia que ainda dava para fazer mais. Eu estava muito confiante por causa da maneira como a gente vinha jogando, mas achava que os italianos eram perigosos. Quando marcamos, senti que dava para ganhar a partida.

Tarcisio Burgnich (Itália): Ficamos com um pouco de medo de sermos eliminados. Não era fácil jogar naquela altitude, especialmente contra os anfitriões. Nós sofremos.

A alegria do México durou pouco. Doze minutos depois, Gigi Riva lutou para manter a bola em jogo perto da linha de fundo, do lado direito do campo, e embora ele tenha tido que enfrentar um enxame de defensores, a bola ainda sobrou para Angelo Domenghini. Seu chute foi desviado por Javier Guzmán, que marcou contra e deixou o placar empatado.

Javier Valdivia (México): Assumimos a vantagem no placar e vimos que os italianos pareciam desesperados, brigando entre si. Mas, no segundo tempo, perdemos o controle e a concentração, e foi aí que nossa falta de experiência em administrar o resultado numa Copa do Mundo começou a se mostrar.

Ignacio Calderón (México): Para ser honesto, não tínhamos um plano. Queríamos cuidar da defesa, atacar, fazer o gol e estar sempre bem posicionados. Foi isso que fizemos no início, e estava funcionando. Defendemos bem até levarmos o gol, que foi um desastre. O Riva chutou à minha direita e eu estava indo nessa direção quando, de repente, a bola foi para a esquerda. Tentei voltar e esticar a mão, mas a bola passou por mim e entrou, só consegui tocar um dedo nela. Fiquei muito desapontado por ter sido vazado pela primeira vez no Mundial num gol contra como aquele.

Javier Valdivia (México): Moralmente nos perdemos a partir dali. Faltou à defesa certa mentalidade para enfrentar a situação e superá-la. Era como se os jogadores tivessem sucumbido àquele jeito tão mexicano de enfrentar as coisas: "Bem, não podemos fazer nada agora". Duas coisas aconteceram: primeiro, uma deterioração mental que deu motivação aos nossos adversários. Alguns minutos depois de marcar, a equipe que faz o gol tem uma vantagem psicológica sobre o time que acabou de sofrê-lo. Para mim, o que nos faltou foi força mental para saber como reagir à situação.

Ignacio Calderón (México): Quando você sofre um empate antes do intervalo, não é a mesma coisa que quando você mantém a vantagem até o segundo tempo. Você vai para o vestiário um pouco decepcionado e se perguntando: "Por que agora, quando podíamos ter ido para o intervalo com uma vantagem de 1 a 0?". Além disso, foi um gol contra.

Javier Valdivia (México): Nunca pensamos em jogar defensivamente, apenas em encará-los de frente. Não havia razão para mudar nosso estilo, tínhamos que nos manter fortes mentalmente. Mas cometemos um erro infantil marcando um gol contra que se resumiu em grande parte à falta de experiência. Não houve mudança de nosso sistema de jogo, e não é o treinador quem mais importa nessa situação. O que nos faltou foi experiência num momento-chave contra a Itália.

A Itália trouxe a campo Gianni Rivera para o segundo tempo e ele, junto com Gigi Riva, virou o jogo para os italianos. Os visitantes marcaram três gols em doze minutos na etapa final — Riva fez dois e Rivera anotou o último, que pôs fim às esperanças do México. O time da casa desmoronou diante de um poderio de ataque que a Itália tinha falhado em apresentar até então.

Sandro Mazzola (Itália): O Gigi [Riva] era um fenômeno. Ele era nossa rocha, o homem em quem confiávamos. Quando estávamos em apuros, era suficiente olhar para o Gigi. Na esquerda, era só passar a bola para ele sem problemas, porque sabíamos o quanto ele era rápido. Era sempre mais veloz do que os zagueiros adversários. Gigi Riva era um fenômeno, um homem excepcional. Era o jogador mais moderno da época. Ainda existem poucos como ele por aí hoje em dia.

Tarcisio Burgnich (Itália): Nos treinos, eu sempre tinha que marcá-lo [o Riva]. Desenvolvi uma grande amizade com o Gigi: era difícil marcá-lo, era difícil acompanhá-lo, era difícil tirar a bola dele. Riva era fisicamente forte e sempre participava dos gols. E era um rapaz sério. Sua força, além da potência física, estava no seu senso de posicionamento e em sempre saber onde estava o gol. Estava sempre na posição certa no momento certo.

Os mexicanos se decepcionavam com seus próprios erros, e os torcedores faziam seu descontentamento ser notado ao atirar objetos nos italianos, que desabavam no chão quando eram atingidos, desesperados para ganhar alguns segundos e recuperar o fôlego. A realidade era que os astutos italianos eram superiores a seus adversários, ainda inexperientes.

Tarcisio Burgnich (Itália): Os torcedores estavam contra nós, mas soubemos reagir de acordo e provamos que éramos uma equipe forte e unida.

Ignacio Calderón (México): No segundo tempo, tentamos atacar e esse foi o nosso erro. A Itália sabe como jogar no contra-ataque. É nisso que os italianos são realmente bons. Sabemos que depois eles venceram a Alemanha naquele grande jogo e chegaram à final contra o Brasil. Eram um time poderoso e nos demoliram. Tentamos marcar um segundo gol e eles nos arrasaram no contra-ataque, o placar mostrou isso. O forte deles eram os contra-ataques.

Javier Valdivia (México): Os italianos são mestres na defesa, e naquele jogo eram o único time defensivo. Sabiam como defender uma vantagem, coisa que não fizemos. Não estávamos acostumados com isso. Essa é a diferença entre a Itália e o México. Na Copa do Mundo você não pode cometer um erro, ou vários, como os que cometemos.

Ignacio Calderón (México): Eles também tiveram sorte no segundo tempo. Lembro-me de uma situação [o quarto gol] em que o Riva correu para a área e eu o acompanhei para bloqueá-lo. Eu consegui chegar, mas a bola bateu em mim e voltou no pé dele, na frente do gol. E embora o "Kalimán" Guzmán tenha chegado para bloqueá-lo de novo, o Riva chutou e a bola passou entre as pernas do Guzmán. Eles tiveram lances de sorte como esse. A essa altura, não restava muito tempo de partida e tudo o que queríamos era que o jogo terminasse. Já estava 4 a 1 para eles, então não havia muito que pudéssemos fazer.

Javier Valdivia (México): Foi pura tristeza. Todos os objetivos que a gente tinha, todos os sonhos que alimentamos, tudo escorregou pelas nossas mãos. Perdemos o jogo, os italianos nos venceram. Foi isso, essa foi a nossa tristeza.

Ignacio Calderón (México): A gente acreditava que podia avançar para a próxima fase, sim, mas talvez não que pudéssemos ganhar a Copa. É preciso manter os pés no chão e não se deixar levar. O México foi o mais longe que pôde. Ponto. O México sempre foi o mais longe que pôde. Não avançamos no torneio porque não éramos bons o suficiente, é preciso ser honesto. Nós queríamos ser campeões mundiais? Todo mundo quer, ou pelo menos nós queríamos chegar ao quinto jogo. Então, por que não conseguimos ir mais longe do que isso? Porque isso é o mais longe que o México já chegou, não fomos capazes de fazer mais do que isso.

Tarcisio Burgnich (Itália): Queríamos chegar à final para ganhar a Taça Jules Rimet. Fazia 32 anos desde que tínhamos ganhado a Copa pela última vez, em 1938. Então nosso objetivo era vencer o torneio novamente. Chegar à semifinal era o primeiro passo.

Informações da partida

QUARTAS DE FINAL

14 de junho. Toluca, Estádio Luis Dosal   MÉXICO 1 × 4 ITÁLIA

Gols: González, aos 13'1ºT (1-0); Peña, contra, aos 25'1ºT (1-1); Riva, aos 19'2ºT (1-2); Rivera, aos 25'2ºT (1-3); Riva, aos 31'2ºT (1-4)

**8. Quartas de final:
Brasil × Peru**

8. Quartas de final: Brasil × Peru

O jogo entre Brasil e Peru produziria um dos mais notáveis encontros do torneio, e não apenas porque o Peru era considerado um dos poucos times capazes de apresentar o mesmo jogo dos brasileiros, baseado no talento. Haveria rivalidade também fora do gramado, porque o Brasil estava a ponto de se ver cara a cara com Didi, o bicampeão mundial de 1958 e 1962, que agora treinava o Peru. Didi era uma lenda no Brasil e, depois de levar o Peru às quartas de final pela primeira vez desde 1930, estava a caminho de alcançar esse status no país vizinho também. Didi ainda reencontraria Pelé e Zagallo, dois de seus companheiros de equipe na última vez que o Brasil tinha vencido a Copa do Mundo, no Chile.

Pelé (Brasil): Todos nós conhecíamos os peruanos. A gente tinha jogado com eles duas vezes em 1968, em Lima. Eu não estava nessas partidas, mas muitos caras do nosso time tinham participado. O Peru também jogou no Brasil, e nomes como Cubillas, "Perico" León, De la Torre, Chumpitaz, Mifflin e Gallardo — principalmente este, que jogou pelo Palmeiras — eram muito conhecidos pelos nossos rapazes. Por isso eu não tinha medo do Peru, mesmo que o time deles tivesse melhorado muito. Eu admito, porém, que existia uma preocupação: o Didi. Ele nos conhecia, sabia de todos os nossos hábitos. Estávamos mais preocupados com o Didi do que com a seleção do Peru. Foi estranho ver o Didi sentado do outro lado do campo quando finalmente nos encontramos. Eu fiquei me perguntando como me sentiria vendo meus velhos amigos e companheiros de equipe sentados no lugar destinado ao time adversário em vez de sentados ao meu lado. Tentei me colocar no lugar dele, mas não consegui.

Héctor Chumpitaz (Peru): O Didi sempre nos dizia que o Peru era o melhor time da Copa do Mundo, porque tínhamos jogado muitos amistosos antes do torneio e isso tinha ajudado a desenvolver nossa equipe. Além disso, fizemos uma turnê internacional com várias partidas e registramos alguns bons resultados, de modo que estávamos confiantes. O Didi insistia que o Brasil não era o melhor time da competição e que o Peru estava em pé de igualdade com eles. Ele nos falou sobre o Brasil, jogador a jogador. Nos disse "tal jogador é semelhante a você, porque tem a mesma qualidade". Nos comparou um a um com os melhores jogadores do Brasil. Até o Pelé falou que o "Perico" León era o melhor camisa 9 do mundo. Estou certo de que se ele fosse brasileiro, o Pelé não teria sido o melhor jogador do mundo. Então, o que quero dizer é que os brasileiros reconheciam a nossa qualidade, mas por causa da experiência, nos venceram na Copa do Mundo. Ficamos felizes pelo que fizemos. Demos o nosso melhor em cada jogo e tínhamos certeza de que na Copa do Mundo seguinte iríamos nos sair ainda melhor.

Pelé (Brasil): A linha de ataque peruana era boa, perigosa, mas a defesa era fraca, muito fraca. Os peruanos estavam jogando após uma catástrofe em seu país. Estou falando sobre o terremoto que matou muita gente. Eles tinham se classificado para a Copa do Mundo pela primeira vez. É por isso que além dos seus torcedores, também contavam com o apoio dos mexicanos.

Gérson (Brasil): O Didi nos conhecia desde que éramos crianças. Ele era o maestro. Queríamos que qualquer outra pessoa treinasse o Peru, um peruano ou mexicano ou sei lá o quê, mas não o Didi — só que o destino quis assim e foi isso que aconteceu. Porém, felizmente, nós ganhamos. Foi um jogo difícil, um pouco apertado, mas acho que nosso time foi melhor.

Teófilo Cubillas (Peru): O Didi sabia que nas quartas de final o Peru jogaria ofensivamente, de forma semelhante ao Brasil. Mas era difícil marcar quatro camisas 10. Nossa intenção era pegar outra equipe. Queríamos vencer a Alemanha Ocidental no último jogo do nosso grupo para que pudéssemos pegar outro time. Mas perdemos por 3 a 1 e ficamos com o Brasil.

Héctor Chumpitaz (Peru): O Didi nos disse que tínhamos que manter a posse de bola, não deixar ela escapar, porque eles [o Brasil] tirariam vantagem das oportunidades. E ele [Didi] nos comparou aos brasileiros e nos disse: "Já tivemos muitos jogos contra os melhores times da América do Sul e da Europa" — isso nos encorajou e nos ajudou a perder o medo. Também ajudou a entrar em campo e ver os brasileiros como iguais.

Pelé era famoso entre os jogadores brasileiros por levar um violão consigo onde quer que fosse, e por cantar para os companheiros. Ele pegava o violão sempre que tinha tempo livre ou quando não conseguia dormir, para grande desgosto dos amigos e colegas de quarto. Eles costumavam fazer graça da falta de talento musical de Pelé, que admitia que mais "batia" no violão do que propriamente tocava. Mas antes do jogo contra o Peru, Pelé reuniu os brasileiros por outro motivo.

Pelé (Brasil): À noite, entre o jogo contra a Romênia e a partida contra o Peru, como fizemos em todos os nossos jogos, tivemos uma reunião de noite no nosso hotel. Lá, liderados pelo Zagallo, víamos pela televisão nossos jogos anteriores, bem como fitas dos jogos dos nossos adversários para, em seguida, discutir nossas táticas. Essas discussões eram completamente francas e cada membro da equipe, fosse titular ou reserva, era encorajado a dar sua opinião. Não era raro haver críticas, embora a gente garantisse que fossem construtivas. Um sentimento de "família" cresceu nessas reuniões e uma outra atividade paralela se desenvolveu a partir disso. A oração. Tudo começou comigo. Recebi um telefonema da minha esposa. Ela disse: "Estamos orando por você todos os dias. Eu, meus pais, meus irmãos e cunhada, minhas irmãs, seus pais e a Kelly. Por que você não ora também?". Eu não sabia se respondia ou caía no choro, porque sentia muita falta dela. Havia cerca de quarenta pessoas na nossa delegação e pelo menos metade delas se juntava para rezar. Não rezávamos para ganhar a Copa do Mundo. Todos os dias a gente achava uma razão. Os pobres, pessoas com tuberculose, leprosos, Vietnã, a saúde de alguém, a guerra, tudo era motivo para orar. Pedíamos que ninguém se ferisse e para termos sorte. Isso, eu acho, foi um fator muito importante para ganharmos nossa terceira Copa do Mundo. Essa unidade nos tornou mais fortes.

O Peru era sem dúvida um rival perigoso para o Brasil e, embora os brasileiros soubessem que enfrentariam rivais de qualidade, Zagallo, com sua autoconfiança característica, rejeitava qualquer pensamento de vulnerabilidade e assegurava os jogadores de que não tinham nada com que se preocupar.

Zagallo (Brasil): A presença de olheiros fazendo trabalho de detetive e estudando a forma como jogavam nossos adversários em potencial, Peru e Alemanha, deu certo. O Carlos Alberto Parreira e o Rogério saíram em missão secreta, cada um deles para assistir a uma das equipes. Os relatórios que me deram foram de considerável importância. A primeira observação que li realmente me empolgou. "O Peru não tem a menor chance de vencer nossa seleção." Para eles, o time peruano tinha alguns bons jogadores, mas a defesa era muito fraca, embora o ataque às vezes pudesse ser avassalador. Então, eu supus que não seria difícil para nossa seleção marcar gols, embora nossa própria fortaleza também pudesse ser rompida. Eles jogaram com um sistema 4-2-4 quase ortodoxo. Não se preocupavam com a defesa, só se preocupavam com o ataque. E pagariam por seus erros.

Gérson (Brasil): O Peru era uma equipe excelente: do meio de campo pra frente, eram sensacionais, mas, eu tenho que dizer, tinham uma defesa péssima e um péssimo goleiro. Então isso facilitou para a gente. O meio de campo deles era mais difícil. Eles estavam juntos havia bastante tempo, assim como a seleção brasileira, sob o comando do mestre Didi. Sabiam como a gente jogava. E nós sabíamos como eles jogavam. O que eles fizeram foi tentar impedir nossos jogadores principais de jogar, e até conseguiram isso em alguns momentos. Porém, nosso ataque era excelente e a defesa deles, péssima. Tivemos certa dificuldade para marcá-los, mas, em compensação, eles tampouco conseguiam marcar nossos atacantes, certo? E o Tostão foi o homem que resolveu aquele jogo, marcando um golaço e tudo mais.

Héctor Chumpitaz (Peru): Respeitamos nosso rival, no caso o Brasil, porque eles tinham mais experiência e contavam com alguns jogadores importantes. A gente já tinha disputado antes um amistoso em 1969, que terminou numa batalha campal no Maracanã. Estávamos ganhando aquele jogo por 2 a 0, e então a situação mudou por causa de uma briga envolvendo o Enrique Casaretto e o Orlando de la Torre. Foi duro, e eles nos venceram por 3 a 2. Então, nós já sabíamos até onde a coisa podia ir, porque os mesmos jogadores que estiveram nessa partida também estavam na Copa do Mundo. Tínhamos experiência suficiente para saber como o Brasil jogava e conhecíamos as características de cada um dos jogadores.

Rivellino e Tostão levaram o Brasil ao 2 a 0 no marcador depois de apenas quinze minutos de partida, mas Alberto Gallardo manteve o Peru no jogo ao reduzir a vantagem adversária quando só faltavam dezessete minutos para acabar o primeiro tempo.

Pelé (Brasil): O jogo em si foi uma alegria. Ambas as equipes, sendo sul-americanas, se recusaram a fazer um jogo defensivo, o preferido pelos times europeus, e foi ataque seguido de ataque de ambos os lados. O Zagallo, que tinha passado a gostar do jogo defensivo, no fim cedeu aos nossos argumentos de que jogar dessa forma contra uma equipe sul-americana — especialmente uma liderada pelo Didi — seria um erro. Ele nos permitiu jogar nosso jogo natural e os resultados justificaram a decisão.

Zagallo (Brasil): O Rivellino marcou aos onze minutos. Aos quinze, o Tostão fez 2 a 0, anotando um gol que parecia impossível. No entanto, o ataque do time peruano também colocou nossa defesa para trabalhar.

Héctor Chumpitaz (Peru): A gente sabia que podia se recuperar na partida porque estávamos jogando bem. Eles marcaram os gols em contra-ataques rápidos, mas nós estávamos melhores e tínhamos atacado mais do que eles nos primeiros minutos, então ainda estávamos bastante confiantes. Só que a gente tinha que ter cuidado. Começamos a atacar de novo e conseguimos um gol do Alberto Gallardo, e isso nos animou, porque estar perdendo por 2 a 0 é muito difícil.

Zagallo (Brasil): Os gols do Peru não vieram de jogadas ensaiadas. Não deixamos eles tão à vontade assim. O primeiro foi do Gallardo quase da linha de fundo, praticamente sem ângulo. O primeiro tempo terminou com 2 a 1 a nosso favor. Era um jogo fácil e eu não tinha nenhuma instrução especial para dar aos meus jogadores no vestiário. Tudo o que precisávamos fazer era levar bem o jogo e ser um pouco mais agressivos.

Héctor Chumpitaz (Peru): Claro, havia esperança de virar o jogo porque nós também estávamos criando oportunidades. Também causamos problemas a eles, mas naquela partida, Félix, o goleiro brasileiro, estava num bom dia, melhor do que o normal. O Brasil quase nunca teve bons goleiros. Tudo estava a favor do Brasil e eles aproveitaram a qualidade que tinham para ganhar o jogo.

Foi uma grande partida — talvez a mais divertida do torneio até aquele ponto. Gérson estava de volta ao time titular do Brasil, distribuindo o jogo no meio de campo. O excelente Tostão restaurou a vantagem de dois gols do Brasil já no início do segundo tempo, mas os peruanos diminuíram novamente com Teófilo Cubillas dezessete minutos depois — o que ainda os deixava com chances, já que o placar marcava 3 a 2.

Héctor Chumpitaz (Peru): O que aconteceu foi que o Brasil fez uma substituição, o Paulo Cézar entrou no lugar do Gérson, e isso nos confundiu um pouco. Eles já estavam jogando de forma diferente. Nós jogamos o primeiro tempo de uma maneira e, no segundo, eles aproveitaram nossos erros e o Tostão marcou o terceiro gol. Então, logo depois, foi a vez do Cubillas e, por fim, o Jairzinho marcou o quarto e eles ganharam por 4 a 2.

Zagallo (Brasil): O segundo gol do Peru saiu por um tremendo golpe de sorte do Cubillas. A bola caiu bem nos pés dele depois de acertar as costas do Marco Antônio.

Héctor Chumpitaz (Peru): Foi um bom gol. Ele veio pelo centro. Não me lembro se a dobradinha foi com o Sotil, porque o "Cholo" não era titular e entrou no segundo tempo no lugar do Julio Baylón. Eles triangularam e o Cubillas fez o segundo gol, que nos aproximou da possibilidade de empate. Eu disse aos meus companheiros de equipe que precisávamos continuar atacando e melhorar no jogo, e tínhamos ao mesmo tempo que nos assegurar de que eles não marcariam novamente. Assim, teríamos a chance de empatar e chegar à semifinal.

Pelé (Brasil): Com um pouco mais de sorte poderíamos ter decidido o jogo no primeiro tempo. Mesmo assim, fechamos em 2 a 1 a etapa inicial. E no final, ficamos no 4 a 2.

, aos 7'
o, aos 15' 1oT
tão, aos 7' 2oT
stão, aos 15' 1oT (2-
ostão, aos 7' T (3-
ostão, aos 15' T (2-0
ostão, aos T (3-
ostão, aos 15 T (2-0
ostão, aos 7 T (3-
ostão, aos 15' T (2-
stão, aos 7' 2oT
tão, aos 15'
aos 7'

Zagallo (Brasil): O resultado final de 4 a 2, dada a nossa superioridade óbvia, foi modesto. Eu acho que poderíamos ter feito cinco ou seis gols, foram várias ocasiões, mas não tivemos muita sorte com as finalizações.

Héctor Chumpitaz (Peru): Restava pouco tempo [depois do quarto gol]. O problema é que quando um adversário marca e sobra pouco tempo para se conseguir o empate, o moral do time enfraquece.

Teófilo Cubillas (Peru): Também tivemos chances. O jogo foi, como se costuma dizer no futebol, pegado do começo ao fim. E ainda conseguimos marcar dois gols. Só nós e a Romênia marcamos duas vezes contra o Brasil.

Hugo Sotil (Peru): Eles ficaram com medo. Puderam relaxar um pouco depois de terem marcado o quarto gol, mas a gente esteve perto do empate. Só que os caras eram gênios e no final nos venceram por 4 a 2.

Héctor Chumpitaz (Peru): Muitas pessoas pensavam que jogávamos o mesmo estilo de futebol do Brasil, porque não tínhamos medo de nenhuma equipe e não estávamos apavorados por enfrentá-los. Contra o Brasil, o que aconteceu foi que eles se aproveitaram de nossos erros, mesmo a gente tendo jogado de igual para igual. Nós tínhamos nosso jeito de jogar, que aperfeiçoamos nos treinos, e isso nos ajudou a fazer uma ótima partida. Eles perceberam que a gente não era saco de pancadas, como muitos diziam. Até ficaram surpresos com o jogo.

Teófilo Cubillas (Peru): Aquele torneio foi para mim, até hoje, uma das melhores Copas do Mundo em termos de futebol, uma das melhores. Cada equipe tinha sete ou oito estrelas. Todas mereciam estar lá. Infelizmente, tivemos que enfrentar o Brasil e eles nos mandaram para casa. Na minha primeira Copa do Mundo, quando eu tinha 21 anos, consegui marcar cinco gols. Eu estava realmente feliz. Acho que se tivéssemos jogado com um adversário diferente, poderíamos ter ido mais longe.

A derrota foi dolorosa para o Peru, mas especialmente para Orlando de la Torre, o zagueiro do Sporting Cristal que foi preterido por Didi depois de ter jogado nas três partidas da primeira fase. De la Torre ficou furioso com a decisão e discutiu com o treinador.

Orlando de la Torre (Peru, zagueiro): Fiquei louco quando soube que não ia jogar. Estava cuspindo fogo. O Héctor Chumpitaz olhou para mim como se quisesse dizer "Não faça nada", porque viu que eu estava a ponto de sair no braço [com o Didi].

Héctor Chumpitaz (Peru): Sim, era a intenção dele. A gente viu que ele queria acertar o Didi, especialmente os jogadores do Sporting Cristal, que sabiam bem como o De la Torre era. Depois do jogo, estávamos no ônibus voltando para o hotel e eles [os jogadores do Cristal] saíram primeiro: o Ramón Mifflin, o Eloy Campos, o Luis Rubiños, o Alberto Gallardo, o José del Castillo. Foram proteger o Didi, porque o Orlando de la Torre queria empurrar o técnico na piscina que ficava ao lado do hotel, exatamente onde o ônibus havia estacionado. Os jogadores o acalmaram, mas ele [Orlando de la Torre] disse que acertou o Didi, o que era uma mentira, porque nós estávamos todos lá. Teria sido tão desrespeitoso se ele tivesse feito isso. Seria como bater no pai dele.

Orlando de la Torre (Peru): Sim, a gente brigou. Depois que perdemos para o Brasil, fiquei indignado. No hotel, fui procurar por ele [Didi], mas ele é que veio até mim. Ele não era ingênuo, era bem esperto. Discutimos de igual para igual e a coisa realmente ferveu. Ele foi firme, mas fiquei indignado com o que ele fez.

Héctor Chumpitaz (Peru): O principal problema foi que quando jogamos o amistoso contra o Brasil em fevereiro de 1969, no Maracanã, houve uma briga e o Didi sabia como o Orlando era "cabeça quente" e poderia entrar em outra confusão ao tentar responder ao mesmo tipo de provocações que tinha enfrentado no amistoso. O Gérson quase quebrou a perna do De la Torre naquela partida. O Didi pensou que se ele jogasse, seria expulso já nos primeiros minutos. E não queria correr esse risco, então colocou o José Fernández para jogar. O Fernández tinha qualidade, mas não o mesmo espírito combativo, e quando você não tem uma continuidade de jogos, não é a mesma coisa. E isso é o que eu senti a respeito do José Fernández na partida contra o Brasil, ele não tinha participado dos outros jogos.

Orlando de la Torre (Peru): Tive uma briga com o Gérson no Peru × Brasil anterior. Mais tarde, eles disseram que eu poderia ser expulso, que ia querer pegar o Gérson. Foi por essa razão por que não me escalaram, só que isso não tinha nenhuma relação com a realidade.

Outro peruano que saiu do jogo com a reputação manchada foi o goleiro Luis Rubiños, que levou a culpa pela derrota. Os peruanos realmente achavam que tinham condições de ir bem mais longe no torneio e lamentaram a má sorte de ter de enfrentar o Brasil tão cedo na competição.

Héctor Chumpitaz (Peru): O Luis Rubiños cometeu alguns erros: um foi pelo lado esquerdo, quando o Tostão aproveitou um lance de escanteio e marcou o gol. Mas é difícil defender uma bola assim. Os gols foram resultado da qualidade dos jogadores que o Brasil tinha. Claro que ficamos tristes de ser eliminados, porque a gente pensava que chegaria mais longe e, com dezesseis equipes, havia uma chance de progredir e chegar à final. Imagine se tivéssemos vencido o Brasil, estaríamos na semifinal contra o Uruguai, com boas chances de vitória. Acho que o Peru poderia ser campeão do mundo, porque, afinal, a decisão foi entre Brasil e Itália — e a gente sabia que tinha qualidade para rivalizar com o Brasil, com os jogadores que eles tinham. Então, jogar contra a Itália seria apenas uma questão de agarrar a chance e vencer.

O jogo foi um dos melhores do torneio, disputado do começo ao fim numa demonstração de talento e paixão. Como era de se esperar, devido às escalações, as duas equipes optavam por atacar toda vez que tinham chance e o jogo segue sendo inesquecível tanto para quem participou quanto para quem assistiu.

Héctor Chumpitaz (Peru): O João Havelange, que mais tarde se tornaria presidente da Fifa, fez um comentário certa vez. Na Copa do Mundo de 1986, no México, um jornalista peruano perguntou a Havelange qual partida ele considerava a melhor da história das Copas, e ele respondeu: Brasil × Peru, na Copa do México de 1970. Isso causou alguma surpresa e os jornalistas perguntaram: Por que foi a melhor? Ele respondeu: "Porque se jogou futebol por quase noventa minutos". Foi uma boa resposta, porque hoje em dia se joga pouco futebol nas partidas. Esse jogo foi impecável. Se nós, quando estávamos perdendo por 2 a 1, tivéssemos marcado um gol e empatado, a história teria sido diferente.

Hugo Sotil (Peru): A bola não saía de campo. A gente se conhecia bem. E eles tinham uma equipe fantástica. O Rivellino, o Tostão, o Pelé, o Gérson, o Jairzinho. Talento puro.

Informações da partida

QUARTAS DE FINAL

14 de junho. Guadalajara, Estádio Jalisco   BRASIL 4 × 2 PERU
Gols: Rivellino, aos 11'1ºT (1-0); Tostão, aos 15'1ºT (2-0); Gallardo, aos 28'1ºT (2-1); Tostão, aos 7'2ºT (3-1); Cubillas, aos 25'2ºT (3-2); Jairzinho, aos 30'2ºT (4-2)

9. Quartas de final:
Alemanha Ocidental × Inglaterra

MÉXICO 70

9. Quartas de final: Alemanha Ocidental × Inglaterra

A Alemanha tinha pleno direito de estar mais confiante do que em jogos anteriores contra a Inglaterra. Não só por terem conseguido rivalizar com os ingleses por tanto tempo na final da Copa do Mundo de 1966, perdendo o jogo, por 4 a 2, apenas na prorrogação. Mas também porque quando as duas equipes se enfrentaram em Hannover, em 1968, os alemães venceram por 1 a 0, registrando assim sua primeira vitória contra os ingleses desde que a rivalidade futebolística entre os dois países teve início em 1930. A Inglaterra já não era invencível. Ambos os times ainda contavam com jogadores que haviam participado da decisão de 1966, que admitiam sem hesitar que aquela partida ainda estava em suas mentes enquanto se preparavam para outro jogo épico, que aconteceria debaixo do abrasador sol mexicano.

Uwe Seeler (Alemanha Ocidental): O adversário em 14 de junho no estádio de León era a Inglaterra. Nossas lembranças ganharam vida. Minha mente voltou a Londres. Ao Estádio Wembley, ao árbitro, ao polêmico gol ["entrou ou não entrou?"] que levou o jogo ao 3 a 2.

Martin Peters (Inglaterra): O jogo eliminatório contra a Alemanha estava sendo considerado como o dia em que nos fariam pagar pelo que tínhamos feito em Wembley quatro anos antes. A imprensa mexicana não tinha dúvidas sobre o resultado da partida, fortemente inspirada pelos dez gols que a Alemanha havia marcado em seu grupo.

Berti Vogts (Alemanha Ocidental): Sua pergunta ["Você queria vingança?"] faz sentido. Nós pensamos: "Temos aqui a chance de consertar uma coisa e queremos consertá-la, queremos mandar a Inglaterra para casa". Ainda estávamos decepcionados com a derrota de 1966. Tínhamos que fazer isso pela Alemanha e pelo nosso treinador. E também pelos jogadores mais velhos, como o [Karl-Heinz] Schnellinger, o Uwe Seeler, o Willi Schulz, que foram grandes personalidades. Eles sempre nos falavam sobre o que os ingleses nos fizeram. Foi gol, não foi gol e tudo aquilo. O jogo contra a Inglaterra veio na hora certa. Foi uma partida muito acirrada, um encontro muito duro.

Sepp Maier (Alemanha Ocidental): Fomos os líderes da fase de grupos e, por isso, permanecemos em León para a segunda fase. Nosso próximo adversário seria nada menos que... a Inglaterra. Os ingleses eram os atuais campeões mundiais, os adversários mais temidos. Pelo menos era o que a imprensa queria nos fazer acreditar. Estávamos inflamados, especialmente o técnico do nosso time, desesperado por se vingar pela derrota em Wembley em 1966. Ao contrário dos nossos adversários — Sir Alf Ramsey tinha quase todos os campeões do mundo de 1966 em seu time — a nossa equipe tinha rejuvenescido significativamente em posições cruciais. Tínhamos o Müller, o Grabowski e o Maier; o jovem Beckenbauer estava em sua melhor forma, o Uwe Seeler lutava por uma despedida honrosa e havia os guerreiros das partidas de preparação para o Mundial: o Willi Schulz, o Helmut Haller e o Stan Libuda, que mandou os escoceses para casa marcando nosso terceiro gol naquele jogo das Eliminatórias.

Uwe Seeler (Alemanha Ocidental): No túnel, entre o vestiário e o apito inicial, conversei com o Bobby Charlton. Em alemão. Porque o Bobby, o brilhante craque do Manchester, entendia alemão. Pelo menos algumas palavras. "Sem chance, hoje é o nosso Wembley", eu disse. "Vocês não têm chance, nós vamos ganhar." E o Geoff Hurst, o famoso "artilheiro" da final de 1966, deu risada e emendou: "Sem chance. Hoje é nosso Wembley de novo. Para com isso, Uwe".

Berti Vogts (Alemanha Ocidental): Fomos muito agressivos com os nossos adversários, porque a gente queria mandá-los para casa a todo custo. Todos os jogadores tinham esse mesmo sentimento.

Como vencedores do grupo, os alemães ocidentais tiveram o luxo de poder permanecer onde já estavam instalados, enquanto os ingleses foram deslocados de sua base em Guadalajara e forçados a viajar até León, 220 quilômetros a leste. León era quente e empoeirada, e o Estádio León, também conhecido como Nou Camp, era o menor dos cinco utilizados durante o torneio, com capacidade para apenas 23.609 pessoas.

Martin Peters (Inglaterra): A viagem até León foi por estrada — lá não havia aeroporto — e demorou cerca de cinco horas. A gente podia ter passado sem essa, mas também não foi uma grande dificuldade. Até certo ponto foi um alívio sair de Guadalajara e da turbulência incessante que cercava o hotel Hilton.

Uwe Seeler (Alemanha Ocidental): Por conta da diferença de oito horas de fuso horário, o jogo contra os "arqui-inimigos" da Inglaterra foi agendado para o meio-dia, oito da noite na Alemanha. Meio-dia era um horário bom só pra quem tinha um camarote, e na sombra. O sol batia impiedosamente sobre o campo, cuja grama tinha sido aparada, estava bem baixa. O sistema de irrigação foi regulado para permitir um jogo rápido. Dividir a bola era extremamente perigoso. A grama estava afiada a ponto de nos cortar.

Martin Peters (Inglaterra): Era tudo ou nada e a gente logo saberia se as quase seis semanas de treino pesado em todos os tipos de clima, os milhares de quilômetros de viagem e as horas de tensão tinham valido alguma coisa. O que quer que acontecesse contra a Alemanha, pode-se argumentar que nossa viagem não foi perdida. Aprendemos como nos ajustar às condições sul-americanas, aprendemos a jogar o futebol deles, que era "lento-lento-rápido", e experimentamos a fortíssima hostilidade local.

Uwe Seeler (Alemanha Ocidental): Assim que entrei em campo fiquei de língua de fora. O ar estava rarefeito, a temperatura era de 45 graus. Não havia sombra. O time que venceu o Peru por 3 a 1 no mesmo local quatro dias antes foi escalado para começar jogando de novo: Maier, Vogts, Höttges, Beckenbauer, Schnellinger, Fichtel, Libuda, Seeler, Müller, Overath e Löhr. Foram apenas duas substituições: o Jürgen Grabowski entrou aos dez do segundo tempo no lugar do "Stan" Libuda e o Willi Schulz havia entrado depois do intervalo no lugar de Horst-Dieter Höttges.

Wolfgang Overath (Alemanha Ocidental): Fomos para a partida contra a Inglaterra cheios de confiança. Tínhamos feito bons jogos contra a Bulgária e o Peru e não estávamos com medo. A gente sabia que os ingleses tinham uma equipe muito forte. Tínhamos confiança, mas sabíamos que seria muito difícil.

Jürgen Grabowski (Alemanha Ocidental): Posso dizer sem medo de errar que os ingleses não tinham fraquezas, eles eram muito fortes. Mas nós estávamos indo muito bem, não tínhamos tido problemas com o clima, jogamos bem depois da partida contra o Marrocos, estávamos desesperados para jogar contra a Inglaterra. Não tínhamos medo.

Para a Inglaterra, o incidente mais decisivo da partida e, na verdade, de todo o torneio, veio antes de a bola começar a rolar. Ciente dos perigos potenciais representados pela comida e a bebida locais — a água nem sempre era segura e todos conheciam o notório mal de Montezuma —, a Inglaterra tomou muito cuidado para garantir que todo o time comesse e bebesse de seus próprios suprimentos importados. A federação inglesa tinha feito arranjos para que a equipe levasse sua própria água engarrafada. Porém, salsichas, bifes, hambúrgueres e manteiga tinham sido inutilizados antes mesmo de chegar aos ingleses, porque as autoridades mexicanas proibiam a entrada de laticínios e carnes importadas devido ao medo da febre aftosa. Com isso, os ingleses ficaram só com seus palitos de peixe. A estratégia da Inglaterra ofendeu os mexicanos, mas tinha valido a pena até aquele ponto, e ninguém havia sofrido qualquer efeito adverso. Até a véspera do jogo contra a Alemanha Ocidental.

Gordon Banks (Inglaterra): A partida das quartas de final contra a Alemanha Ocidental estava marcada para domingo, 14 de junho, em León. Na sexta-feira anterior, o Alf nos permitiu tomar uma cerveja à noite durante a refeição. Depois de todos esses anos, não consigo lembrar se a garrafa que me serviram foi aberta na minha presença ou não, mas eu sei que uma hora depois de beber aquela cerveja, eu me senti muito mal. Até hoje não sei explicar o que aconteceu exatamente. O Alf era meticuloso no cuidado com a nossa saúde: comida, bebida e até banhos de sol. Eu passei uma noite desconfortável no hotel, a maior parte no banheiro, para dizer a verdade. No sábado de manhã, estava me sentindo suficientemente bem para fazer a viagem de 250 quilômetros até León. Quando finalmente chegamos, fui direto para o quarto que eu estava compartilhando com o Alex Stepney e rastejei para baixo das cobertas. Em menos de cinco minutos eu estava de pé novamente, correndo para o banheiro, que foi onde fiquei — feliz porque a pia ficava convenientemente situada perto da descarga.

Alex Stepney (Inglaterra, goleiro): Pensei em voltar para o quarto e pegar minha câmera. Queria tirar algumas fotos do treino e dos rapazes. Então, fui até o quarto e vi que o Banksy estava mal. Ele estava no banheiro e a coisa saía pelas duas extremidades. Ele só disse assim: "Não consigo fazer nada. Tô fora". Ele estava tão fraco, tão branco, que saí correndo e encontrei o dr. Phillips e, claro, fomos atrás do Alf.

Gordon Banks (Inglaterra): O problema é que eu estava vomitando, ou coisa pior, com tanta frequência que não conseguia descansar. Não era uma dor de barriga "normal". Eu me sentia fraco como um gatinho. Minhas pernas e braços doíam, meu estômago apertava. Eu continuei a suar e tremer como se tivessem me colocado para fora de casa num dia de inverno usando apenas uma bermuda.

Quando todos acordaram no dia seguinte, a condição de Banks tinha melhorado ligeiramente e havia alguma esperança de que o pior tivesse passado e ele pudesse jogar. Porém poucas horas antes do jogo, enquanto Sir Alf conversava com o time inglês no hotel, o estado do goleiro piorou novamente e logo ficou claro que ele não estava apto a disputar uma partida importante de Copa do Mundo. Seu lugar foi ocupado por Peter Bonetti, um goleiro experiente e capaz, mas que não atuava num jogo oficial havia semanas.

Gordon Banks (Inglaterra): Não havia um lounge ou uma sala de conferências no hotel à disposição do Alf, então ele chamou todos nós para o seu quarto e fez uma reunião. Todos nos amontoamos e eu me sentei no chão perto da porta. Quando o Alf começou a falar, comecei a gemer. As cólicas estomacais voltaram e com força total. Eu praticamente não tinha comido e não poderia ter mais nada para sair.

Enquanto o Alf falava com o time, olhava na minha direção. Por fim, se dirigiu a mim diretamente. "Você está bem?", indagou. Eu balancei a cabeça. "Nada bem", respondi. O Alex Stepney e o Nobby Stiles me ajudaram a levantar. Eu ouvi o Alf dizer ao Peter Bonetti que ele jogaria no meu lugar e deixei a reunião do time — assim como a Copa do Mundo.

Alex Stepney (Inglaterra): O Alf chamou o Peter Bonetti e disse: "Certo, Peter, você vai jogar e Alex, você estará no banco", e foi isso. O Peter não teve nem tempo para pensar. Fomos direto para o jogo, direto para o vestiário. Não acho que alguém tivesse dúvida em relação ao Peter. Ele sempre foi um bom goleiro. Não havia preocupação quanto a isso.

Bobby Charlton (Inglaterra): Não estávamos exatamente privados de bons goleiros. Sofremos a perda do melhor deles, mas tínhamos outros muito bons. No entanto, no nosso íntimo, acreditávamos que o Banks era insubstituível. Ele era único, todos sabiam disso, era como o Pelé. Era a nossa rocha e o nosso talismã, alguém em quem podíamos confiar nos nossos momentos mais críticos.

Francis Lee (Inglaterra): O jogo contra a Alemanha. Todo mundo achava que o Banksy, mesmo com diarreia, mesmo doente ou com dor de estômago, ainda jogaria, porque era uma figura que tranquilizava a nossa defesa. Mas não foi assim.

Martin Peters (Inglaterra): Quando o Peter, ou o Gato, como nós o chamamos, recebeu a notícia de que estava dentro, reagiu calmamente, mas dava pra imaginar como devia estar nervoso, seria uma reação perfeitamente natural. Afinal, ele quase não jogou durante seis semanas e, de repente, era empurrado para uma partida dessa importância sem nenhuma preparação. Deve ter sido uma provação. O Banksy com certeza faria falta — ele tinha justificado o posto de goleiro número um do mundo nesse torneio — mas nós ainda tínhamos a sorte de contar com o Gato. Em quase todos os outros times que estavam no México, ele seria o goleiro titular, como qualquer pessoa que tivesse assistido ao jogo do Chelsea contra o Leeds em abril poderia atestar.

Bobby Charlton (Inglaterra): O Alf Ramsey manteve a compostura quando anunciou que o Bonetti, que havia sido avisado na noite anterior de que ia jogar, estaria entre os titulares, mas não era tarefa difícil imaginar o que ele estava pensando. Todos nós estávamos pensando a mesma coisa. "O Banks não, qualquer um menos o Banks."

Allan Clarke (Inglaterra): Eu estava dividindo o quarto com o Banksy e, um dia antes das quartas de final, ele passou mal. O Peter Bonetti era o outro goleiro do time e era um jogador fabuloso. Mas todo mundo quer os melhores jogadores em campo nessa hora.

Francis Lee (Inglaterra): Havia outra alternativa. Em grandes jogos é preciso contar com alguém com temperamento forte e experiência em partidas importantes. O que o Peter realmente não tinha. O Chelsea não estava ganhando tudo. O outro goleiro era o Alex Stepney, que jogava pelo Manchester United. Ele tinha acabado de ganhar a Copa dos Campeões da Europa. O Alex Stepney era um grande goleiro. Tinha o temperamento certo, nada parecia perturbá-lo. Eu acho que ele deveria ter jogado. Mas o que acontecia naqueles dias, e acontece até certo ponto hoje também, é que o técnico da Inglaterra segue a imprensa de Londres. A imprensa londrina já tinha se metido na escolha do time, e acho que foi ela que escolheu o goleiro também. Não é justo culpar o Peter Bonetti. Porque o Bonetti provavelmente não jogava havia seis, oito semanas. Só acho que era um jogo para um homem com grande personalidade.

Foi mais um dia bastante quente em León, cidade onde a Alemanha Ocidental havia jogado as três partidas da fase de grupos e onde os alemães eram tratados como o time da casa. Mesmo sem Banks, a Inglaterra começou bem e, pelo menos na primeira hora, mostrou-se de longe o melhor time em campo. Com 32 minutos de jogo, os ingleses marcaram um gol merecido pela superioridade demonstrada até aquele momento.

Jürgen Grabowski (Alemanha Ocidental): Em León era quase como jogar na Alemanha. Os mexicanos eram bastante "pró-alemães" e mostravam muito entusiasmo.

Wolfgang Overath (Alemanha Ocidental): Antes do jogo contra os nossos arqui-inimigos ingleses, não estávamos de forma alguma tensos ou nervosos. Sabíamos que perder para o campeão mundial não seria uma vergonha. E já havíamos alcançado nossa meta ao passar da primeira fase. Talvez estivéssemos meio despreocupados demais, porque os ingleses marcaram 1 a 0 antes de entrarmos no jogo de fato. Nossa defesa dormiu por um momento e o Mullery se intrometeu por ali e chutou para o gol. Isso aconteceu com 32 minutos de partida.

Alan Ball (Inglaterra): León tinha sido a "casa" dos alemães durante a primeira fase e os críticos foram rápidos em salientar que, ao avançar para a fase das quartas de final, eles vinham com dez gols marcados, contra apenas dois nossos. Tínhamos levado apenas um gol, do Jairzinho diante do Brasil, e o Banksy merecia elogios por conseguir ficar dois jogos sem ser vazado, mas aí aconteceu o problema.

Martin Peters (Inglaterra): Quase imediatamente depois do jogo começar, achei que seria a partida mais fácil de todas. Embora estivesse quente, como em Guadalajara, o campo de León era aberto e uma brisa refrescante tirava a sensação de calor sufocante. Havia muitos torcedores da Inglaterra presentes e não posso agradecê-los suficientemente — eles nos fizeram saber que estavam lá e foram maravilhosos. Depois da marcação cerrada e do calor insuportável das partidas da fase de grupos, aquilo era completamente diferente. Os alemães nos davam muito mais espaço e eu sabia que esse seria nosso melhor jogo até então. Eu não tinha ficado muito satisfeito comigo em Guadalajara, porque não havia me envolvido tanto quanto gostaria no ataque, mas o calor era tamanho que eu sabia que se avançasse no campo para dar apoio ao Geoff Hurst e ao Francis Lee, teria tido dificuldades para voltar. Em León, eu corria para todo lado, como se estivesse na Inglaterra.

Bobby Charlton (Inglaterra): Parecia inevitável que fizéssemos o gol, e ele saiu aos 32 minutos. Considerando seu impacto na partida e a autoconfiança que ele demonstrava, foi justo que tenha sido marcado pelo Mullery. Ele começou e terminou a jogada, o que confirmava a qualidade de nosso futebol. O Mullery encontrou o Newton na direita e, em seguida, correu na direção do gol do Sepp Maier, avaliando a melhor posição para receber o passe de volta e mandar a bola para o fundo da rede.

Martin Peters (Inglaterra): Estávamos jogando tão bem que eu não me surpreendi quando marcamos o gol no primeiro tempo. O Geoff Hurst tinha sido ótimo, mas foi o Alan Mullery que teve a grande inspiração de penetrar a defesa alemã, receber a bola devolvida e mandar para a rede.

Foi o primeiro gol de Mullery em trinta partidas pela seleção e foi totalmente merecido. A Inglaterra tomou a dianteira e, aos cinco do segundo tempo, Martin Peters marcou mais um. A sensação era de que os ingleses se aproximavam a passos largos das semifinais.

Martin Peters (Inglaterra): No intervalo, as coisas pareciam ótimas para nós e não tão boas para eles. Quando saímos do campo, os alemães que não pareciam perplexos estavam discutindo entre si. O Alf me disse no vestiário que não conseguia visualizar os alemães marcando um gol, e ele estava certo, pensei. Eu simplesmente não conseguia imaginar um gol deles, não do jeito que estavam jogando, e teria apostado que o resultado final ficaria em 1 a 0. Eu estava errado — e fiquei contente de estar errado por alguns minutos! Isso porque o Keith Newton, outro dos nossos craques, o mesmo que deu a arrancada que resultou no gol do Alan [Mullery] no primeiro tempo, teve participação fundamental também no nosso segundo gol, com um cruzamento de primeira depois que o Geoff [Hurst] enfiou a bola nas costas do lateral deles. Eu vinha da esquerda e, depois de o Francis Lee não alcançar, eu consegui bater na bola ao mesmo tempo que um defensor deles, e ela passou pelo Maier.

Narração da TV britânica: Newton está avançando pelo lado direito. Löhr está em sua cola. A uma boa distância, do lado direito, está Hurst. E é bola na rede. Allan Ball. Não, foi Martin Peters, desculpe. Martin Peters marca dois a zero. E aí está o homem que preparou a jogada, Keith Newton. Hurst e Peters entraram juntos no segundo pau, mas foi Peters quem recebeu o cruzamento e fez a bola passar pelo Sepp Maier... Peters entrou forte e rápido, bola no fundo da rede. Martin Peters, 2 a 0 para a Inglaterra. Esse é o tipo de coisa que realmente deve dar uma chacoalhada nos alemães.

Bobby Charlton (Inglaterra): O Martin Peters não vinha sendo tão influente no México como tinha sido em Wembley [em 1966], mas, com cinco minutos do segundo tempo, demonstrou novamente a mais preciosa das suas qualidades. Depois que o Newton cruzou no segundo pau e o Maier não conseguiu interceptar, o "Fantasma" estava lá para mandá-la pra rede. O placar era de 2 a 0 e nós estávamos a todo vapor — naquele momento ninguém seria capaz de me convencer de que eu vivia os últimos minutos da minha carreira na seleção.

Martin Peters (Inglaterra): Não foi o meu gol mais espetacular, mas nunca fiquei tão feliz em ver uma bola no fundo da rede. Eu não conseguia visualizar uma possibilidade de os alemães nos alcançarem e por um tempo nós optamos por segurar a bola, jogando futebol de posse, com uma série de passes curtos e precisos que reforçavam nossa superioridade no meio de campo. Para mim, os alemães estavam mortos e enterrados. Nenhum time jamais havia feito três gols no nosso quando estávamos com dois de vantagem, não com o Alf no comando pelo menos. A chance de isso acontecer era de uma em cem.

Uwe Seeler (Alemanha Ocidental): Quatro minutos depois do intervalo, o Martin Peters aumentou a vantagem para 2 a 0. Meu rosto estava muito vermelho. Minha pernas estavam mais pesadas. Mas eu corria e gritava, gritava e corria. O tom dos meus berros era: "Vamos, vamos vencê-los!".

Bobby Charlton (Inglaterra): O ritmo do nosso jogo era exatamente o que o Ramsey tinha pedido naquela reunião do time que foi prejudicada por nossa ansiedade em relação ao Banks. O trabalho estava sendo feito inteiramente de acordo com o que ele desejava. O Franz Beckenbauer estava me perseguindo nessa partida, e sem que eu carregasse a mesma responsabilidade de outras ocasiões em relação a ele. Enquanto eu conseguisse influenciar o jogo, a capacidade dele para atacar ia se reduzindo, e nós reafirmávamos nosso direito de campeões mundiais.

Bobby Moore (Inglaterra): Nunca esquecerei o que senti quando aquela bola tocou o fundo da rede. Eu nunca tive tanta certeza de que um gol selaria uma vitória. Tudo parecia acabado. Os alemães pareciam completamente desmoralizados e derrotados. Os torcedores com as bandeirinhas alemãs e as buzinas ficaram em silêncio. Eles, como qualquer pessoa faria, já estavam aceitando a derrota.

Nobby Stiles (Inglaterra): Parecíamos campeões mundiais. O Bobby Charlton, com o Franz Beckenbauer e tudo, estava comandando o show no meio de campo.

Wolfgang Overath (Alemanha Ocidental): Nós continuávamos a acreditar numa vitória contra a Inglaterra até os cinco minutos do segundo tempo, quando nossa defesa cometeu um erro estúpido pela segunda vez. O Martin Peters estava no lugar certo na hora certa e frustrou nossas esperanças com o gol.

A entrada de Jürgen Grabowski, após 55 minutos de jogo, impulsionou os alemães, como já havia acontecido nas partidas anteriores. Grabowski se tornaria um jogador-chave para a Alemanha Ocidental nos anos subsequentes — ele atuou em todas as partidas da campanha do título alemão em 1974 — mas, mesmo já aos 25 anos, o ponta do Eintracht Frankfurt ainda não tinha se tornado titular absoluto no México. Havia feito apenas sete aparições em quatro anos pela Mannschaft, a seleção alemã. Porém, seu efeito foi avassalador quando entrou em campo contra os ingleses. A Alemanha Ocidental fez o primeiro gol com Beckenbauer, que passou por Mullery na cabeça da área e chutou rasteiro, com o pé direito, com a bola passando por baixo do corpo de Bonetti. Mas a Inglaterra, que tinha sido tão superior até aquele momento, permaneceu confiante.

Narração da TV alemã: Gol! Foi gol! Franz Beckenbauer com uma linda jogada individual e um petardo maravilhoso no cantinho do gol. Ainda estamos em 2 a 1, mas os ingleses estavam se sentindo confiantes demais. E faltando 22 minutos, senhoras e senhores, ainda podemos ter esperança. Bravo, Franz Beckenbauer!

Jürgen Grabowski (Alemanha Ocidental): Todo jogador deseja entrar desde o início da partida, mas eu não estava na escalação inicial contra o Marrocos. Estávamos perdendo por 1 a 0, eu entrei no segundo tempo e nós vencemos por 2 a 1. Tinha sido uma experiência positiva. Pensei que no jogo seguinte eu estaria entre os titulares e fiquei desapontado quando novamente comecei no banco contra a Inglaterra, mesmo tendo me saído bem. O Helmut Schön me disse sinceramente: "Eu tenho que ter alguém que posso colocar na fogueira quando precisar", e funcionou maravilhosamente. Na verdade, para mim foi uma situação complicada, porque eu não sabia o que era ficar no banco no meu clube. Eu não estava acostumado a ser um jogador reserva, mas me beneficiei disso no México. Foi uma coisa positiva para mim, embora não possa dizer que estivesse muito feliz com a situação.

Berti Vogts (Alemanha Ocidental): Tínhamos dois pontas muito bons. O Libuda, do Schalke 04, e o Jürgen Grabowski, que foi a nossa força. Esses jogadores eram praticamente nossa arma secreta.

Bobby Charlton (Inglaterra): O Grabowski entrou correndo muito e logo provou que a decisão do seu treinador tinha sido acertada. Pela primeira vez, os alemães pareceram capazes de fazer estragos.

Alan Ball (Inglaterra): O Franz Beckenbauer, que foi avançando pelo campo com liberdade, tentou um chute que passou por baixo do Gato e acabou no fundo das redes. Deveria ter sido uma defesa simples e comum, mas o goleiro não pegou a bola e ficamos com o 2 a 1.

Wolfgang Overath (Alemanha Ocidental): O Franz não nos deixou desanimar. No momento certo, deu um drible maravilhoso e acertou um belo chute que o goleiro Bonetti não estava esperando.

Martin Peters (Inglaterra): Estávamos melhores na partida, não me senti menos confiante nem mesmo quando o Beckenbauer marcou para a Alemanha — embora o gol pudesse ter sido evitado e tenha dado um sopro de esperança para os alemães. Tudo começou quando um dos nossos ataques foi interrompido e a bola foi passada rapidamente para o Beckenbauer, que ainda assim tinha muito a fazer. Mas ele lutou e passou pelo Mullery e, com os zagueiros ainda voltando para marcar, seu chute passou pelo Gato; a bola parece ter passado por baixo do corpo do goleiro. Eu preciso ser honesto aqui, achei que o Peter tinha que ter defendido, e acho que nove entre dez vezes ele teria conseguido. Não estou pondo a culpa nele, só estou expressando minha opinião, e tenho certeza de que o Banksy, se estivesse lá, teria defendido.

Alan Mullery (Inglaterra): É uma coisa chata de dizer, mas sim, ele fez uma bobagem no primeiro gol, não há dúvida quanto a isso. Ele mergulhou por cima da bola. Todos os goleiros cometem erros, só que quando eles cometem erros a bola acaba no fundo da rede. Quando aquela bola entrou, acho que ele perdeu um pouco da confiança.

Bobby Charlton (Inglaterra): A verdade inevitável é que o Banks não teria sofrido o gol do Beckenbauer. Foi uma bola fraca. O Bonetti perdeu o tempo da bola e aconteceu o que naturalmente acontece quando a última linha de resistência é percebida como vulnerável — um grau de pânico se instalou numa defesa que até então estava serena. Dessa forma, a ausência de um goleiro como o Banks passou a ser cada vez mais sentida. Ele fazia a diferença para as nossas vitórias, nos deixava confiantes e sem medo, porque você sabia que, se o pior acontecesse e você perdesse a bola, ainda havia grande chance de tudo ficar bem. É uma coisa triste no caso de um homem que vinha tendo uma carreira tão positiva, mas, de repente, ficou claro que o Peter Bonetti não daria conta.

Francis Lee (Inglaterra): O momento decisivo foi o gol que eles marcaram, porque não deveria ter sido gol. É muito fácil culpar alguém por algo num jogo, porque o futebol é assim. Mas ele [Bonetti] nunca ficará satisfeito com esse lance, não importa quantas vezes o reveja. De qualquer forma, o jogo é assim, e é preciso aceitar.

Overath e Beckenbauer estavam participando mais do jogo, e a Inglaterra parecia começar a se contentar em jogar apenas na defesa, protegendo o placar. O movimento que viria a ser o mais discutido, no entanto, foi a decisão de Sir Alf Ramsey, apenas alguns segundos depois do gol de Beckenbauer, de substituir Bobby Charlton por Colin Bell.

Uwe Seeler (Alemanha Ocidental): Então, aos 23 do segundo tempo, o Franz Beckenbauer conseguiu acertar um chute de longa distância. O placar ainda estava em 2 a 1 para eles. Logo na sequência [um minuto depois], os ingleses se sentiram suficientemente confiantes na vitória a ponto de substituir o Bobby Charlton pelo Colin Bell.

Bobby Charlton (Inglaterra): Percebi uma movimentação na lateral do campo e senti que o Ramsey estava prestes a fazer o que alguns sempre dirão que foi a mais controversa e prejudicial decisão de sua carreira como técnico da Inglaterra. O Colin Bell se aquecia na linha lateral e isso significava, como eu já sabia, que o técnico estava prestes a dar continuidade à prática de me poupar das minhas limitações físicas. Eu não queria sair, estava bem no jogo e não sentia qualquer problema, mas reconheço que o técnico tem que olhar o quadro mais amplo. Eu tinha 32 anos, havia corrido muito e, em três dias, teríamos que jogar uma semifinal a uma grande altitude no Estádio Jalisco, na Cidade do México. Então, eu estava preparado para sair, e deixei o campo esperando que o time não permitisse que o Grabowski nos causasse grandes problemas e que nossa vantagem fosse mantida. Não via razão para que não fosse assim. O Colin Bell, assim como o Norman Hunter, que substituiria o Peters aos 35 minutos do segundo tempo, era um jogador forte, que não iria conceder liberdades aos alemães. No entanto, senti uma certa inquietude, em parte porque minhas pernas estavam respondendo bem e também porque tínhamos alcançado um excelente equilíbrio no nosso desempenho. Essa preocupação se agravou antes de eu deixar o campo. O Beckenbauer avançou e, por alguma razão que nunca saberei, mas talvez porque fiquei momentaneamente distraído com o que estava acontecendo na lateral do campo, eu o deixei passar e ele marcou o gol. Ao sair do campo, fiquei lembrando de uma das instruções em que o Ramsey mais insistia antes do jogo. "Se o Beckenbauer chegar na área, não o deixe chutar com o pé direito."

Uwe Seeler (Alemanha Ocidental): Eles já se imaginavam nas semifinais, enquanto nós continuamos trabalhando. Consegui cinco escanteios em cinco minutos.

Alan Ball (Inglaterra): O Sir Alf fez duas substituições, colocou o Colin Bell e o Norman Hunter, dois garotos fortes cheios de fôlego, para substituir o Bobby Charlton e o Martin Peters. O Bobby vinha de três jogos difíceis em uma semana, sempre cobrindo o campo todo, assim como o Martin, outro corredor de longa distância. O plano era que os dois substitutos e eu cuidássemos do meio de campo. O Colin Bell entrava com a correria e o Norman com sua função típica, o "Por aqui ninguém passa". Eu achei que eram duas substituições sábias porque, afinal, tínhamos uma semifinal em três dias. Só que as coisas começaram a dar errado. Os alemães colocaram um ponta que voava, o Grabowski, e ele começou a nos causar problemas, embora faltando 22 minutos para o fim do jogo, ainda estivéssemos seguros na partida, mesmo que não totalmente confortáveis.

Bobby Charlton (Inglaterra): Olhando em retrospectiva, é fácil ver quando o processo começou. Tinham-se passado sete minutos depois que o Peters, na nossa cabeça, tinha nos colocado na semifinal contra a Itália — que massacrava o México por 4 a 1 em Toluca. Esse foi o momento da última cartada do Schön. Ele colocou um ponta rápido e agressivo pela direita, o Jürgen Grabowski, para jogar em cima do Cooper, que, como ele já imaginava, estava muito cansado depois de atuar tão bem.

Alan Mullery (Inglaterra): Quando joguei contra o Brasil, perdi seis quilos de peso correndo sob o sol mexicano. O Bobby Charlton era uns bons anos mais velho do que eu e chegava cansado, como todo mundo, ao final dos jogos. O Alf tentou poupá-lo. O Bobby tinha estado na cola do Beckenbauer. Foi isso que o Alf fez [neste jogo], só que dessa vez a coisa não deu certo.

Allan Clarke (Inglaterra): O Alf Ramsey raramente recorria aos garotos. Só fazia substituição durante os noventa minutos, fosse em amistosos ou jogos classificatórios para a Copa do Mundo, se alguém se machucasse ou estivesse jogando muito mal. O Alf era muito leal com seus jogadores. Desse ponto de vista, eu entendi a escolha dele.

Bobby Charlton (Inglaterra): Ele me tirou antes do fim em todos os outros jogos. Como eu era o jogador mais velho e era careca, acho que todo mundo pensava que eu sofria mais com o calor e o sol. Se fosse seguro, ele me poupava para a partida seguinte. O Alf costumava fazer isso regularmente. Mas nesse jogo, eu estava me sentindo muito bem, achava que poderia correr o dia inteiro. E tínhamos uma vantagem de 2 a 0. Eu ainda estava em campo, mas já tinham me sinalizado que ia sair, quando o Beckenbauer recebeu a bola, passou pela zaga e marcou. E então eu saí e tive que assistir sentado a eles virem com tudo pra cima da gente. E nós perdemos um pouco nossa concentração.

Francis Lee (Inglaterra): Ninguém ficou surpreso quando ele o tirou. O Bobby tinha 33, 34 anos, e com o sol quente e tanto calor, simplesmente fazia sentido. Ele poderia ter jogado a partida inteira, mas em nenhum momento isso pareceu ser imprescindível. Não esqueça que não estamos falando de um time que estava lutando para se classificar para o torneio, estamos falando de um dos favoritos ao título, junto com Brasil.

Bobby Charlton (Inglaterra): A substituição permanece polêmica, mas a Inglaterra ainda estava um gol à frente e ainda comandava a partida. Se havia algum receio entre os ingleses a essa altura, era algo que ficava ofuscado pela sensação de que nós éramos o time mais forte, e que, no final das contas, tudo não passaria de uma preocupação momentânea. Mas como eu assisti ao drama que começava a se desenrolar, vi que a agitação dos nossos jogadores cresceu quando os alemães se lançaram ao ataque, com o Beckenbauer no centro de tudo. Ali eu comecei a me preocupar que nosso medo em relação à ausência do Banks fosse justificado.

Wolfgang Overath (Alemanha Ocidental): Se o chute do Beckenbauer tivesse acontecido alguns minutos depois, o gol poderia ter sido em vão. Colocamos todas as nossas forças naquela partida e, no fim, valeu a pena.

A saída de Charlton mudou o jogo a favor da Alemanha Ocidental. Catorze minutos depois de Beckenbauer fazer 2 a 1, os alemães conseguiram empatar. Foi um gol peculiar: depois de um levantamento na área, Seeler pulou e finalizou com a parte de trás da cabeça, e a bola voou lentamente até o fundo das redes, com Bonetti praticamente imóvel. Os ingleses não acreditavam. Ainda faltavam cerca de dez minutos para o fim do jogo.

Narração da* TV *britânica: *Schnellinger, número 3. E aí está Seeler. Seeler conseguiu! Uwe Seeler empatou a partida. E a multidão enlouquece! Com apenas nove minutos para o fim do jogo, Uwe Seeler empata para a Alemanha. O estádio inteiro entra em erupção. Alemães e mexicanos também. Tudo por causa desse baixinho corpulento, Uwe Seeler. Ele tem apenas um 1,70 m e fez esse gol de cabeça. E eles conseguiram. Lá está Seeler, de costas para o gol. E Seeler cabeceia e lá está Bonetti, na primeira trave, enquanto a bola entra pelo lado direito do gol.*

Uwe Seeler (Alemanha Ocidental): O Schnellinger lançou direto para a área. Eu estava no limite da área, de costas para o gol. Vi vagamente que o goleiro Peter Bonetti estava parado num dos cantos. Pulei na direção da bola que se aproximava. Ela bateu numa área em que eu tinha pouco cabelo. Na parte de trás da minha cabeça. Esperei o cruzamento, abaixei minha cabeça e rapidamente desviei para cima. E essa coisa maravilhosa aconteceu: a bola caiu bem no lugar em que deveria ir. No canto superior esquerdo da meta.

Alan Mullery (Inglaterra): Eles marcaram o segundo gol com uma cabeçada do Uwe Seeler e voltaram para o jogo. E o Peter, nessa altura, provavelmente estava se perguntando o que estava fazendo em campo e onde estava o Banks. Só que culpá-lo é completamente ridículo. Ele fazia parte de um time com mais dez jogadores. E naquela época, ele era muito bom goleiro.

Martin Peters (Inglaterra): Não vi a bola acertar a rede porque minha visão estava encoberta, mas vi o chutão desesperado de nossa zaga que permitiu que o Schnellinger recuperasse a posse. Não era um erro comum para a defesa da Inglaterra e praticamente em qualquer outro momento não teria resultado em nada, mas o fato é que esse disparate aconteceu. Foram duas mancadas, e as duas nos custaram gols.

Bobby Charlton (Inglaterra): Eles conseguiram o empate, e eu lá assistindo do banco, sem acreditar no que estava acontecendo.

Wolfgang Overath (Alemanha Ocidental): O Uwe Seeler, um símbolo de empenho e entusiasmo, marcou um fabuloso gol de cabeça aos 36 minutos do segundo tempo, um verdadeiro "gol à la Uwe". O lançamento veio alto para a área e ele cabeceou. Depois de completar um arco no ar, a bola entrou no cantinho da segunda trave. O Bonetti estava fora da linha do gol. A gente se abraçou com muita euforia.

Sepp Maier (Alemanha Ocidental): Mais uma vez, tenho que falar sobre o Uwe Seeler. Jamais esquecerei o que ele fez naquele jogo. O pontapé inicial foi ao meio-dia. O sol estava bem acima de nós, tínhamos própria sombra aos nossos pés. O Uwe ficava sozinho na frente e, ao mesmo tempo, recuava um pouco, fazendo o trabalho de cinco homens. Meu Deus, como ele correu! De uma área à outra. Da ponta esquerda para a ponta direita. Sua cabeça brilhava como uma lâmpada, ele estava muito vermelho, pelo calor e pelo esforço. As veias estavam tão saltadas na sua testa que pensei no primeiro tempo que elas estourariam a qualquer momento. E então ele fez o gol de cabeça. Ele cabeceou de costas, com a parte de trás da cabeça, e não deu chance ao goleiro. Que luta, que momento criamos lá. E a multidão? Os mexicanos nos apoiaram como se fossem parte do time.

Bobby Charlton (Inglaterra): O resto do jogo foi completamente o oposto dos outros dois terços. Foi o ataque deles contra nossa defesa e duas vezes nossa defesa rachou ao meio.

Nobby Stiles (Inglaterra): Foi terrível ver o jogo, presenciar a Copa do Mundo escapando das mãos da Inglaterra e ver o Big Jack [Jack Charlton] sofrendo com isso. Quando o Beckenbauer assumiu o controle do jogo, o Jack saiu do banco, xingando. Ele não conseguia acreditar que a Copa do Mundo do Alf iria terminaria daquele jeito, foi se abrigar à sombra da arquibancada central, ouvindo os gritos da multidão e temendo o pior. Eu fiquei sentado no meu lugar, observando as coisas com a certeza de que nosso bom momento tinha se perdido e, também, refletindo novamente sobre a grandeza do Bobby Charlton. Foi só ele deixar o campo para o Beckenbauer, de repente, crescer enormemente, e isso me fez considerar o tamanho do talento desse cara [Bobby Charlton] que, em dois jogos importantes — a final da Copa do Mundo de 1966 e essa partida —, forçou o Kaiser a desempenhar um papel tão limitado.

Bobby Moore (Inglaterra): O Geoff Hurst quase acabou com a nossa insegurança logo depois. Ele se atirou no meio de um grupo de jogadores, desprezando o perigo das chuteiras voadoras, para cabecear a bola num cruzamento do Colin Bell na primeira trave. Mas a cabeçada saiu por centímetros. Essa é a diferença, numa Copa do Mundo, entre o sucesso e o fracasso.

Wolfgang Overath (Alemanha Ocidental): Assim como aconteceu quatro anos antes, levamos o jogo para a prorrogação. E de novo estava 2 a 2.

Uwe Seeler (Alemanha Ocidental): 2 a 2: fomos para a prorrogação novamente. Outro drama? Não dessa vez. A sorte agora estava do nosso lado.

Francis Lee (Inglaterra): Então ficamos no 2 a 2, veio a prorrogação e nós fomos pra cima deles. O Colin Bell entrou no jogo, ele era meu companheiro no Manchester City e era um corredor muito bom, um ótimo atleta, e eu disse a ele quando entrou: "Belly, pode ser o seu dia. Você tem mais resistência do que qualquer um que está em campo nesse momento. Pegue a bola, vá atrás da bola, lute pela bola, mantenha a posse o maior tempo possível". Eu disse: "Você pode ganhar essa porcaria de jogo para nós". E ele jogou bem e do jeito dele.

A partida foi para a prorrogação e, embora estivessem exaustas, as duas equipes continuaram lutando pelo gol que as levaria à semifinal. O jogo diminuiu de ritmo, mas fluiu, de ponta a ponta, e as duas seleções tiveram chances de marcar. O gol que decidiu o confronto, aos três minutos do segundo tempo da prorrogação, foi novamente resultado de um erro da defesa da Inglaterra e, desta vez, foi Gerd Müller quem provocou o estrago nos rivais. Depois do cruzamento vindo da direita, os zagueiros ingleses voltaram a perder a disputa pelo alto e Hannes Löhr cabeceou, mandando a bola para a pequena área, de onde Müller chutou para marcar seu oitavo gol na Copa do Mundo do México.

Narração da TV alemã: *Passe de Löhr. E é Müller! 3 a 2! 3 a 2! Passe de Löhr. É 3 a 2 para a Alemanha. Depois de estar perdendo por 2 a 0. E agora, senhoras e senhores, um peso enorme sai dos meus ombros. Me desculpem se minha voz ficou um pouco emotiva, mas que gol, que jogada. E ainda faltam doze minutos.*

Wolfgang Overath (Alemanha Ocidental): Embora tivéssemos nos acostumado com o calor durante o torneio, estávamos preocupados com os trinta minutos de tempo extra. Todos os jogadores sabiam: quem conseguisse o terceiro gol venceria. E esse terceiro gol foi marcado pelo artilheiro da Alemanha. O Gerd Müller, cujos gols — como um jornal afirmou — haviam aberto caminho para o nosso time chegar ao México, conseguiu marcar de forma tão espetacular quanto o que Uwe Seeler havia feito antes. Uma cabeçada do Hannes Löhr lançou a bola na altura do seu peito. Estava muito alto para chutar. Mas não para o Gerd Müller, ele era capaz de marcar de qualquer posição. O Bonetti ficou mais uma vez parado na linha e o jogo foi decidido a nosso favor aos três minutos [do segundo tempo da prorrogação]. O goleiro inglês olhou para o nosso artilheiro como se ele tivesse vindo de outro planeta.

Bobby Charlton (Inglaterra): Fomos para a prorrogação e o Müller fez o terceiro gol. Eu não conseguia acreditar. Nós jogamos bem naquela partida e merecemos a vantagem de 2 a 0. E ainda assim, no final das contas, ficamos fora.

Uwe Seeler (Alemanha Ocidental): Nossa mentalidade de "Nunca desista" foi recompensada. O Wolfgang Overath, que jogou mais uma grande partida, passou a bola para seu companheiro de Colônia, Hannes Löhr. Que passou para o Jürgen Grabowski, do Frankfurt, cruzar para a área. E quem estava lá? O homem que sempre marca, claro: o Gerd Müller. No 108º minuto de jogo: 3 a 2 para nós.

Bobby Moore (Inglaterra): Não importava o quanto tentássemos, a gente não conseguia se recuperar. Chegamos perto de empatar várias vezes, mas dava a impressão de que o roteiro desse drama tinha sido escrito antes mesmo de a bola rolar.

Alan Ball (Inglaterra): Alguns dos nossos rapazes estavam derretendo no intenso calor que fazia e, com onze minutos para o fim da partida, o Gerd Müller, sem marcação, chutou a bola para dentro do gol onde estava o goleiro da Inglaterra, paralisado. Nós tentamos nos recuperar. Corremos até estarmos encharcados de suor, mas não conseguimos o empate. Devo admitir que eles foram melhores do que nós na prorrogação. Não conseguimos voltar ao nível de jogo que tínhamos mostrado antes. Nunca pensei que a gente ia perder. Nós perdemos por 3 a 2 na prorrogação depois de desperdiçar uma vantagem de 2 a 0.

Bobby Moore (Inglaterra): Muito poucas vezes tive tanta certeza da vitória como quando marcamos nosso segundo gol contra os alemães. A derrota parecia fora de questão. Não parecia possível que a gente pudesse perder essa vantagem no placar. No entanto, o impossível aconteceu. A maneira como nos permitimos cair foi completamente frustrante. Nenhum time provou ser realmente melhor que o nosso, nenhuma equipe nos humilhou ou nos dominou. Foi difícil deixar de lado a sensação de que o nosso destino era perder, como se não pudéssemos impedir nossa própria sina. Acho que nenhum dos jogadores ou torcedores ingleses que estiveram em León vai algum dia conseguir pensar nesse jogo sem balançar a cabeça em descrença. Tanto planejamento, dedicação, talento e esforço não contaram nada diante dos caprichos imprevisíveis do futebol. Eu, pelo menos, sou incapaz de lembrar daqueles 120 minutos sem querer dar um murro na mesa e gritar: "Por quê? Por quê? Por quê?". E ninguém nunca vai ser capaz de me dar uma resposta satisfatória.

Martin Peters (Inglaterra): Da minha parte, eu estava convencido de que a partida acabaria em 2 a 2. Imaginava que haveria algum tipo de sorteio e, no fim, uma das equipes acabaria pulando de felicidade e a outra ficaria se perguntando por que estava saindo da Copa do Mundo de forma tão triste. Não chegamos a isso, porém. Mais uma vez interpretei mal a situação. Eu não conseguia acreditar que eles pudessem marcar um terceiro gol no nosso time — certamente usaram toda a cota de sorte que teriam nos anos à frente. Só que o gol deles que nos eliminou não foi por sorte — foi mais um constrangimento, julgando nossa defesa pelos nossos próprios padrões... Não fomos decididos no jogo aéreo e o Müller, que praticamente não tinha conseguido dar um único chute no jogo graças ao Brian Labone, naquele momento estava desmarcado e finalizou na pequena área.

A memória daqueles três gols alemães estará para sempre comigo. Serei para sempre assombrado por ela. A cicatriz é permanente. Você pode fazer o que quiser, mas há algumas coisas que nunca podem ser apagadas.

Bobby Moore (Inglaterra): Sempre me vem à cabeça a imagem do Alan Ball correndo pelo campo, naquele seu estilo habitual, quando o jogo ainda estava 2 a 0, dizendo "Auf Wiedersehen" ["adeus", em alemão] aos alemães que passavam. Era como nós nos sentíamos. O jogo estava ganho e, ainda assim, lá fomos nós preparar as malas para voltar prematuramente para casa.

Alan Ball (Inglaterra): Foi inacreditável. Um jogo bizarro, bizarro. Em toda minha carreira — joguei 72 vezes pela Inglaterra — nunca testemunhei novamente aquela avalanche de emoções que enfrentamos no final do jogo. Era como um sonho. Não podia estar acontecendo. Os gols deles foram tão estranhos. O Seeler fez um gol com a parte de trás da cabeça. Coisas que não acontecem normalmente aconteceram naquele jogo.

Wolfgang Overath (Alemanha Ocidental): Acho que tivemos muita sorte contra os ingleses. Éramos a melhor equipe, sim, mas eles foram muito bem até os 2 a 0, quando substituíram o Bob Charlton para descansá-lo para o próximo jogo. E foi então que o jogo mudou. De repente, tudo começou a dar certo para nós, jogamos muito bem e merecemos vencer. Mas os ingleses foram muito melhores até os 2 a 0.

Bobby Moore (Inglaterra): Estar dois gols à frente com apenas vinte minutos para o fim da partida e depois perder beirava a fantasia. Nunca antes, desde que o Sir Alf assumiu o comando, havia acontecido qualquer coisa parecida, já que éramos geralmente reconhecidos como a defesa mais eficiente e bem organizada do mundo.

Uwe Seeler (Alemanha Ocidental): Não me lembro mais dos doze minutos finais. Só do apito final. Acho que nós nos deitamos na grama do estádio e ficamos por lá por pelo menos meia hora. Mas o que me impressionou muito é que os ingleses acabaram sendo bons perdedores. Assim como nós em Londres quatro anos antes.

Sepp Maier (Alemanha Ocidental): O jogo contra os ingleses há muito tempo entrou para a história do futebol. Nós nos recuperamos de um 2 a 0 e viramos para um 3 a 2 na prorrogação. Derrotamos a Inglaterra. Foi nossa vingança por Wembley. Que sensação!

Bobby Charlton (Inglaterra): Não há nada tão sombrio quanto perder um jogo que você sabe que deveria ter vencido.

Martin Peters (Inglaterra): Dava para ouvir o pandemônio, as buzinas e os cantos delirantes de *"Alemania, Alemania!"* enquanto eu esperava os rapazes entrarem no vestiário. Se você já ouviu alguém dizer que jogadores de futebol são mercenários cujas cabeças estão cheias de pensamentos sobre quanto conseguirão ganhar num jogo e nada mais, você devia levar essa pessoa para ver o nosso vestiário. Ainda dói lembrar disso e eu estava longe de ser o mais afetado, porque de uma forma curiosa eu me sentia meio de fora, porque não tinha estado em campo até o fim.

Alan Ball (Inglaterra): No vestiário, passaram-se uns bons vinte minutos até alguém conseguir falar. Todo mundo estava perplexo com a virada dos alemães. Como isso pôde acontecer? Como pudemos perder depois de estar na frente por 2 a 0? Doeu porque sentimos que poderíamos ganhar a Copa do Mundo e ter imortalizado nosso time na história do futebol inglês.

Martin Peters (Inglaterra): O lugar parecia a área de um desastre. Alguns choravam, outros se sentavam como múmias olhando para o nada e a coisa ficou ainda pior quando o Alf entrou. "Vocês deram tudo de vocês. Tentem não se sentir muito mal. Estou orgulhoso de vocês", ele conseguiu dizer. Ficamos desesperados de pena dele, porque existia um vínculo incrivelmente forte entre nós.

Alan Mullery (Inglaterra): Na prorrogação, eles foram melhores do que nós e o jogo é assim, preto no branco. Provavelmente nunca me senti tão decepcionado depois de um jogo de futebol. Todo mundo perde alguma partida, mas perder em Copas do Mundo é uma sensação diferente.

Alex Stepney (Inglaterra): Eu nunca estive num vestiário assim na minha vida. Ninguém falava nada. Não sabíamos o que dizer. E o Alf, sendo o homem que era, fez um discurso fantástico. Ele disse: "Vocês me deixaram orgulhoso, deviam ter orgulho de vocês mesmos, vocês não mereciam isso". E ele deu a volta e apertou a mão de cada jogador e disse: "Muito obrigado por tudo o que você fez".

O resultado chocou os ingleses, que ficaram desolados diante da certeza de que teriam de renunciar à coroa de campeões mundiais. Houve um longo — e por vezes amargo — processo de caça aos culpados que se concentrou principalmente no desempenho de Peter Bonetti, substituto de Gordon Banks na meta inglesa.

Martin Peters (Inglaterra): Inevitavelmente, as inquirições começaram quase imediatamente — não por nós, já me apresso em dizer. Os jogadores e as táticas escolhidas foram condenados, algumas cabeças foram pedidas, desculpas foram apresentadas, mas nós ficamos em silêncio. A gente sabia o que tinha acontecido: um time que sempre fez sua lição de casa cometeu muitos erros e esses erros nos condenaram. Foi isso.

Allan Clarke (Inglaterra): O Peter tinha participado do jogo e, num jogo desses, se você comete um ou dois erros, leva a culpa. Ele não ficou muito feliz, mas essas coisas acontecem.

Nobby Stiles (Inglaterra): Uma análise dura da realidade teria que incluir o julgamento do bom goleiro Peter Bonetti. Ele foi culpado nos três gols. Mas se o Gordon Banks não tivesse acordado com o mal de Montezuma, se o brilhante cabeceador Geoff Hurst não tivesse perdido uma cabeçada por centímetros, haveria grandes chances de o Alf retornar à Inglaterra, mais uma vez, como herói.

Bobby Charlton (Inglaterra): [Em dois dos gols] Aos 36 do segundo tempo do jogo e aos 19 da prorrogação, havia boas razões para acreditar que se o Banks estivesse jogando, ele teria nos salvado do problema, primeiro quando a cabeçada de Uwe Seeler passou por cima de Bonetti e, depois, quando o Gerd Müller surgiu às costas do Brian Labone e fez o gol de voleio.

Martin Peters (Inglaterra): Não sei o que se passou na cabeça do Peter. Nós nunca falamos sobre isso, nem mesmo quando estávamos em Acapulco para uns poucos dias de férias. Mas eu suspeito que mentalmente ele repassou os incidentes muitas vezes.

Peter Bonetti (Inglaterra, goleiro): Tenho ótimas lembranças da minha carreira, exceto daquele dia em León. Foi um pesadelo.

Gordon Banks (Inglaterra): Todos ficaram arrasados depois do jogo contra a Alemanha, mas ninguém estava pior do que o Peter Bonetti. O Peter achava que tinha decepcionado todo mundo, embora todos nós tentássemos convencê-lo de que não era o caso.

Allan Clarke (Inglaterra): Lembro que, depois do jogo contra a Alemanha Ocidental, o Beckenbauer e os alemães vieram até o nosso hotel para tomar uma bebida com a gente. Eu fui até o Peter e agradeci a ele por nos levar para casa mais cedo. E ele não gostou nada. Ficou só olhando para mim. Estava muito desapontado.

Francis Lee (Inglaterra): Eu fiquei com pena dele porque achava que não devia ter sido ele a jogar. Nosso outro goleiro, o Alex, poderia ter tido o mesmo destino, ou poderia ter arrebentado. São apenas suposições. Mas definitivamente, definitivamente, definitivamente acho que se o Gordon Banks tivesse jogado…

Martin Peters (Inglaterra): Por setenta minutos… Nunca tive tanta certeza em toda a minha vida de que íamos ganhar um jogo de futebol. Não me importo com o que já foi escrito sobre aquele dia horrível em León. Eu sei o quanto os alemães estiveram perto de um colapso total. Eu estava lá com eles, vi o desespero em seus rostos, os gestos que faziam entre si indicando que eles estavam conformados com o resultado, os frenéticos acenos de braços e berros vindos do banco, que não os ajudava em nada. Não preciso que ninguém venha me dizer que jogamos fora uma vaga nas semifinais — e um lugar provável na final, porque digo sem hesitar que Brasil e Inglaterra eram os únicos times de verdadeira qualidade no México.

Como se já não tivesse sofrido o suficiente, Gordon Banks ainda precisou suportar outro golpe cruel por conta do atraso na transmissão da TV mexicana. A fim de impulsionar a venda de ingressos da Copa do Mundo, alguns jogos eram transmitidos apenas cerca de uma hora depois de terem começado. Em seu quarto, Banks ainda assistia ao jogo quando seus companheiros de equipe retornaram ao hotel.

Gordon Banks (Inglaterra): Eu estava me sentindo péssimo, mas meu ânimo melhorou quando vi o Alan Mullery marcar o primeiro gol para a Inglaterra e nos dar uma vantagem de 1 a 0 antes do intervalo. Com cinco minutos do segundo tempo na transmissão da minha televisão, minha alegria se transformou em euforia quando assisti a um cruzamento do Keith Newton que foi convertido em um gol na segunda trave pelo Martin Peters. Esfreguei as mãos de alegria: 2 a 0! Os rapazes estão deixando a Inglaterra orgulhosa. Cerca de 25 minutos depois, a porta do meu quarto se abriu e o Bobby Moore, o Brian Labone, o Alan Mullery e o Alan Ball entraram. Estavam com rostos sombrios, mas eu não ia cair na piada deles. Afinal, na televisão, ainda estávamos dois gols na frente.

"Como nos saímos?", perguntei. "Perdemos por 3 a 2 na prorrogação", disse o Bobby, desanimado. "Vocês estão tentando me enganar. Como foi, afinal?", perguntei. "Estamos fora, Banksy. Estamos indo para casa", disse o Bally. "Já chega, caras!", eu disse. "Não estou a fim dessa brincadeira". Então o Bobby Charlton entrou no meu quarto e eu congelei. Ele estava com lágrimas no rosto — e finalmente a ficha caiu. Não era brincadeira. É assim que me lembro do nosso jogo contra a Alemanha Ocidental. Nós ainda ganhávamos por 2 a 0. Não assisti ao restante da transmissão, nem os melhores momentos editados que eram exibidos no final do dia. Simplesmente não consegui me sentar para assistir. Até hoje ainda não vi a partida inteira.

Outro grande ponto de discussão foi a decisão de Alf Ramsey de tirar Bobby Charlton do jogo logo depois de Beckenbauer ter marcado um gol para os alemães. Charlton tinha 32 anos e Ramsey o havia utilizado com moderação ao longo do torneio, preocupado que o calor e a altitude pudessem afetá-lo mais do que a seus companheiros mais jovens. Nos dois jogos anteriores, Charlton tinha sido substituído quando o segundo tempo não havia sequer chegado à metade. A decisão de preservar seus jogadores mais experientes para as partidas seguintes pareceu adequada no início, mas a estratégia de Ramsey passou então a ser questionada.

Bobby Charlton (Inglaterra): O grande debate desde então foi se o Ramsey estava certo em me substituir e eu sei que isso assombrou o técnico até o fim de seus dias, mas o fator mais importante para a nossa derrota, sempre acreditarei nisso, foi que, quando os alemães fizeram o que parecia ser sua última substituição naquela Copa do Mundo, o Gordon Banks estava indo da cama para o banheiro. Os alemães precisavam marcar três gols no último quarto da partida e o fato é que, mesmo as melhores equipes do torneio não conseguiram marcar três gols no Banks num mesmo jogo.

Wolfgang Overath (Alemanha Ocidental): Depois desse jogo, muitos colocaram a responsabilidade pela derrota no homem que teve que substituir o Gordon Banks, que estava doente. Não acho que o Bonetti tenha sido o grande bode expiatório. Ele certamente cometeu erros, mas quem disse que o Banks também não poderia ter cometido erros naquela partida? Se houve uma razão para a derrota deles, além da maneira como nós fomos crescendo à medida que o jogo avançava, foi essa: o Ramsey nunca deveria ter tirado o Bobby Charlton depois de estar vencendo por 2 a 0.

Sem ele, o cérebro da equipe não estava em campo, ele era o homem que segurava a onda nas situações difíceis. E não apenas isso. Os ingleses jogaram de forma ligeiramente arrogante. O tiro saiu pela culatra.

Bobby Charlton (Inglaterra): As pessoas criticam o Alf por ter me tirado de campo, mas ele já tinha feito isso antes e tomou essa decisão por uma razão. Ele me disse depois: "Eu queria ter certeza de que você estaria bem para a semifinal". E ele disse que sentia muito pela forma como as coisas terminaram. Esse foi meu último jogo, eu nunca mais joguei [pela seleção] depois disso. Mas foi perfeitamente compreensível. Eu nem reclamei quando o Alf me substituiu. Se fosse reclamar, seria porque me sentia muito bem. Quando está num ambiente como o México — a Cidade do México fica a 2.400 metros e acho que León ficava a menos de 2 mil metros —, você não consegue respirar corretamente a menos que esteja preparado para isso e esteja em forma. Mas nós tínhamos feito a preparação correta. Eu me sentia muito bem. Sentia que poderia correr o dia todo. Mas quando ele disse que era hora de sair, eu concordei. E no final das contas, não foi um erro. Suponho que tenha sido o destino. Se tivéssemos passado, poderíamos ter vencido a Copa do Mundo.

Alan Ball (Inglaterra): Pensando em retrospectiva, acho que subconscientemente a gente desacelerou um pouco. Também estávamos fisicamente cansados.

Francis Lee (Inglaterra): O lance é que a Inglaterra tem uma defesa muito forte. Se alguém dissesse que o maior problema da Inglaterra nesta Copa do Mundo seria que o time levaria muitos gols, a pessoa seria considerada idiota. Eles podiam ter ganhado por 1 a 0, seria realmente um grande feito se vencessem por 2 a 0, sabe, mas eles marcaram três gols. A única razão para estarmos sentados aqui agora falando sobre esse dia maldito é que foi uma partida que deveríamos ter vencido, mas não vencemos. Você pode falar sobre isso até cansar. Nós não ganhamos, devíamos ter ganhado, não ganhamos. É isso.

Martin Peters (Inglaterra): Jogamos mal em apenas um jogo, contra os tchecos em Guadalajara, e eles mal chegaram perto de marcar um gol contra nós. Deixando de lado os méritos do nosso sistema, nós jogamos de acordo com o planejado e, até o momento em que permitimos que a Alemanha se recuperasse na partida, naqueles dez minutos finais do tempo normal que foram um pesadelo, os meios teriam justificado os fins. Foi algo tão inevitável quanto qualquer coisa pode ser no futebol.

Bobby Moore (Inglaterra): Ouvi dizer que os jogadores viraram a noite no hotel, tentando desesperadamente afogar as mágoas. Eles se juntaram a um grupo de torcedores ingleses e cantaram e dançaram, enquanto os alemães observavam perplexos, se perguntando se tinham realmente vencido naquele dia. Foi uma noite para afogar nossas mágoas, para tentar esquecer. O Sir Alf perguntou: "Que horas começa o show do Tommy Wright?", embora não tenha ficado com os jogadores tempo suficiente para ver o zagueiro do Everton cantar, várias vezes, a "Everton Song" na boate do hotel. O Jeff Astle também foi até o microfone atendendo a muitos pedidos, e um grupo de rapazes cantou "Back Home". Uma pessoa que perdeu a partida foi a esposa do Sir Alf Ramsey, embora não tenha sido intencionalmente. Quando ela foi se sentar em seu lugar, ele tinha sido ocupado por mexicanos que se recusaram a sair. Apesar das abordagens de vários funcionários, ela ainda assim não foi capaz de encontrar um lugar e, no final das contas, desistiu e voltou para o quarto do Sir Alf no hotel para assistir ao jogo pela televisão.

Uwe Seeler (Alemanha Ocidental): Fizemos o impossível virar possível. Mas não tínhamos ideia de que o drama iria continuar.

Alan Ball (Inglaterra): Houve um momento divertido na manhã seguinte, na longa viagem de ônibus de León até a Cidade do México. O Tommy Wright caiu no choro e, enquanto chorava, o Sir Alf veio até ele e o abraçou de forma paternal, dizendo: "Não fique muito chateado, meu jovem. Você tem muito tempo. Há outra Copa do Mundo chegando em quatro anos. Você é jovem o suficiente para estar nela". Houve uma pausa e, então, o Tommy disse qual era a verdadeira razão de estar chateado. "Não sobrou cerveja no ônibus."

Informações da partida

QUARTAS DE FINAL

14 de junho. León, Estádio León　　　　　　ALEMANHA 3 × 2 INGLATERRA
Gols: Mullery, aos 31'1ºT (0-1); Peters, aos 4'2ºT (0-2); Beckenbauer, aos 23'2ºT (1-2); Seeler, aos 37'2ºT (2-2); Müller, aos 3'2ºT da prorrogação (3-2)

10. Semifinais:
Itália × Alemanha Ocidental

10. Semifinais: Itália × Alemanha Ocidental

A partida entre Itália e Alemanha Ocidental era vista por algumas pessoas como a menos grandiosa das duas semifinais, ou pelo menos como a menos exótica. A Itália não tinha demonstrado muito brilho até aquele momento no torneio e a Alemanha era vista como destacada favorita. Bobby Moore, que permaneceu no México para desempenhar a função de comentarista do jogo entre Brasil e Uruguai, diria mais tarde, ironicamente, que tinha escolhido o jogo errado para assistir. O espetacular encontro entre as duas equipes europeias acabou sendo uma das partidas de futebol mais emocionantes já disputadas na história, e ficou conhecido como "O Jogo do Século".

Sandro Mazzola (Itália): Antes do pontapé inicial já sabíamos que havia todos os pré-requisitos para ser um jogo excepcional. Foi uma grande partida. Todas as características de um grande jogo estavam lá: técnica, velocidade, solidez.

Berti Vogts (Alemanha Ocidental): Eu, sendo um jogador mais jovem, sempre olhava com inveja para a Itália. Naquela época jogavam na Itália todos os melhores jogadores alemães, como o Helmut Haller ou o Karl Schnellinger — e depois da Copa muitos outros foram para o futebol italiano, para grandes clubes como a Inter de Milão, o Milan ou a Juventus. A gente só tinha olhos para a Itália, como hoje se presta mais atenção às equipes da Champions League.

Tarcisio Burgnich (Itália): A Alemanha Ocidental era um dos favoritos; eles tinham uma seleção excelente, um time excelente. Até quando eu jogava pela Inter, não era fácil enfrentar as equipes alemãs. Contra os alemães e contra a Alemanha Ocidental era sempre uma batalha difícil.

Berti Vogts (Alemanha Ocidental): Estávamos cansados por causa da prorrogação no jogo contra a Inglaterra. E acrescente a isso toda a comemoração. Nós tínhamos mandado os vencedores da Copa do Mundo para casa etc. E logo depois tínhamos que jogar contra outro grande time como a Itália, e os jogos contra a Itália são sempre muito difíceis, até hoje. Se você vence a Inglaterra, é preciso comemorar, sempre. Isso é importante [risos]. Já estávamos no México havia dois meses, então consideramos que tínhamos permissão para comemorar [risos]. No hotel em que estávamos hospedados não havia muito o que fazer. O [Helmut] Schön chegava até a contar o número de cervejas que bebíamos lá. Era um treinador rigoroso, mas depois do jogo contra a Inglaterra, ele liberou. E comemorou conosco por um tempo. Depois foi dormir e disse: "Deixem os rapazes em paz".

Uwe Seeler (Alemanha Ocidental): A Itália tinha mostrado pouco futebol na fase de grupos. Marcaram apenas um gol contra a Suécia e empataram em 0 a 0 contra Uruguai e Israel, depois derrotaram os mexicanos nas quartas de final.

Sandro Mazzola (Itália): Alguns jornais vieram até a nossa concentração. Todos achavam que nós seríamos derrotados. A Alemanha Ocidental era uma equipe excepcional, mas nós também sabíamos que éramos fortes, que tínhamos excelentes talentos individuais, assim como os alemães. Então, o fato de as previsões serem contra nós era um incentivo. Elas fizeram aflorar o nosso orgulho e nos deixaram cientes de como era importante chegar à final da Copa do Mundo. Os alemães não estavam nas semifinais por acidente. Então, nos preparamos para aquele jogo contra a Alemanha Ocidental estudando suas fraquezas, tentando descobrir como atacá-los. A gente se encorajava mutuamente, éramos um grupo muito unido. Além disso, a semifinal contra a Alemanha Ocidental aconteceu numa altitude menor [do que as quartas de final contra o México]. Portanto, estávamos confiantes.

Uwe Seeler (Alemanha Ocidental): 102 mil espectadores criaram uma atmosfera especial. Cada grito, cada música que era cantada dezenas de vezes. Nós e os italianos éramos os dois principais times europeus, e estávamos nos enfrentando. Os italianos tinham sido campeões europeus em 1968. E nós, vice-campeões da Copa do Mundo em 1966.

O jogo começou forte, com a Itália abrindo o placar depois de apenas sete minutos graças a um gol de Roberto Boninsegna, que marcou chutando de pé esquerdo a distância de cerca de 25 metros do gol de Sepp Maier.

Uwe Seeler (Alemanha Ocidental): O sol brilhava novamente. Dessa vez, porém, tinha que lutar contra a poluição cinza-amarelada para aparecer. Respirar nessas condições a uma altitude de 2 mil metros era extremamente difícil. Como é possível jogar futebol nessas condições? Amaldiçoamos a questão da diferença de fuso horário com a Europa mais uma vez. O apoio da torcida mexicana era nosso.

Sepp Maier (Alemanha Ocidental): Os mexicanos nos adoravam. Eles torciam muito por nós quando percebiam que estávamos em apuros! Havia uma atmosfera única nas arquibancadas. Ainda posso ouvir: "Ala-bio, Ala-bao, Ala-bi-ba-ba, Alemania rá-rá-rá!".

Uwe Seeler (Alemanha Ocidental): Depois de sete minutos, o apoio da torcida se foi. A Itália ganhava de 1 a 0 graças ao Boninsegna. Mas o pior foi que notamos que o árbitro [Arturo] Yamasaki — um peruano com passaporte japonês — estava totalmente do lado dos italianos.

Wolfgang Overath (Alemanha Ocidental): Foi como se estivéssemos amaldiçoados. De novo, logo começamos perdendo por um gol. Numa fração de segundo, os dois atacantes, o Riva e o Boninsegna, perceberam uma pequena lacuna na nossa defesa e conseguiram o 1 a 0, e com isso todo o nosso planejamento desapareceu. A partir dali, só uma equipe atacou, e fomos nós. Ajudados pela torcida dos mexicanos, tivemos uma chance atrás da outra. Mas a sorte estava do lado da Itália.

Sepp Maier (Alemanha Ocidental): Em termos de time, estávamos tão bem servidos quanto os italianos em todas as posições. O jogo parecia completamente aberto. Mas o Berti Vogts cometeu um erro no oitavo minuto de jogo. O Boninsegna pegou a bola... Gol. Um chute que o nosso líbero, o Willi Schulz, não devia ter deixado passar. Mas estava tudo aberto para o Boninsegna, não tive chance.

Wolfgang Overath (Alemanha Ocidental): Descemos para o vestiário sob aplausos e recebemos mais aplausos quando voltamos para o segundo tempo. Imediatamente, os italianos se viram presos em sua própria metade do campo mais uma vez, mas não conseguíamos marcar.

Os italianos eram mestres em se fechar na defesa e trabalhar para manter a vantagem obtida. Com isso, a iniciativa de atacar passou aos alemães e Grabowski, que pela primeira vez havia sido escalado como titular na Copa, começou a cruzar bolas na área em busca do empate. Overath estava inspirado, Beckenbauer foi a figura dominante de sempre, e Seeler, absolutamente incansável.

Sepp Maier (Alemanha Ocidental): No segundo tempo, os italianos apostaram no *catenaccio*. Nós praticamente entramos em desespero. Não havia como passar. O tempo estava se esgotando. E das arquibancadas ainda se ouvia os cantos de: "Ala-bio, Ala-bao, Ala-bi-ba-ba, Alemania rá-rá-rá!".

Angelo Domenghini (Itália): Durante o tempo regulamentar de noventa minutos, depois de marcar 1 a 0, nós só defendemos. Mas no final do jogo, sofremos o empate e tudo desabou. Repito, durante o tempo regulamentar tudo o que fizemos foi defender. A Alemanha Ocidental nos pressionou até o fim e empatou.

Wolfgang Overath (Alemanha Ocidental): Os italianos, que não tinham sido anjos no primeiro tempo, ficaram completamente perdidos. Só conseguiam nos parar com faltas. O juiz devia ter marcado um pênalti pra gente aos vinte minutos do segundo tempo, como os protestos ruidosos dos torcedores confirmaram, quando o Franz Beckenbauer foi derrubado na grande área. Mas o Yamasaki decidiu marcar apenas uma falta em vez de pênalti. E foi só assim que os italianos escaparam mais uma vez. Já o Beckenbauer sofreu uma grave lesão no ombro quando foi derrubado. Com a expressão fechada, ele se levantou e continuou.

Uwe Seeler (Alemanha Ocidental): Nosso ritmo era cada vez mais forte e jogamos totalmente para a frente depois do intervalo. Mas a defesa italiana era uma parede. Aos 22 do segundo tempo, o Beckenbauer sofreu uma falta do Pierluigi Cera. Foi pênalti claro, a torcida e todo mundo concordava! Mas o árbitro Arturo Yamasaki viu a falta acontecer fora da área. Nós o cercamos e protestamos muito, enquanto o Beckenbauer estava deitado no chão: ele tinha deslocado o ombro direito. Como já havíamos feito duas substituições, o Kaiser teve que cerrar os dentes e continuar jogando. A tensão aumentava a cada segundo. O Sigfried Held chutou de voleio uma bola que passou pelo goleiro Albertosi, mas o Roberto Rosato conseguiu tirar de forma quase acrobática. O Müller e eu tivemos outras várias boas chances.

Sepp Maier (Alemanha Ocidental): O Beckenbauer fez uma jogada individual e furou a linha de defesa da Azzurra. Falta na grande área. Mas o senhor Yamasaki não apitou. Toda vez que nossos atacantes ou meias atravessavam a defesa italiana eles eram agarrados, chutados. Nenhuma atitude do senhor Yamasaki. Como o jogo teria terminado se tivéssemos um árbitro normal e não o senhor Yamasaki, um peruano de ascendência japonesa, cujo chefe mexicano tinha pais italianos? Não quero mais falar sobre esse árbitro.

Wolfgang Overath (Alemanha Ocidental): O Franz Beckenbauer precisou ser atendido antes da prorrogação. Com o ombro enfaixado, e com o braço amarrado ao corpo, ele voltou correndo conosco para o campo.

Os vestiários do Estádio Azteca ficavam em uma das extremidades do campo. Anos depois, a Fifa insistiria para que os estádios de Copa do Mundo tivessem vestiários embaixo da arquibancada principal, para que as equipes pudessem sair juntas pelo meio do campo. Mas no México, com o jogo aparentemente acabado, alguns jogadores da Alemanha Ocidental, desanimados, exaustos e quase sem esperança, já pareciam estar se dirigindo ao túnel...

Uwe Seeler (Alemanha Ocidental): Nosso tempo estava acabando. Mais alguns minutos e os italianos teriam a vitória. Mas, como contra a Inglaterra nas quartas de final, nós não tínhamos jogado a toalha ainda. Nos acréscimos aconteceu uma confusão na área italiana e, finalmente, o incansável Grabowski fez um cruzamento para que o zagueiro Karl-Heinz Schnellinger, a poucos metros do gol, mandasse a bola para dentro.

O heroico Albertosi tinha sido batido e os italianos não podiam acreditar. Especialmente porque o Schnellinger era um jogador do Milan.

Narração da TV britânica: A tremenda quantidade de faltas e paradas no jogo foi considerada pelo árbitro. Grabowski continua lutando. Bola cruzada. Schnellinger! Schnellinger foi quem realizou essa proeza! Karl-Heinz Schnellinger marcou o gol de empate, bem no finzinho dos acréscimos. Pode não haver tempo para que o jogo seja retomado. Definitivamente, agora vamos para a prorrogação. Karl-Heinz Schnellinger do Milan, ele joga por um clube italiano. Não dá mais tempo. Não dá mais para retomar... O estádio está um pandemônio... A animação é total! Total!

Sandro Mazzola (Itália): Foi um momento dramático, estávamos todos tão cansados. Eu fui até o Schnellinger e disse: "Você joga na Itália e marca um gol desses contra nós". E ele respondeu: "Pensei que o jogo tinha acabado e estava indo para o vestiário quando recebi o cruzamento". Nós baixamos a guarda porque pensamos que já tínhamos vencido.

Wolfgang Overath (Alemanha Ocidental): Quando o tempo regulamentar estava quase acabando e a partida ainda estava 1 a 0 para a Itália, meio que desligamos. Continuamos atacando, mas o que podia acontecer? Só se fosse um milagre. E o milagre aconteceu. Aos 46 minutos [do segundo tempo], o Karl-Heinz Schnellinger, que jogava num clube da Itália, empurrou a bola pro gol e empatou o jogo. O estádio foi à loucura. Não era à toa que os 100 mil mexicanos estavam torcendo por nós.

Enrico Albertosi (Itália): O relógio do estádio estava bem na minha frente. Eu olhei pra ele, os noventa minutos tinham se passado e eu pensei: "Nós conseguimos". Mas o árbitro deu acréscimos e o Schnellinger apareceu. Depois nós fomos até ele, porque ele jogava no Milan, e dissemos: "O que você está fazendo?". Ele disse: "O jogo tinha acabado, então eu estava indo para o vestiário e acabei marcando um gol".

Karl-Heinz Schnellinger (Alemanha Ocidental, lateral esquerdo): Eu sempre digo que aquele gol foi um presente de Deus, que as pessoas sempre vão se lembrar e ninguém nunca vai me esquecer. Foi um presente do cara lá de cima. Para mim, foi também a prova de que fui um bom profissional. Sem esse gol, eu teria sido esquecido.

Kaiser teve que cerrar oso jogandodentes e continuar

Angelo Domenghini (Itália): A Alemanha Ocidental marcou um gol a partir de um cruzamento aos 48 minutos [do segundo tempo]. Ficamos meio intimidados, a gente achou que nossa participação na Copa tinha terminado quando eles fizeram aquele gol. Pensamos que seríamos nocauteados. Teria sido uma pena, porque numa Copa do Mundo todos os jogos são emocionantes, do primeiro ao último. É a Copa do Mundo. Se você segue no campeonato, vai experimentar uma série de emoções inesquecíveis, caso contrário, faz as malas e vai para casa.

Sepp Maier (Alemanha Ocidental): A gente queria tanto, mas como conseguir? Estávamos esperando o apito final quando o inacreditável aconteceu. O Grabowski driblou o rival com uma bela finta, e cruzou a bola. O Schnellinger estava lá. O Schnellinger, logo ele, que fez o pé de meia no Milan. Um passo à frente... E gol! Empate, 1 a 1, aos 45 minutos. Prorrogação. Prorrogação no México. Cinquenta graus no campo. Deus do céu!

Berti Vogts (Alemanha Ocidental): Aquele gol, pouco antes do final do jogo, foi extremamente importante para nós e nos permitiu levar o jogo para a prorrogação.

Sigfried Held (Alemanha Ocidental): Ele era um jogador alemão que jogava na Itália, e assim mesmo ficou claro que fez de tudo para ajudar sua equipe. Não é difícil imaginar que sua reputação entre os italianos cresceu, porque ele fez o melhor possível por sua equipe.

Tarcisio Burgnich (Itália): Foi um jogo incrível, mas a nossa maior falha foi sofrer um gol nos últimos minutos. Ficamos chateados porque não era um adversário qualquer. Queríamos evitar a prorrogação. Sabíamos que tínhamos feito um bom jogo e que tínhamos mostrado a qualidade do nosso time. Mas o destino zombou de nós. E a Alemanha Ocidental acreditou em si mesma até o fim e conseguiu empatar.

Wolfgang Overath (Alemanha Ocidental): Foi uma sorte para nós que o Yamasaki deu um tempo de acréscimo. Essa foi a nossa salvação, pelo menos naquele momento.

O jogo avançou até a prorrogação e o cansaço — tanto físico quanto mental — logo se tornou um fator tão importante quanto o talento ou a vontade de jogar de cada atleta. A Alemanha Ocidental tinha disputado uma prorrogação contra a Inglaterra apenas três dias antes, enquanto a Itália havia jogado as quartas de final no mesmo dia em uma das sedes de maior altitude no México. As adversidades enfrentadas pelos jogadores estavam cobrando seu preço. O resultado foram trinta minutos extras de futebol "lá e cá", que deixaram os torcedores em pé, sem fôlego e absolutamente maravilhados.

Uwe Seeler (Alemanha Ocidental): E a prorrogação mais dramática da história do futebol começou.

Enrico Albertosi (Itália): Tudo muda na prorrogação, é um jogo totalmente novo porque você tem trinta minutos e não noventa, e você está jogando uma final, que é a coisa mais importante na carreira de um jogador de futebol.

Narração da TV britânica: Libuda no escanteio. Müller na área, Seeler está lá também, assim como Held. Seeler cabeceia e Müller está lá, a bola ultrapassa a linha. Entrou! Gerdie Müller conseguiu, 2 a 1. Gerdie Müller. Os alemães enlouquecem no banco, no campo, nas arquibancadas. Que jogada incrível de Gerdie Müller. Pela quarta vez, a Alemanha saiu atrás para depois virar o jogo. Contra o Peru eles conseguiram. Contra a Bulgária eles conseguiram. Contra a Inglaterra eles conseguiram. E agora, conseguem numa semifinal contra a Itália.

Uwe Seeler (Alemanha Ocidental): O Müller conseguiu superar o [Fabrizio] Poletti e empurrar a bola para a rede na frente do Albertosi, que ficou atônito. Os espectadores vibraram demais: 2 a 1!

Sigfried Held (Alemanha Ocidental): Esse foi com certeza um gol estranho. Mas valeu e é isso que importa.

Wolfgang Overath (Alemanha Ocidental): A vitória no fim, tão desejada pelos torcedores mexicanos, bem como pelos 10 mil turistas alemães, parecia certa quando o Gerd Müller marcou o gol mais estranho do torneio aos cinco minutos [da prorrogação]. Sempre muito esperto em pressentir uma chance, ele se lançou entre o Albertosi e o zagueiro, acho que era o [Roberto] Rosato. A bola rolou pela perna do Müller e cruzou a linha vagarosamente.

Sandro Mazzola (Itália): Eles eram fortes, claro, mas nós éramos fortes também. Sentimos uma tremenda decepção e o medo de sermos eliminados. Porque a Alemanha Ocidental tinha virado o jogo na prorrogação e estava 2 a 1. Naquele momento sentimos o cansaço acumulado na Copa do Mundo. Estávamos sempre jogando a mais de 2 mil metros e não era nada fácil. Estávamos longe da Itália, longe das nossas famílias. Houve um momento de desesperança para todos nós.

Tarcisio Burgnich (Itália): Foi um momento muito difícil, eu lembro bem. Havia o risco de sermos eliminados, mas tivemos uma reação forte, com coração, paixão, determinação, e conseguimos virar o jogo. Nós demos tudo, nós realmente acreditávamos que podíamos conseguir. Para a Itália, essa ainda é uma memória que permanece indelével, foi uma bela partida.

Uwe Seeler (Alemanha Ocidental): Nossa alegria não durou muito. No nono minuto da prorrogação, o Gianni Rivera, do Milan, cobrou uma falta de fora da área. Levantou a bola e o Held interceptou, mas não dominou bem, e acabou abrindo o caminho para o Tarcisio Burgnich. Que não teve dificuldade para superar o goleiro Maier. Os atuais campeões europeus tinham empatado.

Narração da TV britânica: Meu Deus! Está tudo empatado novamente. Burgnich foi quem marcou. O jogo começa de novo. Restam seis minutos do primeiro tempo da prorrogação. E estamos em 2 a 2. Foi um erro terrível de Siggi Held. E Burgnich teve muita calma. O lateral direito de 31 anos coloca a Itália de volta no jogo. Os dois gols mais dramáticos do jogo foram marcados por defensores, Schnellinger para a Alemanha e Burgnich para a Itália. E o jogo se torna mais emocionante e vibrante a cada segundo que passa.

Wolfgang Overath (Alemanha Ocidental): Com as energias esgotadas, os exaustos italianos estavam se afundando. Já tinham desistido quando o Siggi Held cometeu um erro: ele não conseguiu tirar a bola da área e o Burgnich estava lá para chutar com força e fazer o 2 a 2. Eu queria gritar de raiva.

Sigfried Held (Alemanha Ocidental): Veio um levantamento e o italiano pulou na minha frente. Eu fiquei atrás dele e, em vez de reagir rapidamente, matei a bola no peito e ela caiu direitinho nos pés do italiano. Foi uma infelicidade. Eu pensei: "Droga! Sou muito azarado".

Tarcisio Burgnich (Itália): Não marquei muitos gols na minha carreira, mas os que fiz foram bons gols. Muito poucos, mas muito bons. Eu avançava para o ataque apenas em raras ocasiões, geralmente em lances de bola parada. Marquei de pé esquerdo, que não é meu pé bom. Esse empate nos deu um grande impulso e, em seguida, o Gigi Riva fez 3 a 2.

Narração da TV britânica: Boninsegna está no meio do campo e Riva também está por ali. A bola vai para Riva. E lá vai ele! Luigi Riva! Luigi Riva marca 3 a 2 para a Itália! Observe Riva agora, o "chuteira de ouro"; ele colocou a bola no segundo pau fora do alcance de Sepp Maier. Quarenta e cinco segundos para acabar o primeiro tempo da prorrogação. Os italianos, que pareciam ter entregado os pontos quando Schnellinger empatou, estão à frente novamente... Este jogo, que oscilou consistentemente desde o pontapé inicial, volta a pender para os italianos... Ainda faltam quinze minutos, quinze minutos de tensão, quinze minutos de emoção, quinze minutos do que poderia se tornar um pandemônio... Os jogadores italianos estão estendidos no chão por todo o campo.

Wolfgang Overath (Alemanha Ocidental): O 2 a 2 teve um efeito estimulante para os italianos, e eles voltaram a comandar o placar três minutos depois. O Riva aniquilou a defesa alemã e deu ao Maier poucas chances com um chute inteligente.

Uwe Seeler (Alemanha Ocidental): A Itália retomou a vantagem no placar pouco antes do fim do primeiro tempo da prorrogação. O Angelo Domenghini fez um passe da lateral esquerda para o Luigi Riva, que não perdeu a chance. É incrível, mas é verdade: esse foi o vigésimo segundo gol do Gigi na sua vigésima primeira partida pela seleção!

Se o histórico de gols de Riva era bom, o de Müller era, incrivelmente, ainda melhor. O atacante do Bayern de Munique encerraria sua carreira com 68 gols em 62 partidas pela seleção alemã, incluindo o marcado na vitória contra a Holanda, em casa, na final da Copa do Mundo de 1974. O desempenho de Müller no México foi surpreendente. Os três gols marcados em cada uma das partidas contra a Bulgária e o Peru o elevaram a um grupo restrito de apenas três jogadores que conseguiram dois hat-tricks em um Mundial: ao lado do húngaro Sándor Kocsis em 1954 e do francês Just Fontaine em 1958. O atarracado centroavante alemão marcou dez gols em seis jogos em 1970; foi a última vez que um jogador chegou a dois dígitos na artilharia de uma Copa do Mundo.

Narração da TV alemã: Outro escanteio, o décimo sétimo da Alemanha, desta vez do lado direito. A batida é de Grabowski, que passa a bola a Libuda, ele vai cruzar, Uwe Seeler... Gol! Gol da Alemanha! Gol da Alemanha! Um passe de cabeça de Uwe Seeler para a cabeçada certeira de Müller, passando por dois italianos, e é bola na rede. O jogo está empatado em 3 a 3! Eu não acredito! Um drama como esse só pode acontecer uma vez na vida! Não acredito nisso. E o que os jogadores estão passando em campo, minhas cordas vocais estão passando aqui do lado de fora. 3 a 3, que gol, que gol.

Uwe Seeler (Alemanha Ocidental): A segunda metade da prorrogação foi ainda mais dramática. O jogo continuou incrivelmente rápido e ambas as equipes poderiam ter marcado em quase todos os ataques. A Alemanha conseguiu empatar novamente. Mais uma vez eu cheguei de cabeça na bola e o Müller estava no lugar certo para mandar a bola de maneira clássica para dentro do gol italiano. O Rivera, que estava defendendo o segundo pau, ficou atordoado no lance.

Wolfgang Overath (Alemanha Ocidental): Bem quando os italianos começaram a sentir que sairiam vencedores do jogo, o Gerd Müller garantiu, aos cinco minutos [do segundo tempo da prorrogação], que marcássemos o 3 a 3. Podíamos ter esperança novamente.

Enrico Albertosi (Itália): O Seeler fez o passe de cabeça, o Müller cabeceou, só que o Rivera estava a um metro da segunda trave e a bola entrou entre ele e o poste. Eu disse coisas que não posso repetir aqui. Ele respondeu: "A única coisa que posso fazer para compensar é marcar um gol".

Narração da TV alemã: Ataque dos italianos. E é gol da Itália! Boninsegna avançou sozinho, Rivera entrou na área e mandou para a rede. Boninsegna *correu sozinho. Momentos atrás o astral era ótimo, mas nossos nervos não aguentam mais. Não dá nem para descrever o que está acontecendo aqui. Gol dos italianos, os alemães estavam dormindo. Nunca vi um erro defensivo como esse, pelo menos não numa equipe alemã. Mas eles simplesmente não aguentam mais, não aguentam.*

Uwe Seeler (Alemanha Ocidental): Os italianos não se deixaram abater pelo nosso gol de empate. Imediatamente após o reinício, o Boninsegna avançou até a linha de fundo pela esquerda e depois passou muito bem a bola de volta para o Rivera. Ele, o melhor jogador do futebol europeu em 1969, mandou o Maier para o lado errado e marcou o quinto e decisivo gol da prorrogação. O Rivera, que entrou no jogo depois do intervalo, provou por que os *tifosi* [torcedores da Itália] o queriam em campo desde o início do torneio. Mas o jogo ainda não tinha acabado. Depois de duas horas de futebol sob o escaldante sol mexicano, as duas equipes estavam fisicamente exaustas e os últimos minutos pareciam passar em câmera lenta.

Tarcisio Burgnich (Itália): Foi um jogo incrível. Nossa maior falha foi sofrer um gol nos últimos minutos [do tempo regulamentar]. A gente queria evitar a prorrogação. Nós sabíamos que tínhamos jogado bem e mostramos o quanto nossa equipe era forte. Em vez disso, o destino zombou de nós. E a Alemanha Ocidental acreditou em si mesma, até o fim. A Alemanha Ocidental empatou em 3 a 3, e depois Rivera resolveu com o 4 a 3.

Narração da TV italiana: *Que jogo magnífico, telespectadores italianos. Nunca seremos capazes de agradecer suficientemente aos nossos jogadores pela emoção que nos fizeram sentir hoje.*

Gianni Rivera (Itália): Quando fiz o gol que deixou a partida em 4 a 3 contra a Alemanha, tirei um peso dos meus ombros. Eu sabia que era o culpado por eles terem marcado, porque eu não tinha me posicionado muito bem perto da trave.

Sepp Maier (Alemanha Ocidental): Eu não consigo me lembrar muito bem da prorrogação. Sei que estávamos na frente no placar, depois os italianos empataram. Então ficou em 3 a 2 para os *azzurri*. O Seeler passou para o Müller... Gol! 3 a 3. Reinício [de jogo], o Boninsegna passa pelo Willi Schulz... Gol, 4 a 3.

Sandro Mazzola (Itália): Realmente foi um caos, mas o gol do Burgnich e o 4 a 3 do Rivera foram libertadores.

E acabou assim. Depois de trinta minutos dramáticos de prorrogação, a Itália fez o que precisava para chegar à final da Copa do Mundo. O jogo foi tão incrível que uma placa foi erguida posteriormente no Estádio Azteca para celebrá-lo.

Narração da TV italiana: *E eis o apito do árbitro. Telespectadores italianos, depois de duas horas de sofrimento e alegria, podemos anunciar que a Itália está na final pela disputa da Taça Jules Rimet. Este domingo, às 20h, horário da Itália, será a final entre Itália e Brasil. A Itália eliminou a Alemanha Ocidental. Foi um jogo incrivelmente emocionante, um jogo em que a Itália abriu o placar com um gol de Boninsegna aos oito minutos de partida, mas com a ajuda dos acréscimos dados pelo árbitro Yamasaki, sofreu um gol de Schnellinger que condenou os azzurri, se podemos colocar assim, a trinta minutos de prorrogação. Trinta minutos dramáticos.*

Sandro Mazzola (Itália): No final do jogo, eu não acreditava no que tínhamos feito, foi realmente uma grande façanha. A Alemanha Ocidental não queria ir embora do campo, eles estavam perturbados. Não queriam voltar para o vestiário.

Tarcisio Burgnich (Itália): Para eles foi uma derrota, uma partida perdida de forma verdadeiramente incrível. E pra nós é uma vitória da qual ainda hoje se fala. A vitória da Itália sobre a Alemanha Ocidental faz parte da história do futebol.

Uwe Seeler (Alemanha Ocidental): Os italianos confirmaram sua reputação de catimbeiros, ficavam caídos no chão depois de cada disputa, chutavam a bola para a arquibancada e discutiam por muito tempo as decisões da arbitragem. Ficamos irritados quando o apito final redentor soou e alguns deles desabaram na grama de exaustão. De repente, parecia não importar quem tinha ganhado e quem tinha perdido. A multidão estava completamente maravilhada e sabia que tinha presenciado uma partida verdadeiramente inesquecível.

Wolfgang Overath (Alemanha Ocidental): Infelizmente, o jogo acabou mal para nós. O Willi Schulz, mesmo sendo um ótimo zagueiro, não conseguiu parar o Boninsegna. O passe para o meio da área chegou no Rivera, que compreendeu rapidamente a situação e, completamente desmarcado, mandou o chute que passou pelo Maier e definiu o 4 a 3. Esse foi o golpe mortal para nós. Os italianos não deixariam essa vantagem escapar faltando nove minutos para o apito final.

Berti Vogts (Alemanha Ocidental): Acho que a Itália só teve um pouco mais de sorte do que nós. Havíamos passado pela prorrogação [do jogo contra a Inglaterra] e, três dias depois, estávamos enfrentando a altitude. Nós tivemos que nos deslocar [para a Cidade do México] e os italianos já estavam "em casa". Eles já haviam jogado lá antes. Tivemos que viajar, e isso foi uma desvantagem para nós. Mas foi um jogo 50/50, e a Itália teve a sorte de avançar para a final contra o Brasil.

Sandro Mazzola (Itália): Assistindo ao futebol de hoje em dia, não me lembro de ter visto qualquer jogo como o Itália 4 × 3 Alemanha Ocidental. Foi um encontro épico. Foi tão excepcional que na Itália nossos fãs comemoraram como se fosse a final, como se tivéssemos vencido a Copa do Mundo de 1970.

Sepp Maier (Alemanha Ocidental): Que momento sensacional. Minha mais bela Copa do Mundo de todos os tempos, mesmo com a eliminação no jogo contra os italianos na semifinal. No Estádio Jalisco, na Cidade do México, para 100 mil pessoas. Um futebol emocionante por excelência. Uma coisa é certa: o jogo Alemanha × Itália no México em 1970 será sempre lembrado enquanto o futebol for praticado neste planeta.

Wolfgang Overath (Alemanha Ocidental): Embora a prorrogação tenha sido emocionante, talvez pudéssemos ter sido poupados da falta do Rosato no Franz Beckenbauer. Sem a lesão no ombro, Franz teria jogado de forma muito diferente. Além disso, o quarto gol talvez não tivesse acontecido, porque sem o Franz em sua posição habitual não havia ninguém para marcar o Rivera.

Sepp Maier (Alemanha Ocidental): Eu nem sabia mais qual era o placar. Passou tão rápido. O jogo teve um ritmo muito veloz, apesar do calor insuportável, apesar da dificuldade em respirar devido à altitude, e apesar da prorrogação. Os torcedores não conseguiam mais ficar sentados. Estavam todos de pé na arquibancada, gritando o mais alto que podiam "*Alemania, Alemania!*" até que conseguimos o empate. Então: "*Rá, rá, rá, Italia!*" — até que os italianos estivessem novamente na frente. Era um caldeirão. E então tudo acabou. Lamentamos muito.

Tarcisio Burgnich (Itália): Alguns erros foram cometidos nessa partida, e o Jogo do Século se formou nos erros defensivos de ambas as equipes. A Alemanha Ocidental era forte. Vencer uma equipe como essa nos deu muito entusiasmo, porque eles eram realmente bons.

Sandro Mazzola (Itália): O setor defensivo foi mal? Não sei, foi um jogo intenso que desafiou todos os padrões.

Wolfgang Overath (Alemanha Ocidental): Apesar da derrota, não tínhamos motivo para baixar a cabeça de vergonha. Esse jogo da semifinal foi, na minha opinião, ainda melhor e mais dramático do que o jogo contra a Inglaterra. Mais uma vez, melhoramos conforme a partida foi se desenrolando; mas acabamos não tendo sorte no final. Um jornal escreveu: "Quem assistiu a esse jogo pode morrer [feliz]". Isso provavelmente diz tudo sobre o que foram aqueles 120 minutos de 17 de junho, no Estádio Jalisco, na Cidade do México.

Sigfried Held (Alemanha Ocidental): O jogo foi certamente emocionante e dramático, mas acabou sendo decidido por muitos erros, especialmente meus. Quando você comete um erro, deve admitir. O pior é que poderíamos ter vencido o jogo. E isso deixa tudo mais irritante.

Enrico Albertosi (Itália): Depois de nos classificarmos para a final, à noite comemoramos. É o certo a fazer depois de uma vitória como essa. Então, no dia seguinte, começamos a nos preparar para a final com o Brasil.

Sepp Maier (Alemanha Ocidental): Posso ser supersticioso? Então, o [goleiro reserva] Horst Wolter e eu dividíamos o quarto na concentração. Eu tinha um gravador de cassete comigo e ele estava louco com a música "El Condor Pasa", que era um grande sucesso na época. Sempre que eu me preparava para um jogo, ele colocava a fita para tocar: "Feche os olhos, ouça. Isso acalma você". E eu me sentava, obediente como um menino. Era um exercício de relaxamento muito bom. Então, como eu já disse, a semifinal aconteceu na Cidade do México. E nós tivemos que sair de Puebla, viajar de ônibus pelas montanhas até o estádio. "Eu esqueci a fita", o Wolter me disse. Ele parecia arrependido e estava pensativo. "Tudo vai dar certo." Isso foi antes do jogo contra a Itália. Ele não me disse nada depois, só se sentou num canto, muito triste. Posso até imaginar ele se culpando pela nossa derrota por ter esquecido a fita.

Gerd Müller (Alemanha Ocidental): Ninguém se esquece dessa partida. Até hoje enlouqueço quando penso sobre ela, e ainda não me recuperei.

Uwe Seeler (Alemanha Ocidental): Mais tarde, uma placa foi colocada em frente ao estádio na Cidade do México para que a partida Alemanha × Itália, esse capítulo grandioso da história da Copa do Mundo, jamais seja esquecido. Fomos recebidos por 60 mil pessoas em Frankfurt na volta para casa, como se fôssemos nós e não os brasileiros os campeões. Políticos se acotovelavam para tirar fotos com os jogadores e nos diziam o que sempre dizem nessas ocasiões. Os jogadores de futebol são os "melhores embaixadores do nosso país". Eles não estavam errados.

Informações da partida

SEMIFINAL

17 de junho. Estádio Azteca, Cidade do México   ITÁLIA 4 × 3 ALEMANHA

Gols: Boninsegna, aos 8'1ºT (1-0); Schnellinger, aos 45'2ºT (1-1); Müller, aos 4'1ºT da prorrogação (1-2); Burgnich, aos 8'1ºT da prorrogação (2-2); Riva, aos 14'1ºT da prorrogação (3-2); Müller, aos 5'2ºT da prorrogação (3-3); Rivera, aos 6'2ºT da prorrogação (4-3)

11. Semifinais: Brasil × Uruguai

11. Semifinais: Brasil × Uruguai

O cronograma original previa que as duas semifinais seriam jogadas na Cidade do México, o que era uma vantagem para o Uruguai, já que sua base perto de Puebla ficava a apenas duas horas de ônibus. O Brasil, por outro lado, teria que sair de sua concentração em Guadalajara e voar mais de quinhentos quilômetros, até a capital mexicana. Contudo, os brasileiros, que sabem bem como atuar nos bastidores, imediatamente começaram a trabalhar para convencer os organizadores a mudar o local do jogo. O sucesso dessa estratégia deu aos brasileiros uma vantagem quando as duas equipes entraram no campo no dia 17 de junho.

Zagallo (Brasil): Saímos do Estádio Jalisco e começamos o estudo preliminar para [o que viria a ser] uma batalha feroz. Seria maravilhoso se a semifinal pudesse ser disputada ali mesmo em Guadalajara e não na capital mexicana, como estava planejado. Logo após vencermos os peruanos e os uruguaios vencerem os russos, naquela mesma tarde, os dirigentes da CBD [precursora da CBF] foram conversar com os atores principais da Fifa. Nossa habilidade na negociação nos levou ao desfecho que desejávamos. No dia seguinte, tudo estaria resolvido: os uruguaios viriam até nós. Teríamos nossos torcedores para nos apoiar.

Pelé (Brasil): A gente não estava preocupado com quem iríamos enfrentar. Estávamos preocupados com a possibilidade de ter que deixar Guadalajara. De acordo com o planejamento inicial, teríamos que nos deslocar. Felizmente, naquela noite, tudo foi acertado: o Brasil enfrentaria o Uruguai no Estádio Jalisco, em Guadalajara.

Ildo Maneiro (Uruguai): O Brasil mexeu os pauzinhos para mudar o local do jogo. Em princípio eles deveriam vir até a capital, a Cidade do México, mas nos fizeram viajar até Guadalajara, que era onde já estavam. A temperatura, o clima e a altitude por lá eram totalmente diferentes da Cidade do México.

Atílio Ancheta (Uruguai, zagueiro): Tínhamos jogado 120 minutos contra a União Soviética e estávamos cansados. Quando íamos enfrentar o Brasil, os dirigentes uruguaios estavam passando uns dias em Acapulco. Nós deveríamos ter jogado na Cidade do México. Estávamos em Puebla, que fica a cem quilômetros da Cidade do México, e o Brasil estava bem mais longe, em Guadalajara. Os cartolas uruguaios nem souberam o que tinha acontecido quando o local foi mudado para Guadalajara. Não tinham nem comparecido à reunião e, quando descobrimos, eram onze da noite.

Ildo Maneiro (Uruguai): Depois da classificação para a semifinal, nós comemoramos com bebida, o que era habitual depois de cada jogo. O futebol era diferente naquela época. E à noite nos avisaram que "em quinze horas" teríamos que estar dentro de um avião, que teríamos que levantar às seis da manhã para viajar à Cidade do México. Foi extremamente exaustivo. Naquela época, não tínhamos muito interesse no lado político das coisas, mas obviamente entendemos que os representantes uruguaios tinham desaparecido — e não foi nem por meio deles que descobrimos que o local do jogo tinha mudado. Além disso, era inimaginável que a Fifa agendasse um jogo para uma determinada sede e depois a alterasse. Eles foram sujos com a gente.

Atílio Ancheta (Uruguai): Ficamos em Puebla até um dia antes do jogo. Saímos de Puebla às cinco da manhã. Tomamos um café da manhã frio, porque a organização não era grande coisa. Pegamos um ônibus para a Cidade do México e então voamos para Guadalajara, chegamos lá por volta das cinco da tarde. Depois fomos para o hotel e estava rolando uma *fiesta* lá. Na noite seguinte, outra *fiesta*, com música a noite toda. Todos em Guadalajara estavam apoiando o Brasil, então havia todas essas comemorações acontecendo.

Ariel Sandoval (Uruguai, meio-campista): Tivemos que ir a Guadalajara porque o Brasil tinha disputado seu jogo anterior lá. De Puebla, estávamos a cerca de duas horas de ônibus da Cidade do México, mas tivemos que pegar um avião e voar até Guadalajara. Do aeroporto de Guadalajara, fomos para o hotel. Quando chegamos no hotel, cerca de dez da manhã do dia antes do jogo, descobrimos que todos os aparelhos de ar-condicionado estavam quebrados. Eu não joguei, mas fiquei lá sentado suando no banco de reservas. Mesmo depois de tudo isso e sem o Pedro Rocha, chegamos perto.

Roberto Matosas (Uruguai): O jogo em que mais sofri fisicamente no México foi contra o Brasil em Guadalajara. Naquele dia eu sofri. Havíamos jogado uma prorrogação contra a Rússia para chegar às semifinais e foi cansativo. Além disso, saímos de uma parte alta do México, onde era mais fresco, para o calor de Guadalajara.

Os jogadores uruguaios sabiam o que precisavam fazer e não houve preparação especial para o jogo, mesmo que tivessem pela frente a semifinal de uma Copa do Mundo contra um de seus maiores rivais. Só a visão das famosas camisas amarelas do Brasil já seria suficiente para assustar algumas equipes, mas definitivamente não era esse o caso com o Uruguai. O território do país é menor do que o de muitos estados brasileiros, mas os uruguaios nunca se deixaram intimidar pelo vizinho de dimensões continentais.

Roberto Matosas (Uruguai): Acho que uma característica do jogador uruguaio é sempre respeitar seu rival mas nunca temê-lo, sempre acreditar na própria força e que pode vencer qualquer um. Especialmente porque há uma grande tradição, que continua até hoje, de que não é fácil vencer o Uruguai no futebol. Então, nós nos insuflamos desse espírito ao longo dos anos e isso se vê no campo. Às vezes é um futebol que não é bom de assistir, mas é um time difícil de vencer, porque nunca desistimos. Os técnicos naquela época falavam por oito ou dez minutos, mas hoje em dia, uma conversa antes de um jogo leva quarenta minutos ou uma hora. Antes, havia muito mais confiança nos próprios jogadores, no fato de que conseguiriam desempenhar seu papel individual e cumprir a parte coletiva em benefício da equipe. Havia muito mais confiança. Os nossos técnicos, especialmente o [Juan] Hohberg e o [Alberto] Langlade, ajudavam de verdade pela estabilidade emocional que demonstravam. Nunca aconteciam gritos ou ações equivocadas, eles sempre foram pessoas muito equilibradas e passavam isso para nós.

Ildo Maneiro (Uruguai): Fizemos uma boa Copa do Mundo porque trabalhamos bastante, tínhamos o melhor goleiro do mundo, o Ladislao Mazurkiewicz, tínhamos na zaga o Roberto Matosas, que tinha classe e experiência, além do Atílio Ancheta, que era um jovem com muito talento e presença física. Nossa equipe trabalhou duro, com base nos pontos fortes históricos do futebol uruguaio: o time era bem equilibrado, tinha caráter, sempre fomos conservadores.

Embora os uruguaios, tão prejudicados pelas lesões, não tivessem apresentado desempenho exuberante em campo ao longo do torneio — marcaram apenas três gols em seus primeiros quatro jogos, incluindo a prorrogação contra a União Soviética —, o técnico do Brasil, Zagallo, sabia muito bem como podia ser difícil vencê-los. Os uruguaios eram fortes e não hesitavam em recorrer às faltas quando entravam em campo para enfrentar rivais mais talentosos. Zagallo disse a seus jogadores que se preparassem para o pior.

Zagallo (Brasil): Avisei muitas vezes aos meus jogadores sobre os meios antidesportivos aos quais eles poderiam recorrer. Não podíamos nos deixar envolver nos truques deles e no hábito que tinham de matar o tempo. Nossos jogadores foram alertados contra cuspidas, provocações, malandragens e ações violentas. Os uruguaios sabem o que fazer para irritar, para forçar você a perder a paciência, fazer o time adversário reagir para, enfim, conseguir a expulsão de alguém. Mas era uma semifinal de Copa do Mundo e precisávamos de sangue-frio.

Pelé (Brasil): Eu vi alguns jogos do Uruguai na TV e acompanhei os resultados do grupo deles, então concluí que eles não podiam nos vencer. Era uma equipe medrosa, que não queria atacar, eles só jogavam na defesa. Contra o Brasil, colocaram só um homem na frente. Com tudo isso, nunca me passou pela cabeça que poderíamos perder. Mas, em 1950 eu também achava que tínhamos uma equipe melhor e, ainda assim, perdemos.

Zagallo (Brasil): A camisa uruguaia era azul clara, semelhante à usada pelos ingleses. Assim como eles, os uruguaios jogavam com dois homens na frente. Eu teria que usar o mesmo esquema tático que usei contra a Inglaterra, embora estivéssemos enfrentando uma equipe sul-americana, portanto, um time com mais capacidade com a bola.

Atílio Ancheta (Uruguai): Tínhamos confiança de que podíamos melhorar. Estávamos muito unidos, mas faltava alguém para marcar gols. Tínhamos o Cubilla pela direita, mas não muitas outras opções. O jogo mais difícil foi contra o Brasil. Há muita rivalidade entre nós e, como os vencemos em 1950, a história sempre pesa no presente. Até nos amistosos havia grande rivalidade. Eu acho que, por fazermos fronteira, nos conhecemos muito bem. Estamos sempre em contato. Conhecemos seus jogadores e eles conhecem os nossos.

Pelé (Brasil): O Uruguai tem sido um pesadelo para os brasileiros no futebol desde 1950.

Os torcedores pouco sabiam sobre o que tinha acontecido nos bastidores para que o local da partida fosse mudado. Vinte anos antes, o Uruguai havia derrotado o Brasil por 2 a 1 no Maracanã lotado, conquistando a Copa do Mundo e acabando de vez com as esperanças brasileiras de ganhar a competição pela primeira vez. A derrota foi trágica para o Brasil e marcou o imaginário nacional por muitos anos. A semifinal em Guadalajara seria a primeira vez que os dois times se enfrentariam em um Mundial desde aquele fatídico encontro, e ambas as seleções estavam cientes do peso da partida. O Uruguai — ou pelo menos seus torcedores — queria usar a vitória épica de 1950 para inspirar seus jogadores. Já os brasileiros sabiam que, se não lidassem com a questão psicológica, poderiam sofrer.

Zagallo (Brasil): Os uruguaios e os russos jogaram uma prorrogação na capital mexicana e os brasileiros estavam torcendo pelos russos. Mas os uruguaios venceram e nos deixaram com um dilema. Eles viriam atrás de nós com tudo o que tinham, como um fantasma de camisa azul clara. O mito da vitória era uma constante para aqueles rapazes. O coração e a determinação seriam mais importantes, assim como em 1950. Era isso que eles diziam. Eu estava atento. Sempre tive preocupação ao enfrentá-los, apesar do contexto da seleção uruguaia nessa Copa do Mundo ser diferente. Até então, eles não tinham demonstrado seus verdadeiros méritos nem seu melhor jogo. Os resultados não eram extraordinários. Mas qualquer coisa podia acontecer, assim como no Rio de Janeiro, em 1950.

Piazza (Brasil): Alguns caras da imprensa, na semana anterior ao jogo contra o Uruguai, vieram até mim e disseram: "Ei, Piazza, você não tem medo de que Jalisco se transforme no Maracanã de 1950?". Eu tinha sete anos em 1950. Eu nem tinha rádio. Não tínhamos eletricidade em casa. Eu só soube mais tarde que o Brasil tinha perdido a Copa do Mundo. Então, o medo dos jornalistas, principalmente dos que viram aquela Copa, dos que viveram aquela decepção, a frustração de não poder comemorar o título do Brasil, é que colocava todos na expectativa. Isso às vezes nos deixava inquietos e preocupados de que o Brasil não pudesse superar o Uruguai.

Gérson (Brasil): A imprensa criou tudo. Nós sabíamos a respeito, mas tinha gente no time que não tinha nem nascido em 1950 — eu, que era um dos mais velhos do time, tinha nove anos em 1950. Eu tinha visto um jogo daquela Copa do Mundo, do Brasil contra a Espanha, e lembro que o Ademir marcou um monte de gols, mas eram apenas vagas lembranças.

Zagallo (Brasil): Os urubus de alguns dos veículos de imprensa tiveram o mau gosto de se divertir por quatro dias preparando manchetes deprimentes de primeira página com profecias como "O fantasma de 1950 assombra o Estádio Jalisco". Eu tinha dezoito anos em 1950 e estava em serviço militar no Maracanã com meu uniforme verde-oliva e meu capacete. Tinha só dezoito anos, e era mais velho do que os jogadores da nossa seleção de 1970. Quantos anos eles deviam ter em 1950? Não tinham nenhuma lembrança daquele fim de tarde quando fracassamos em ganhar um título que estava dentro de nossas possibilidades. Eles eram todos meninos na época, mal sabiam que a Copa do Mundo existia.

Pelé (Brasil): Foi impressionante o que aconteceu no dia 16 de junho, a véspera do jogo [da semifinal]. Todos que vieram ao nosso hotel disseram: "Vocês podem perder a Copa do Mundo, mas não percam para o Uruguai. Isso está atravessado nas nossas gargantas há vinte anos. Precisamos acabar com isso. Precisamos vencer e mostrar a eles que não somos covardes, como eles às vezes querem nos fazer parecer. Dizem que só precisam vestir a camisa azul-celeste para os brasileiros tremerem. Temos que vencê-los".

Roberto Matosas (Uruguai): A gente falava sobre isso entre os jogadores do Uruguai, mas os treinadores nunca fizeram referência ao fato.

Pelé (Brasil): O Brasil não jogou contra o Uruguai nas Copas de 54, 58, 62 ou 66. Por isso que o jogo de 1970, vinte anos depois da derrota no Maracanã, tinha um significado especial. Era a primeira vez que se mencionava o jogo de 1950 na nossa concentração. O engraçado é que a maioria dos nossos jogadores nem tinha nascido quando o Brasil perdeu o título para o Uruguai. Então, o melhor era apenas continuar treinando e preparando nosso espírito para o jogo que tínhamos à frente.

Carlos Alberto (Brasil): A maioria dos jogadores da Copa de 1970 nem se lembrava de nada. Talvez o Pelé se lembrasse de alguma coisa, mas ele tinha nove anos na época. O lance foi que em 1970 foi a primeira vez que os torcedores realmente começaram a viajar para ver o time. Não era como hoje, claro, mas vários brasileiros foram nos dar apoio no México. E a concentração ficava numa rua tranquila; tinha uma rua bem em frente, não era como hoje que os jogadores ficam em um hotel fechado e ninguém consegue se aproximar. Então, vários brasileiros chegavam até nós e falavam sobre 1950: "Que merda, vocês acham que vai acontecer a mesma coisa que em 1950?". Como as pessoas falavam sobre isso, a coisa começou a entrar nas nossas cabeças. Estava na cabeça de todos, certo? E eu acho que isso atrapalhou um pouco até marcarmos aquele gol do Clodoaldo.

O Brasil começou o jogo com uma lentidão incomum. Com ou sem a preocupação com o fantasma de 1950, o fato é que a primeira meia hora da seleção brasileira no jogo foi seu pior desempenho no torneio até então.

Zagallo (Brasil): Não estou brincando quando digo que os primeiros trinta minutos do jogo contra os uruguaios foram uma decepção graças à influência psicológica daquelas campanhas sórdidas veiculadas por parte da imprensa brasileira e certos jornalistas. Nossa equipe estava irreconhecível. Eu tinha a impressão de que havíamos trocado de camisa. Como se alguma mágica tivesse sido feita para criar confusão e as grandes estrelas do Brasil estivessem jogando com camisas uruguaias. Confesso que fiquei espantado. Eu não sabia o que fazer com tanta apatia. De repente, levamos um gol bobo do Cubilla. Mas isso foi o de menos. Pior foi a incompreensão e a perplexidade, assim como no jogo contra a Tchecoslováquia. Eles marcaram o gol e eu não conseguia me levantar da minha cadeira, eu estava inerte. Naquele momento contra o Uruguai percebi que a coisa era séria. Nossa seleção não conseguia fazer passes simples, nós não criávamos nada. Os uruguaios poderiam ter vencido o jogo naqueles trinta minutos iniciais. Eles estavam mandando na partida.

Pelé (Brasil): Mesmo que a maioria das pessoas não entendesse a profundidade do drama do Maracanã [em 1950], estava difícil aliviar nosso nervosismo. Nossos primeiros passes foram todos errados, nossa linha defensiva não funcionava e a gente não conseguia passar pela defesa deles.

O primeiro tempo não estava nem na metade quando o Uruguai abriu vantagem com um gol curioso. Brito, a cerca de 35 metros do gol, entregou a bola nos pés de Morales, cujo passe longo encontrou Cubilla avançando pela direita da área. O chute esquisito acabou passando por Félix, que se ajoelhou desolado sobre a linha do gol.

Narração da TV britânica: Brito, um passe ruim que ficou com Morales. Cubilla tem uma grande chance. Ele marca. Cubilla marca. Que gol impressionante. Dezessete minutos. E Félix pensou que a bola ia para fora, não fez nenhuma tentativa de defesa e ficou só assistindo à bola entrar na rede.

Gérson (Brasil): Ninguém entendeu o que aconteceu no gol do Uruguai. A bola parecia que ia para um lado, depois foi para o outro. Você não pode permitir um passe daqueles e sabíamos disso. O Clodoaldo tentou interceptar, mas o Clodoaldo não teve culpa. Ele tentou parar a jogada, só que não deu. O cara avançou, o Brito acompanhou, a bola veio quicando, aquela confusão... O Cubilla acertou com a canela, e o Félix estava esperando um chute forte e saltou, aí a bola veio fraca e passou por ele.

Félix (Brasil): Aquele gol contra o Uruguai eu deixei entrar por causa do Zagallo. No jogo anterior, contra o Peru, o Gallardo marcou o gol de um ângulo muito fechado. O Zagallo me deu uma bronca porque achou que eu não tinha me posicionado corretamente, que eu deveria estar mais perto da trave. Eu disse que aquilo não era possível, mas ele insistiu que era o que ele queria que eu fizesse, e que se eu fizesse isso e acontecesse algum problema, ele ficaria com a culpa. Isso foi dito e foi o que aconteceu. Contra o Uruguai, o Cubilla errou o chute e eu estava grudado no primeiro pau, onde o Zagallo queria que eu ficasse. Além disso, o campo tinha sido aumentado e a marca antiga da linha do gol estava quase no limite da pequena área. Quando eu corri, escorreguei sobre a linha. A bola entrou e eu entrei depois dela. Foi erro meu.

Atílio Ancheta (Uruguai): Quando levaram o gol, os brasileiros ficaram pálidos. Ele [Félix] simplesmente ficou sentado no chão. Estavam apavorados, dava para ver nos seus rostos. Eu acho que começaram a pensar em 1950. E congelaram um pouco. O Brasil estava preocupado com a possibilidade de levar mais gols. Mas eles voltaram diferentes para o segundo tempo, e estavam acostumados com o calor e a altitude.

Edu (Brasil): Quando o Uruguai marcou, todo mundo começou a dizer, "Pronto, tá aí". Mas tinha sido só um gol, não sei o que eles acharam que aquilo significava. A gente sabia que o Uruguai nunca seria capaz de ganhar da gente, porque tínhamos sido espetaculares contra a Inglaterra, contra o Peru. Então, eles nunca seriam capazes de ganhar da gente, e não ganharam. Mas a imprensa continuava dizendo: "Não podemos esquecer 1950, lembrem-se do que aconteceu em 1950" etc.

Pelé (Brasil): Nós fomos os culpados pelo gol do Cubilla. O Félix estava esperando um foguete. Mas o maior erro veio antes, quando o Clodoaldo, que tinha o controle da bola, deu o passe de graça.

Zagallo (Brasil): O gol uruguaio não teve mérito. Foi fruto de uma tolice generalizada. Não foi resultado de um bom trabalho ou competência.

Roberto Matosas (Uruguai): Acho que Pelé foi muito importante naquela partida por causa da maneira como ele estava se dirigia aos companheiros de equipe quando o Brasil estava perdendo por 1 a 0. Eles tinham perdido um pouco o rumo e o único jogador que se mostrou calmo e controlado foi o Pelé. Ele foi fundamental para a volta por cima do Brasil. Concedemos o empate num momento da partida em que estávamos dominando, bem no final do primeiro tempo.

Ado (Brasil): O Pelé era incrível. Nas reuniões de equipe, ele sempre falava o que tinha de ser dito. Mas os verdadeiros líderes em campo eram o Gérson e o Carlos Alberto. Uma vez, o Carlos Alberto me contou que no jogo do

Uruguai, se me lembro bem, ele disse: "Vamos lá, seus filhos da puta, continuem firmes aí na frente", e olhou para o Pelé, porque ele tinha muito moral para falar assim com o Pelé. O Pelé olhou para ele e fez um sinal com as mãos. Calma. O Pelé não precisava dizer muito. Mas quando ele tinha que falar, vinha até você: "Certo, vamos lá". E o Gérson era impressionante.

O gol forçou os brasileiros a entrarem no jogo. Zagallo dava à sua equipe significativa autonomia, e dizia a eles que, se precisassem mudar as coisas durante a partida, deveriam fazer o que fosse preciso. O meio-campista Gérson vinha sendo neutralizado pelos rivais e percebeu que teria poucas chances de se livrar da ferrenha marcação que enfrentava. Então, decidiu assumir a posição de Clodoaldo à frente da defesa, liberando o companheiro para avançar e se juntar ao ataque.

Carlos Alberto (Brasil): As coisas ficaram um pouco complicadas, o time não estava jogando bem. Num determinado momento, o Jairzinho estava machucado, sendo tratado pelo Mário Américo, e o Gérson me chamou e disse: "Porra, Carlos Alberto, está difícil porque esse cara marca apertado". Se você vê que seu companheiro de equipe está fortemente marcado, não arrisca passar a bola para ele, especialmente se está jogando contra uma equipe que marca tão duro quanto o Uruguai. Porque o adversário vai estar o tempo todo em cima. E se não conseguir a bola vai cometer falta. Então, o Gérson me disse: "Acho que vou trocar de posição com o Clodoaldo, o que você acha? Em vez de ficar aqui sendo marcado, vou ficar mais para trás e, se ele colar em mim, melhora assim. Nós liberamos o Clodoaldo". O Clodoaldo quase nunca ultrapassava a linha do meio de campo. Ele ficava atrás para me cobrir, ou para ajudar num possível avanço do Everaldo, mas sempre ficava mais atrás. Então, chamei o Clodoaldo e contei para ele a ideia do Gérson. "O Gérson está sugerindo isso, vamos tentar. Precisamos tentar algo para mudar o jogo. O Gérson vai ficar na sua posição e você pega a dele." Poucos minutos depois, o Clodoaldo avançou e marcou. Foi um pouco de sorte também, de o Gérson reparar na situação e o Clodoaldo estar lá para receber o passe e marcar. Mas quando você tenta uma coisa assim durante um jogo, geralmente algo acontece. Agora, se você tem que esperar o primeiro tempo acabar, os jogadores irem para o vestiário para ouvir o que o treinador vai dizer, às vezes não adianta nada. Quando a equipe vai bem, as coisas acontecem. Nós chamamos isso de sorte, mas coisas assim muitas vezes acontecem.

Ado (Brasil): O Gérson era terrível, ele queria arrancar pedaço dos outros. Eles o chamavam de Papagaio porque ele falava o tempo todo [risos]. Teve um jogo, contra o Uruguai, ou o Chile, ou sabe-se lá quem, foi um jogo difícil, e ele foi para o vestiário e começou a fumar. Cara, a gente sai para o intervalo, com raiva, depois de toda aquela correria sob um sol forte, calor, todo mundo entra no vestiário, os reservas e tudo mais, e o Gérson sai para fumar. Aí o Cláudio Coutinho disse: "Porra, Gérson, você está fumando?". E ele responde: "Vá se catar, sou eu que estou jogando naquele calor". E eu pensei: "Deus do céu! Esses caras são realmente malucos".

Félix (Brasil): Contra o Uruguai, o que aconteceu? Quem estava no comando? Todo mundo viu a atuação do Gérson contra a Tchecoslováquia, ele e o Jairzinho, então, o que os uruguaios fizeram? Eles colocaram dois homens em cima do Gérson e deixaram o Clodoaldo livre. Colocaram dois homens no Tostão e o Pelé ficou desmarcado. Então, o que o Gérson fez? Zé, esse era o apelido do Zagallo, Zé. Ele fez uns sinais e o Gérson entendeu. Ele sentiu que os dois marcadores estavam nele e que o Clodoaldo estava sozinho, então o que ele fez? "Vai Clodoaldo. Vou manter esses dois meninos ocupados e você fica livre."

Carlos Alberto (Brasil): O Gérson e o Pelé eram os jogadores que faziam a diferença. Cada time que ganha a Copa do Mundo sempre tem, sempre teve, um jogador que faz a diferença. O Pelé era esse cara para nós, embora o Gérson fosse o cérebro da equipe. Todos as jogadas que começavam na defesa, começavam no pé do Gérson. Quando eu pegava a bola: para o Gérson. Às vezes ele devolvia para mim, mas toda bola que eu pegava passava para o Gérson. O treinador uruguaio nos assistiu, assim como nós também assistimos a jogos deles, e reparou no Gérson... "Não podemos dar a esse cara tanta liberdade. Temos que ter no mínimo um jogador colado nele." Eles não marcavam homem a homem, mas sabiam que se tivesse alguém próximo dele, seria um pouco difícil para o Gérson jogar. Sabiam que sem ele nossa equipe não jogaria com tanta fluidez.

Narração de José Geraldo de Almeida, locutor brasileiro: Everaldo. Clodoaldo. Brasil no ataque. Tostão. Vamos, minha gente! Que bola boa, Clodô... Olha lá! Olha lá! Olha lá! Olha lá no placarrrrr... Clodoaldo! Olha lá! Olha lá! Olha lá! Meu Brasil querido! No placarrrr, Clodoaldo! No placarrrrrrrrr, Clodoaldo, no placarrrrrr... Brasil! Brasil! Brasil! Brasil! Brasil!

O gol de Clodoaldo, seu primeiro com a camisa do Brasil, veio em um momento crucial do jogo. O empate, marcado segundos antes do intervalo, depois de Clodoaldo avançar e receber um passe de Tostão na área, permitiu ao Brasil ir para o vestiário com a igualdade no placar. Os brasileiros nunca tinham estado em desvantagem por mais de doze minutos na Copa, e esse gol evitou que a equipe se abalasse demais e começasse a duvidar de si mesma.

Carlos Alberto (Brasil): O gol foi fundamental para a equipe, psicologicamente, e também para segurar o Uruguai. Estava tudo igual de novo e, com o jogo empatado, eles já sabiam o quanto podia ser difícil nos vencer. Você entende o que eu quero dizer? Quando saímos para o intervalo, lembro que cheguei ao túnel que levava ao vestiário e o Zagallo veio até mim: "Cara, que ideia brilhante. Quem teve essa ideia?". Eu disse: "O Gérson deu a ideia e eu chamei [a troca dele com o Clodoaldo]...". A gente tinha a permissão do técnico para mudar algo se fosse preciso. Ele tinha dito: "Não é para esperar". O Zagallo era muito inteligente nesse aspecto. Ele dava liberdade aos jogadores.

Félix (Brasil): Eles fizeram essa mudança e o Clodoaldo marcou o gol do empate imediatamente. A gente tinha essa liberdade. Se o Rivellino tinha alguma dificuldade, tinha essa liberdade. Isso significava que o Zagallo, mesmo sendo um treinador duro, nos dava liberdade para resolver os problemas. Éramos nós que víamos melhor os problemas em campo.

Zagallo (Brasil): Precisávamos desse gol de empate. Foi o ponto de partida da nossa reação. Ele veio na hora certa, pouco antes do intervalo.

Dadá Maravilha (Brasil): Se o Clodoaldo não tivesse marcado aquele gol no primeiro tempo, com todo o respeito, o Brasil não teria virado o jogo contra o Uruguai. Viramos porque o Brasil marcou na hora certa. E a habilidade do Tostão naquele passe foi fantástica, extraordinária. Nem um engenheiro faz um passe perfeito como aquele, nem um matemático para fazer aquele passe. Foi o movimento mais divino que já vi em toda a minha vida.

Piazza (Brasil): Às vezes, contra o Uruguai, por exemplo, a gente ia mal no primeiro tempo. Não fomos bem naquela primeira etapa. Mas a gente sempre conseguia jogar melhor na segunda parte.

Pelé (Brasil): Tivemos sorte de marcar aquele gol do Clodoaldo, um dos jogadores que eram bebês em 1950 e nem sabiam o que tinha acontecido na final da Copa de 1950. Empatamos no fim do primeiro tempo e aquele gol foi importante para nos dar coragem e um novo impulso no jogo.

Clodoaldo (Brasil): O gol contra o Uruguai foi histórico para mim, meu primeiro gol na minha primeira Copa do Mundo. Eu empatei aos 45 minutos do primeiro tempo. Nunca vou esquecer isso.

Zagallo raramente gritava ou se exasperava no intervalo, e também era incomum que tivesse razão para isso. Mas a exibição ruim nos primeiros 45 minutos contra o Uruguai forçou o técnico a dar uma chacoalhada nos jogadores. Praticamente não se falou em tática. Em vez disso, o técnico de 38 anos vociferou contra o fraco desempenho e o nervosismo de seus comandados.

Zagallo (Brasil): Depois de empatar no final do primeiro tempo, pude conversar com o meu time em uma atmosfera de mais confiança. Na verdade, não foi exatamente uma conversa, foi mais uma reprimenda, e bastante severa. "O que está acontecendo? Vocês acham que vão perder para esse time? Os uruguaios são uns inúteis! É constrangedor ver você saírem do campo de cabeça baixa. Eles é que deveriam estar tremendo, não vocês! Nós temos que começar a jogar esse jogo como fizemos nos anteriores. Vocês são melhores do que eles. Essa seleção uruguaia não tem o que é preciso para marcar novamente. Eles não são bons o suficiente! Nós vamos vencer, eles acabaram de jogar 120 minutos contra a Rússia e não vão ser capazes de acompanhar nosso ritmo. Vamos acelerar o ritmo e venceremos esses caras facilmente!"

Gérson (Brasil): A seleção uruguaia era uma equipe fraca em todos os sentidos. Poderíamos ter jogado cinquenta vezes e os venceríamos facilmente nos cinquenta jogos. O único problema era a nossa equipe, como Zagallo colocou tão bem no intervalo: "Quando vamos começar a jogar? Isto é o Brasil? Esta é a nossa seleção? Vocês estão brincando comigo?

O que vocês esperam que eu diga?". E realmente, não havia nada que ele tivesse para nos dizer, era tudo por nossa conta.

Carlos Alberto (Brasil): Chegamos ao vestiário e o Zagallo disse para todos nós: "Vamos em frente! Vamos lá!". E quando saímos para o segundo tempo, foi isso o que fizemos. O gol veio no momento certo. Acho que por causa da presença dos torcedores brasileiros na concentração, tivemos esse temor relacionado à Copa de 1950, que todos nós acabamos compartilhando: "Será que vai acontecer a mesma coisa de novo?". Isso, de certa forma, foi psicologicamente prejudicial para nós.

O segundo tempo seria difícil de qualquer jeito para o Uruguai, que havia jogado trinta minutos de prorrogação na altitude apenas três dias antes. Além disso, a Celeste não contava com um goleador e carecia de poder de fogo na frente. Por todos esses fatores, o segundo tempo pendia decididamente para um dos lados.

Atílio Ancheta (Uruguai): A gente entendeu que o segundo tempo seria muito diferente porque eles voltaram outra equipe. Nós estávamos muito cansados por causa dos 120 minutos contra a União Soviética. Aquilo nos cansou muito. Nós estávamos prontos para a partida por conta de toda a rivalidade envolvida, mas nos faltou resistência. Isso foi o que pesou. Isso e o fato de não termos um atacante. A gente tinha jogado a dezesseis ou dezessete graus e, de repente, estávamos numa partida em que fazia quase quarenta graus. Então, tanto os 120 minutos contra a União Soviética quanto a mudança de temperatura foram nossos maiores problemas. Estávamos cansados.

Ildo Maneiro (Uruguai): O jogo correu exatamente como o professor Alberto Langlade, nosso preparador físico, nos disse que seria. O Langlade disse que aguentaríamos bem no primeiro tempo, e assim foi. No primeiro tempo estivemos bem, com o Montero Castillo marcando o Pelé com muita força e tentando controlar o Rivellino e o Gérson, que era o cérebro da equipe. Então sofremos o golpe fatal do empate do Clodoaldo. Quando chegamos ao vestiário no intervalo houve um esfacelamento. Qualquer um podia ver que tínhamos acabado de levar um daqueles golpes que nocauteiam. Estávamos exaustos no final do primeiro tempo e jogamos um segundo tempo heroico. Quase fizemos 2 a 2 com uma cabeçada do Cubilla.

Atílio Ancheta (Uruguai): O Brasil tinha o melhor time até aquele momento e eles estavam cheios de confiança. Jogamos bem no primeiro tempo, mas nos perdemos no segundo. A gente fez um gol com o Cubilla, mas o Clodoaldo empatou antes do intervalo, e isso significou que eles foram para o vestiário com uma perspectiva totalmente diferente. Nós tivemos a chance de fazer 2 a 1 quando o Félix salvou uma cabeçada do Cubilla e, se o gol tivesse acontecido, poderia ter feito a diferença.

Pelé (Brasil): No segundo tempo o Brasil esteve o tempo todo no ataque, apesar dos lances de violência, ainda mais frequentes que no primeiro tempo — e no primeiro tempo os uruguaios, conhecidos pelo jogo duro, atuaram como se não houvesse árbitro em campo.

Outro momento-chave para o Brasil veio quase na metade do segundo tempo, quando Jairzinho recolheu a bola à frente da área brasileira, depois de um passe errado dos uruguaios. O ponta do Botafogo baixou a cabeça e começou a arrancada.

Narração de Walter Abrahão, locutor brasileiro: *Ligeiro toque. Foi bom. Tostão a Jair. Grande jogada, atenção telespectadores, chutou... Gooooool do Brasil! Gol de Jairzinho! Sensacional! Saiu mais um gol! Saiu mais um gol, telespectadores! Um gol do Brasil, sensacional. Abraços aqui em todo o Estádio de Jalisco.*

Jairzinho (Brasil): Foi um gol de oitenta metros. Porque eu antecipei o que ia acontecer. Passei para o Pelé, fui avançando para além da linha divisória do campo, o Pelé estava no meio de campo e passou para o Tostão. O Tostão jogou a bola na frente. O Matosas, da defesa uruguaia, estava lá. Mas fiz uma finta de corpo e depois passei por ele e continuei avançando, avançando, avançando, até que o Mazurkiewicz saiu e então eu acertei um chute no canto e fiz 2 a 1 para o Brasil.

Ariel Sandoval (Uruguai): Nós nos perguntamos o que poderia ter acontecido se o Matosas tivesse cometido uma falta no Jairzinho no segundo gol do Brasil. Talvez fosse para os pênaltis. Ou talvez tivéssemos perdido de qualquer maneira.

Esse segundo gol, já passada a metade do segundo tempo (aos 31 minutos), foi fatal para o Uruguai. Os charruas se sentiam mais à vontade quando tinham de segurar a vantagem do que quando precisavam fazer o placar, e conforme o relógio avançava, o preparo físico superior dos brasileiros começava a ser notado. No último minuto, Pelé correu até a área, parou e rolou a bola para que Rivellino definisse a vitória por 3 a 1.

Narração da TV britânica: *Vinte segundos restantes no meu relógio. Tostão para Pelé, Jairzinho pela direita. Pelé percebe Jairzinho, mas pode tentar algo sozinho. Ajeita a bola no pé direito. Passa. E Rivellino faz o gol! 3 a 1! E o jogo está absolutamente decidido!*

O placar terminou em 3 a 1 e Jairzinho manteve a marca de ao menos um gol por partida na competição. Curiosamente, o jogo é lembrado mais pela bola que não entrou do que pelos gols que foram marcados. Restando apenas alguns segundos de partida, Pelé fintou o goleiro uruguaio com um lindo drible de corpo, deixando Mazurkiewicz perdido. A bola não entrou por centímetros, mas o lance é considerado até hoje um dos momentos mais emblemáticos da história das Copas do Mundo.

Narração da TV britânica: *Pelé avança em velocidade, recebe um lindo passe e finta o goleiro deixando a bola correr para o gol e marca... Não! Um drible tão magnífico! Ele não tocou na bola, ela passou pelo goleiro.*

Ladislao Mazurkiewicz (Uruguai): O Pelé estava sozinho. Se eu não tivesse saído do gol, ele teria marcado. Eu estava fora da área, ele fez algo excepcional, mas não marcou. Obviamente, era isso que eu queria, impedir os gols do Brasil. Eu me aposentei do futebol em 1982 e as pessoas ainda se lembram de mim. E não apenas pelas glórias do passado, que são gratificantes. É muito bom saber que as pessoas ainda se lembram de mim mesmo na minha velhice.

Pelé (Brasil): Acho que me precipitei. Eu estava bem posicionado e fiz um drible no Mazurkiewicz. Aí eu percebi que o [Luis] Ubiña estava voltando e quis chutar antes que ele se posicionasse. Se eu tivesse parado, poderia tê-lo driblado ou mandado um chute colocado no canto do gol. Mas chutei a bola de primeira. De qualquer forma, sei que a bola bateu em Ubiña, e que se isso não tivesse acontecido isso, ela teria entrado.

Ladislao Mazurkiewicz (Uruguai): É sempre importante lembrar que ele não marcou aquele gol. Eu fiz o que era necessário para impedi-lo [risos].

Ildo Maneiro (Uruguai): Lembro aquela grande jogada que ele fez com o Mazurkiewicz. O Pelé fazia umas coisas que eram de outro planeta naquela época. Aquele movimento em que ele fingiu que ia e deixou a bola passar, eu assisti do banco de reservas, porque já estava fora com cãibras. A classe dos dois foi impressionante, porque o Mazurkiewicz colocou o Pelé numa posição em que ele ficou sem ângulo para marcar. Fosse qualquer outro goleiro, teria feito falta, ou o Pelé teria sido tão rápido que marcaria de qualquer jeito. Mas o Mazurkiewicz teve habilidade suficiente para voltar para o gol. O Pelé fintou e deixou a bola correr, então foi pegá-la do outro lado e acertou um chute colocado. O zagueiro Ancheta foi quem tentou interceptar e, no final das contas, não foi gol.

Zagallo (Brasil): Teria sido nosso quarto gol se tivéssemos tido um pouquinho de sorte. Um passe longo chegou nos pés do Pelé. O Mazurkiewicz saiu de onde deveria ter ficado. O Pelé o enganou com um movimento de corpo e o goleiro ficou para trás. O Pelé foi para a direita dele e deixou a bola passar por ele na esquerda. O Pelé deu a volta no adversário, pegou a bola e percebeu um zagueiro uruguaio voltando para dar cobertura. Mesmo assim, conseguiu tirar do zagueiro, que provavelmente está procurando a bola até hoje. Só que a ela foi caprichosa e passou roçando a trave. Teria sido um gol histórico se os uruguaios não tivessem tido tanta sorte.

Houve outros momentos memoráveis, embora nem todos por razões positivas. Na visão dos brasileiros, os uruguaios estavam jogando sujo. Pelé ficou tão irritado que, quando o apito final soou, ele correu na direção do árbitro. Mas no caminho foi bloqueado por torcedores que invadiram o gramado. Um uruguaio tinha dado um pisão em Pelé durante a partida, mas o camisa 10 era mais malandro do que a maioria das pessoas imaginava e esperou pacientemente pela hora da vingança. Em determinado ponto do segundo tempo, atraiu seu marcador, Dagoberto Fontes, pelo lado esquerdo do ataque e largou uma cotovelada perfeitamente calculada no rosto dele. Foi um ato esportivamente reprovável, mas astuto — e longe da visão do árbitro. Incrivelmente, o juiz marcou falta a favor do Brasil.

Dagoberto Fontes (Uruguai): Quando estávamos na lateral, ele seguiu correndo, eu saí para marcar e fui por baixo, na bola. O Pelé, quando saltou, deu a cotovelada e acertou o meu olho. Não me joguei no chão porque não queria mostrar que doía. Mas a verdade é que meu olho foi parar na nuca.

Pelé avanç
ecebe um
finta o gole
leixando a
o gol
Não

em velocid
ndo passe
ro
bola corre
a...

Pelé (Brasil): Eu sabia que ele estava vindo para fazer um desarme maldoso, então o atingi forte com meu cotovelo. Foi um golpe violento. O árbitro marcou falta — mas a meu favor. Ele viu que o uruguaio veio para cima de mim com más intenções. Fiquei grato por tê-lo atingido só na testa, porque se fosse no nariz ou no queixo, seria fratura na certa. Lembro de pensar: "Deus! Como o meu cotovelo dói!" Imagino como devia estar a testa dele.

Carlos Alberto (Brasil): O problema com o Uruguai é que eles tentam deliberadamente machucar você. Eles confundem jogar duro com jogar sujo. Então, tivemos dificuldade no início da partida contra eles.

Jairzinho (Brasil): Os uruguaios eram sujos, muito sujos. Quando o Gérson estava caído, pisaram nele, e fizeram a mesma coisa com o Pelé.

Ado (Brasil): O Pelé teve um jogo, não lembro bem qual foi, em que foi atingido e devolveu com uma cotovelada muito forte no rosto do jogador. Foi contra o Uruguai, o cara estava caçando o Pelé e levou o troco. Ele teria sido expulso se o jogo fosse hoje. Não sei se não foi expulso por ser o Pelé. O que me lembro claramente desse jogo é que pensei: "Esses caras ainda vão quebrar alguém hoje."

Félix (Brasil): Você se lembra daquele incidente contra o Uruguai, quando ele foi... O cara estava acompanhando a corrida, e com o cotovelo direito ele simplesmente... Poft! Enquanto os dois ainda estavam correndo. Ninguém viu, mas as câmeras pegaram. E nós que ganhamos a falta.

Atílio Ancheta (Uruguai): O Uruguai sempre foi forte; aquela era a forma como jogávamos futebol, porque não tínhamos a qualidade técnica que o Brasil tinha. Éramos normais, durões, firmes, mas nunca violentos. Entrávamos duro e forte, mas nunca quebramos a perna de ninguém.

Tinham sido cinco vitórias em cinco jogos para o Brasil e o time parecia pronto para a consagração. Antes de o torneio começar, eles tinham estabelecido como primeiro objetivo disputar a final. Uma vez lá, poderiam se concentrar em tentar ganhar a Jules Rimet pela terceira vez; até então, porém, a preocupação era apenas a de chegar à decisão. Em relação à seleção brasileira, era o mínimo que os torcedores esperavam.

Pelé (Brasil): Assim como em 1950, éramos superiores aos uruguaios. Mas desta vez, vinte anos depois, a melhor equipe ganhou. A batucada que fizemos depois do jogo foi mais animada do que nunca. Saímos do estádio com os nossos instrumentos e não paramos de cantar até voltar para o hotel. E depois continuamos no terraço.

A derrota na semifinal não era vergonha para o Uruguai, um país que na época contava com menos de 3 milhões de habitantes. Mas não havia como esconder a sensação de que, com um pouco mais de sorte — e um atacante —, talvez pudessem ter ido mais longe.

Luis Ubiña (Uruguai, zagueiro): Tivemos azar. O Pedro Rocha se machucou, o Morales ficou afastado por quinze dias porque teve o joelho operado. Tiveram que colocar o Fontes e o Espárrago na frente, porque não tínhamos mais ninguém. Ninguém nos deu crédito de verdade pelo que alcançamos.

Ildo Maneiro (Uruguai): O Brasil tinha uma equipe que fez história. Eles tinham figuras extraordinárias e na final deram "um passeio" na Itália. Enfrentamos a melhor equipe do mundo e chegamos até onde podíamos, merecidamente.

Juan Hohberg (Uruguai, técnico): Alcançamos um honroso quarto lugar quando ninguém acreditava que conseguiríamos. Se tivéssemos um goleador, não há como prever o que poderia ter acontecido.

Informações da partida

SEMIFINAL

17 de junho. Guadalajara, Estádio Jalisco   BRASIL 3 × 1 URUGUAI
Gols: Cubilla, aos 19'1ºT (0-1); Clodoaldo, aos 44'1ºT (1-1); Jairzinho, aos 31'2ºT (2-1); Rivellino, aos 44'2ºT (3-1)

12. A final: Brasil × Itália

12. A final: Brasil × Itália

Os brasileiros estavam confiantes na vitória que garantiria o tricampeonato mundial, mas não eram imunes ao nervosismo. Pelé, que já tinha sido duas vezes campeão do mundo, admitiu que se sentia tenso, e Tostão, que havia superado mais dificuldades que a maioria dos colegas para chegar à sua primeira final, estava particularmente preocupado.

Tostão (Brasil): Fiquei muito tenso, muito preocupado, como todo mundo. O jogo começou ao meio-dia, acho que porque a tradição no México era que as touradas fossem no final da tarde. Eu me levantei para o café da manhã e havia uma tensão enorme no ambiente. Ninguém dizia uma palavra até que o Dario — e o Dario é o ser humano mais engraçado e mais falador que o mundo já viu — pediu para se dirigir ao grupo. Ele foi até a cabeceira da mesa e disse: "Quero que todos saibam de uma coisa importante. Ontem à noite eu sonhei que fiz três gols, então me ponham para jogar que eu garanto que vocês não se arrependerão" [risos]. Todos começaram a rir e a atmosfera ficou mais leve. Ele nem chegou a entrar em campo. Mas a tensão era enorme.

Ado (Brasil): O clima no ônibus que nos levou ao jogo naquele dia [21 de junho] estava tenso. Tínhamos o hábito de cantar, o Jairzinho sempre puxava o samba, batucando, e todos entravam na cantoria.

Pelé (Brasil): Quando estávamos a caminho do Estádio Azteca, naquela manhã chuvosa de 21 de junho, tocávamos nosso samba quando, sem entender por que, eu tive um acesso de choro. Estava com um chocalho na mão e fingi que ele tinha caído embaixo do banco do ônibus. Fiquei abaixado até me acalmar. Não queria que me vissem [chorando]. Afinal, eu era o cara mais experiente e precisava transmitir tranquilidade. Teria sido perigoso transferir esse estado de espírito para o resto do time. As lágrimas me acalmaram e já estava tudo bem quando chegamos ao estádio.

Ado (Brasil): Assim que chegamos no estádio, estávamos todos um pouco aliviados. Sentíamos que, bem, tínhamos chegado até ali e não havia como a gente perder. Eu pensei: "Vamos ser campeões, a Itália está morta, eles jogaram 120 minutos [na semifinal]". Dava para ver que eles estavam se arrastando até o campo, enquanto nós estávamos bastante animados, vindos de um jogo anterior relativamente fácil, no qual vencemos por 3 a 1. Estávamos todos em forma e prontos para jogar.

Pelé (Brasil): Eu era o mais experiente de todos os nossos jogadores. Então, tentei deixar meus companheiros que estavam jogando sua primeira final à vontade. Só dei entrevistas para dizer que íamos ganhar, que nós éramos os melhores, porque isso podia melhorar o espírito da equipe. "Se o Pelé está dizendo, então deve ser verdade", os rapazes pensavam. No meu íntimo, eu tinha certeza de que era assim.

Zagallo (Brasil): Os jornais mexicanos disseram que nós arrasaríamos os italianos. Mas, felizmente, esses jornais não chegaram até a nossa concentração. Estávamos confiantes de que ganharíamos uma terceira Copa do Mundo, mas respeitávamos a seleção italiana. Nosso otimismo não nos permitia ir além de um 2 a 0 ou 2 a 1. Eu mesmo não acreditava que ganharíamos por muito mais do que 2 a 1, e não ficaria surpreso se tivesse acontecido um empate. A forma como os italianos jogavam e os resultados que eles haviam conseguido até ali, além dos talentos individuais que tinham na equipe, os habilitavam como naturais candidatos a um terceiro título.

Pelé (Brasil): A final pode ser considerada a terceira vingança do Brasil. A primeira foi contra a Inglaterra, campeã em 1966. A segunda contra o Uruguai, pela derrota de 1950 e, àquela altura, algumas pessoas lembravam que havíamos perdido para a Itália na Copa de 1938. Mas esse fato não significava nada para nenhum dos jogadores brasileiros. Queríamos apenas ganhar a Jules Rimet. Nós queríamos o título.

Do lado italiano, o técnico Ferruccio Valcareggi dizia à sua equipe que não havia nada a temer em relação aos brasileiros, mas os jogadores da Azzurra não eram ingênuos. Sabiam da enormidade da tarefa que tinham pela frente.

Sandro Mazzola (Itália): Nosso treinador fez um bom planejamento para os jogos. Ele era muito próximo de nós e nos dizia que éramos fortes e que o Brasil podia ser derrotado. Repetiu várias vezes que a seleção brasileira não era tão poderosa assim, mas obviamente tínhamos dúvidas sobre isso. Enfim, foi a maneira que ele encontrou de nos motivar. Afinal, você não joga uma final de Copa do Mundo todo dia. Nós jogadores também estávamos motivados para conseguir uma espécie de vingança contra a federação (italiana), porque descobrimos que eles tinham reservado passagens de volta à Itália para o dia seguinte ao término da fase de grupos. Quando descobrimos isso, ficamos com muita raiva. Estávamos na final da Copa do Mundo.

Tarcisio Burgnich (Itália): Itália × Brasil foi o jogo mais importante. Os dois países já haviam ganhado duas vezes a Taça Jules Rimet. Nós, em 1934 e 1938; eles, em 1958 e 1962. No entanto, o Brasil contra o qual jogamos estava em outro nível, eles eram de outro planeta. Tinham jogadores incríveis, talentos individuais assustadores.

O Brasil havia marcado quinze gols em cinco jogos na Copa do Mundo e a Itália, apenas nove — três deles na prorrogação contra a Alemanha Ocidental. Além disso, era preciso considerar fatores como o condicionamento físico e a preparação. Os italianos tinham jogado trinta minutos a mais na semifinal e sabiam que todas as equipes que haviam jogado prorrogações no torneio até então tinham perdido o jogo seguinte, muito por conta de seus esforços extras para disputar as partidas. Também havia algum descontentamento entre os italianos acerca de seus preparativos para a decisão.

Enrico Albertosi (Itália): Na minha opinião, houve erros logísticos naquela Copa do Mundo. Primeiro: o jogo acontecia ao meio-dia, hora local, um horário incomum. Não estávamos acostumados a jogar nesse horário. No café da manhã, a gente comia espaguete. Segundo: voltamos para a Itália imediatamente depois do término da partida contra o Brasil. Então, na noite anterior, tivemos que pensar em outras coisas, como fazer as malas e outras providências, porque sairíamos direto do estádio para o aeroporto, sem voltar ao hotel antes de deixar o país. Nós só começamos a pensar no jogo quando entramos no ônibus. Foi só nesse momento que voltamos o foco para a final.

Pelé (Brasil): No dia 17, para chegar à decisão, os italianos jogaram 120 minutos contra os alemães, num jogo realmente difícil que terminou 4 a 3. Antes disso, eles haviam jogado contra o México em Toluca, a cidade mais alta do país. Eu achei que isso iria afetar o desempenho deles.

Sandro Mazzola (Itália): O túnel é sempre um momento especial. Nós estávamos esperando a chegada do árbitro e dos bandeirinhas. Foi uma situação surreal e nós dissemos a nós mesmos: "Agora vamos mostrar a eles". Lembro-me de subir os degraus do túnel para entrar no campo — foi realmente terrível. A imagem que não consigo esquecer é de quando estávamos alinhados para os hinos nacionais. Queríamos que os brasileiros pensassem que não tínhamos medo, mas sim, estávamos apavorados. O hino nacional brasileiro tocou e eles cantaram forte. Depois o hino italiano veio e lá estávamos nós, petrificados olhando para os brasileiros. Então eu disse ao meu companheiro de equipe, o capitão Facchetti: "Se não cantarmos eles vão pensar que estamos com medo". Então cantamos, mas foi um desastre, porque estávamos tão impactados por estar na nossa primeira final que as palavras não saíam do jeito certo.

Pelé (Brasil): Os mexicanos transformaram o Azteca no Maracanã, era o mesmo clima. Eu acho que 30% de nossa vitória deve ser creditada aos mexicanos.

O Brasil começou melhor na partida, ainda que ambos os times estivessem se estudando para encontrar a melhor estratégia em um confronto disputado sob o céu pesado e úmido da Cidade do México. No entanto, a Itália logo assumiu o controle do jogo, e Félix foi forçado a fazer duas boas defesas, porque os italianos, na esperança de explorar a instabilidade mostrada pelo goleiro adversário ao longo do torneio, tentavam a sorte de longe. No entanto, foram os sul-americanos — contrariando de certo modo a tendência do jogo — que abriram o placar, quando Pelé marcou o centésimo gol do Brasil em Copas do Mundo.

Pelé (Brasil): O jogo tinha apenas dezessete minutos quando marcamos o primeiro gol. O Rivellino cruzou uma bola alta na área italiana e eu pulei o mais forte que consegui, mais alto do que o defensor italiano, e cabeceei para o gol por cima da ponta dos dedos do Albertosi.

Comentário de Bobby Moore para a TV britânica: *Foi um gol simples do Brasil, mas maravilhosamente bem executado pelo Pelé. Tudo começou com um lançamento lateral simples, ali está o Tostão recebendo. Rivellino cruza a bola com um voleio e Pelé sobe lá em cima como uma águia, que tremendo cabeceador. Um gol maravilhoso do Brasil e um excelente momento para abrir o placar. Foi o primeiro momento em que Pelé teve um pouco de liberdade, e ele aproveitou muito bem a oportunidade.*

Pelé (Brasil): Saltei com perfeição. Aí pulei, soquei o ar e gritei "goooolllllll!" até quase ficar rouco, enquanto os outros me sufocavam na comemoração.

Sandro Mazzola (Itália): Começamos a partida com a marcação errada. Colocamos um grande meio-campista como o Bertini para marcar o Pelé e um zagueiro, o Burgnich, para marcar o Rivellino, que jogava no meio de campo. Isso nos deixou em desvantagem no meio e tivemos que correr muito mais.

Pelé (Brasil): Eles tentaram me provocar. O Bertini me deu um chute quando disputamos uma bola e depois me deu um soco no estômago. Ele estava constantemente me provocando, tentando me fazer reagir. Quando eu caí, ele correu até mim gritando, "Cinema! Cinema!". Eu acho que os italianos esqueceram que era a minha quarta Copa do Mundo. Eu tinha um pouco de experiência, certo?

Sandro Mazzola (Itália): Pedimos várias vezes ao treinador para mudar [a marcação] e ele finalmente concordou depois de uma bola sair pelo lado esquerdo do campo. E os brasileiros, que eram muito inteligentes, quando viram que o Bertini tinha saído da cola do Pelé e que o Burgnich tinha deixado de marcar o Rivellino, aproveitaram. O Rivellino cruzou para o

Pelé, que estava sozinho, porque o Burgnich ainda estava chegando para cobri-lo. O Pelé deu um salto que quase bateu no céu, e estava praticamente sem marcação. Se tivesse alguém com ele, poderia ter sido mais difícil para ele chegar tão alto.

Giacinto Facchetti (Itália, lateral esquerdo): Pulamos juntos, sincronizados, para cabecear a bola. Eu era mais alto que ele e podia pular mais. Mas quando cheguei de novo no chão, olhei para cima perplexo. O Pelé ainda estava lá, cabeceando a bola. Parecia que ele conseguia ficar no ar o tempo que quisesse.

Pelé (Brasil): Foi nosso primeiro gol na partida, eu estava convencido de que com a precisão do nosso ataque e a natureza defensiva do jogo italiano, só um presente nosso poderia render um gol aos italianos. E aos 37 minutos, foi exatamente o que eles ganharam.

Os italianos foram levemente superiores no primeiro tempo, e oito minutos antes do intervalo conseguiram o gol que mereciam pela pressão exercida sobre os brasileiros. A defesa do Brasil não parecia inspirar confiança e, nesta ocasião específica, foi um pouco relaxada demais. Um toque de cabeça de Brito chegou a Clodoaldo, que cometeu um erro ao tentar um passe de calcanhar no campo defensivo. Boninsegna arrancou e, embora Brito tenha corrido para tentar evitar o chute, e Félix tenha saído para fechar o gol, os dois não conseguiram evitar o empate da Itália.

Narração de Waldir Amaral, locutor brasileiro: *Falhou Clodoaldo, penetrou o jogador, que é Boninsegna. Atenção, atirou Boninsegna... Gooooool da Itália! Gooooool da Itália, Boninsegna! Foi brincar Clodoaldo numa bola de "chaleira". Penetrou Boninsegna, trocou passes com Riva, sobrou para Boninsegna. Brincadeira boba de Clodoaldo. [...] O relógio marca 37 minutos do primeiro tempo. Agora no Azteca, Brasil 1, Itália 1.*

Pelé (Brasil): O Clodoaldo, sem pensar, foi passar de calcanhar. Era para ir para o Brito, mas ele errou. O Boninsegna roubou a bola ali! O Félix correu para salvar, [mas ele] não teve chance e o Boninsegna ficou livre. Ele passou pelo nosso goleiro e mandou a bola para o gol vazio, sem nenhum esforço. E estávamos empatados.

Zagallo (Brasil): Existe hora e lugar para brincar. Aquele calcanhar foi uma loucura. Que reprimenda tive que passar naquele grande jogador! Mas também o confortei. Sempre tive certeza de uma coisa: se você está jogando, comete erros. Além desse erro, não houve outros que pudessem ser atribuídos ao Clodoaldo. O desempenho dele contra os italianos correspondeu muito bem às expectativas.

Pelé (Brasil): Não fiquei preocupado. Foi uma pena para o Clodoaldo. Ele tentou fazer um passe de calcanhar e entregou um gol. Se o gol tivesse vindo de um lance normal, criado pelos italianos, as coisas poderiam ser diferentes. Mas não foi assim. Todos sabíamos que tinha sido um erro. Do Clodoaldo, do Brito e do Félix, mas a gente ainda tinha tempo para corrigir o erro.

Enrico Albertosi (Itália): A gente sempre achou que podia vencer. Porque quando você entra em campo, sempre quer vencer. Especialmente se está jogando uma final de Copa do Mundo. Mas, é claro, tem o outro time, né? Então você tem que jogar, lance a lance. Eles saíram na frente com o Pelé, que conseguiu ficar parado no ar, como os jogadores de basquete fazem. Nós empatamos com o Boninsegna.

Pelé (Brasil): A seleção italiana não fez esforço para atacar, jogou recuada em seu esquema defensivo padrão, e isso nos deu a chance que precisávamos para recuperar nosso ânimo e nosso moral.

Tarcisio Burgnich (Itália): Depois que o Brasil abriu o placar, nós conseguimos empatar. Foi uma coisa maravilhosa. Fizemos de tudo para igualar o placar e conseguimos. A gente queria muito ganhar a Jules Rimet. Queríamos ganhá-la para os nossos torcedores, para a opinião pública. Os italianos são sempre exigentes quando a seleção nacional está em campo.

O primeiro tempo foi equilibrado e terminou em 1 a 1, gols de Pelé e Boninsegna. Mas o jogo só foi para o intervalo depois de uma decisão polêmica do árbitro.

Pelé (Brasil): Para mim estávamos com 44 minutos e 30 segundos do primeiro tempo, e eu tinha certeza de que ainda tínhamos meio minuto para jogar. A bola estava comigo, eu estava preparado para chutar e fazer um gol que me parecia certo — quando o apito soou de repente e o primeiro tempo acabou. Num jogo importante de futebol, a hora oficial nunca é o que o relógio diz, mas o que o árbitro decide — e, por um instante, me deu aquele gelo na espinha. Será que seríamos vítimas de um árbitro da Europa [o suíço Rudolf Scheurer] apitando a favor de uma equipe europeia como havia acontecido no passado? Entrei no vestiário no intervalo alimentando esse medo: mas o segundo tempo provou que meu temor era infundado.

Tarcisio Burgnich (Itália): Ao longo do primeiro tempo nós jogamos um bom futebol, embora nossos adversários fossem superiores. Mas foi uma pena que a gente não estivesse inteiramente recuperado na parte física para aquela final. O Brasil chegou à decisão em melhores condições do que nós.

Zagallo (Brasil): O primeiro tempo foi como eu tinha previsto. Quando a gente cruzasse a linha do meio de campo, os meias italianos viriam para cima de nós pressionando o Gérson e o Clodoaldo. O Jairzinho arrastaria o Facchetti para a grande área, dando ao Carlos Alberto a oportunidade de avançar pelo flanco direito aberto. Uma lacuna se abriria diante dele. Seria tão grande que todos iriam notar. Era difícil, para mim, acreditar que os italianos não perceberiam isso em algum momento da partida. Mas eles não estavam prestando atenção. A via se abriu várias vezes e o Carlos Alberto aproveitou.

Pelé (Brasil): Estávamos em ótimas condições. Estávamos mais descansados. A forma como os italianos se desgastaram no jogo contra os alemães foi fatal para eles.

Zagallo (Brasil): Eu temia que os italianos mudassem de tática no segundo tempo. Então, no intervalo, eu disse aos meus jogadores para botar pressão no setor onde havia um buraco aberto na defesa deles, pensando que os italianos adotariam outro plano de ação. Tentei imaginar o que faria se fosse o treinador italiano e tracei um esquema para o lado contrário em que tínhamos jogado no primeiro tempo, explorando a esquerda com o Rivellino e o Everaldo. Mas acabou não sendo necessário.

Pelé ficou a centímetros de acertar o gol após cruzamento de Carlos Alberto pela direita, já no início do segundo tempo, e em seguida Rivellino finalizou na trave, mas o jogo perdeu ritmo depois de uma sequência de faltas marcadas. O Brasil teve que esperar até 21 minutos da etapa final para se colocar em vantagem novamente.

Ado (Brasil): O Gérson não tinha um chute forte. Era muito mais um homem de passes, e ele conseguia distribuir bolas longas com uma precisão incrível. No treino, os caras alinhavam vinte bolas e lá ia o Gérson — tum-tum-tum. E eu dizia para ele: "Se você marcar um gol, marque em mim. Eu pago seu jantar, pago tudo o que você quiser". Cara, isso deixava ele louco. Aí, no jogo contra a Itália, quando ele marcou o segundo gol, ele chutou com perfeição, e daí veio correndo até o banco e gritou: "Toma essa, filho de uma puta. Eu disse que marcaria e fiz o gol" [risos]. Dei um abraço nele e disse: "Parabéns!". Foi engraçado.

Angelo Domenghini (Itália): Jogamos contra o Brasil até os vinte minutos do segundo tempo. Ou melhor dizendo, até então estávamos jogando melhor do que o Brasil. Mas eles tiveram a sorte de fazer 2 a 1 e, três minutos depois, o terceiro gol. Depois disso, eles nos deixaram tontos.

Sandro Mazzola (Itália): Um dos nossos maiores erros foi deixar o Gérson livre no meio de campo, porque ele organizava o jogo. Quando o placar estava 2 a 1, percebemos que não tínhamos força para reagir. Jogar uma prorrogação 2 mil metros acima do nível do mar exige um esforço enorme. Alguns jogadores chegaram a urinar sangue [depois do jogo com a Alemanha] por causa do esforço. Contra o Brasil, a gente esteve à altura deles por uma hora. Teria sido bom jogar com eles sem ter enfrentado aquela prorrogação na semifinal.

Ado (Brasil): Quando a gente estava indo para o estádio, já achávamos que seríamos campeões, porque a Itália estava em baixa. Com todo o respeito a eles, nós fizemos 1 a 0, a Itália empatou e, de repente, encontramos nossa forma. O Clodoaldo fez um jogo muito bom, o Rivellino, o Pelé, o Jairzinho, dava para ver que estávamos entrando no ritmo e que a Itália tinha perdido o fôlego depois de meia hora ou mais, porque eles tinham tido um jogo difícil na semifinal. Eles sofreram e, além disso, havia a altitude da Cidade do México. O calor era terrível, e eles não conseguiam lidar com isso. Estávamos acostumados a jogar em um calor de quarenta graus. No Rio, o sol é muito forte. Em Guadalajara o sol estava forte e a gente até brincava que parecia que cada um tinha seu próprio sol torrando a cabeça, foi terrível.

O jogo ainda não havia acabado, mas o segundo gol do Brasil abateu os italianos e não demorou muito para que a equipe liderada por Pelé marcasse o terceiro, que praticamente definiu a partida. Mais uma vez foi Jairzinho, que parecia nunca se cansar, quem causou o estrago na defesa italiana. Alcides Ghiggia fez gols em todos os quatro jogos do Uruguai em 1950, Just Fontaine marcou em todas as seis partidas da França em 1958, incluindo a disputa pelo terceiro lugar. Mas o gol de Jairzinho aos 26 minutos do segundo tempo fez dele o primeiro homem a marcar em todos os jogos de uma Copa do Mundo com pelo menos seis partidas, inclusive na final.

Narração de Waldir Amaral, locutor brasileiro: Everaldo entregando na direção de Gérson. Penetra Gérson, jogou na área para Pelé, penetrou, cabeceou para Jair, dominou... É gooooooool! Goooooool do Brasil! Jair, Jair, Jairzinho, o terceiro gol do Brasil! Brasil para o tricampeonato! É a vitória da raça, da fibra, da garra, do coração, é a vitória de 90 milhões que amam esse imenso e querido Brasil! Jairzinho, o terceiro gol. Seeete... É a camisa dele!

Enrico Albertosi (Itália): Eu tinha certeza, quando enfrentei o Brasil, de que nunca enfrentaria uma equipe mais forte do que aquela na minha vida. Eles eram estratosféricos e tínhamos a sensação de que poderiam marcar a qualquer momento. Nós resistimos por quase setenta minutos, e aí desabamos. Em parte por conta da prorrogação contra a Alemanha Ocidental, e em parte porque sempre tínhamos jogado a mais de 2 mil metros.

Pelé (Brasil): A partir daí não houve dúvidas sobre qual seria o resultado final.

Tarcisio Burgnich (Itália): Eles eram jogadores fortes e criativos. Era lindo de assistir. Mas o que fez a diferença naquele jogo foi nossa condição física. Depois do jogo Itália × Alemanha nós tivemos cãibras e ficamos fisicamente esgotados. Não foi nada fácil se recuperar depois daquele 4 a 3.

Enrico Albertosi (Itália): O colapso físico e psicológico aconteceu... quando o Jairzinho marcou. Foi então que percebemos que não havia nada que pudéssemos fazer.

Zagallo (Brasil): No segundo tempo todo mundo percebeu como os nossos jogadores tinham uma boa reserva de energia. Os italianos, ao contrário, estavam terrivelmente cansados. Por dentro, deviam estar desesperados para ouvir o apito final do árbitro.

E então veio o ápice para o Brasil, quando Carlos Alberto fez um quarto gol espetacular, faltando apenas quatro minutos para o fim da partida. Oito jogadores brasileiros tocaram na bola durante a construção da jogada, que até hoje é considerada uma das mais impressionantes expressões coletivas da história do futebol. O gol é frequentemente descrito como exemplo da espontaneidade que supostamente caracterizaria o futebol brasileiro. Mas os jogadores brasileiros sabiam que as coisas não funcionavam exatamente assim. O quarto gol, segundo eles, foi fruto tanto da criatividade quanto da organização e do plano de jogo da equipe.

Pelé (Brasil): Os italianos fizeram marcação homem a homem em mim e no Jairzinho. Então, elaboramos um plano. Como eles marcavam e seguiam os jogadores por toda parte, o Jair e eu decidimos que quando o Gérson ou o Clodoaldo pegassem a bola, nós cairíamos para a esquerda. O Facchetti seguiria o Jair, deixando espaço para o Carlos Alberto na direita, que aproveitou essa abertura o tempo todo, inclusive no nosso quarto gol. O cara que estava me marcando, o Bertini, também me seguia aonde quer que eu fosse, mesmo com a partida praticamente acabada. Colados em mim e no Jair, eles deixaram espaço para nossos outros jogadores que vinham de trás.

Tostão (Brasil): O [Carlos Alberto] Parreira viajou para ver a Itália jogar e nos passou várias informações. A Itália enfrentou a Alemanha na semifinal. Ele nos deu uma palestra na véspera do jogo. Pegou um montão de fotos, colocou-as todas em sequência, cerca de cinquenta delas, mostrando, por exemplo, como o Facchetti marcava. Eles marcavam homem a homem. O Parreira aventou que, se o Jairzinho fosse para o outro lado do campo, o jogador ia acompanhá-lo. Ele nos mostrou o jogo da Alemanha, como cada jogador se posicionou, seus movimentos em campo, tudo com fotografias sequenciais. É quase absurdo imaginar isso hoje com toda a tecnologia e recursos que temos [risos].

Carlos Alberto (Brasil): Sabíamos que era uma oportunidade que poderia acontecer. Olha, com 41 minutos do segundo tempo, ganhando por 3 a 1, a vitória estava garantida, mais do que garantida, já sentíamos que éramos campeões mundiais. Totalmente. Faltavam quatro minutos para o fim da partida e eu estava recuado, recuperando o fôlego por causa do ritmo do jogo e da altitude, porque não importa se você está bem preparado, e nós estávamos, em Guadalajara você vai sempre sentir um pouco. Eu poderia ter ficado lá atrás, na tranquilidade, esperando o tempo passar. Mas a mentalidade do nosso time era tão ofensiva que, quando o Tostão ganhou a bola, quando ele pegou a bola no meio de campo e passou de volta para o Everaldo, o que o Everaldo podia fazer? Devolver ao goleiro e matar três minutos. Só que nossa mentalidade era seguir em frente; pegamos a bola e avançamos. Eu olhei em volta e não havia ninguém do meu lado e lembrei das instruções que o Zagallo tinha dado. Dei uma olhada e pensei: "Certo, não tem ninguém do meu lado do campo". Então, esperei um pouco para ver o que aconteceria enquanto a bola era passada para o Jairzinho, depois para o Rivellino. E pensei: "Tudo bem, vou avançar lentamente. Se a bola for para o Pelé, eu sei que ela vai voltar para mim", porque a gente jogava assim no Santos. E foi o que aconteceu. Talvez o Pelé também tenha se lembrado das instruções do Zagallo: "Cara, será que o Carlos Alberto está pensando no que o Zagallo disse?" Felizmente, era justamente o que eu estava fazendo. Então, parti: no momento em que o Jairzinho tocou para o Pelé, eu disparei. E meu tempo de corrida foi perfeito — foi por isso que o chute saiu tão forte, porque não precisei ajustar meu passo antes de acertar a bola.

Narração de Jorge Curi, locutor brasileiro: Clodoaldo dribla um, dribla dois. É o epílogo de uma festa verde e amarela! Bola para Rivellino, de Rivellino para Jair. Correu pela ponta esquerda, atraiu Facchetti, passou por ele. Lança a pelota a Pelé, Pelé dominou, Carlos Alberto está livre. Correu o caminho, atirou... Goooool! Gooooooooooooooooooool! Caaaaarrrrrrlos Albeerrrrto, camisa número 4! Maravilhoso, meus amigos, o passe de Pelé para Carlos Alberto. Invadido o gramado pelos fotógrafos. Os jogadores brasileiros emocionados com o gol de Carlos Alberto! É o tricampeonato mundial de futebol! Podem comemorar, chorem conosco!

Carlos Alberto (Brasil): Então, veja bem, foi tudo planejado. Não tinha tanta coisa improvisada naquela equipe. A força do Brasil é a improvisação, não é? A criatividade. Mas alguns detalhes importantes dessa campanha foram todos planejados. Não éramos robôs, ou máquinas, como muitas pessoas chamam os jogadores europeus, mas sabíamos o que podia acontecer.

Gérson (Brasil): A gente sabia como a Itália jogava, sua configuração tática: eles marcavam homem a homem e então tínhamos uma variação para esse esquema. Se eles marcavam homem a homem, e todo o sistema italiano de marcação era assim, sobrava espaço para o Carlos Alberto sozinho. Eles jogaram com dois homens no meio de campo, nós jogamos com três e às vezes até quatro, e o gol que sofremos foi por erro nosso. Depois da Copa do Mundo nos sentamos, depois que já tínhamos absorvido tudo, para analisar o que fizemos e ver o que poderíamos ter feito melhor.

Carlos Alberto (Brasil): Mais bonito que o gol foi a armação da jogada. Ela representou o que era o nosso time. A maioria dos jogadores tocou na bola, ela atravessou o campo todo sem que os italianos, que também eram uma grande equipe, pudessem fazer alguma coisa.

Enrico Albertosi (Itália): Continuamos a atacar, mas estávamos perdendo, e o Carlos Alberto chegou para fazer 4 a 1.

Tarcisio Burgnich (Itália): Enfrentar aquela equipe foi difícil. Ao longo do primeiro tempo fizemos um bom jogo, apesar de nossos rivais serem superiores. É uma pena que nós não tenhamos nos recuperado fisicamente da semifinal. O Brasil veio para a final em melhores condições. Ainda hoje lamento por nossa condição física. Poderíamos ter jogado no mesmo nível que o Brasil se tivéssemos nos recuperado da semifinal contra a Alemanha Ocidental.

Bobby Moore (Inglaterra): Senti um pouco de pena de ver os italianos tentando com todas as forças estragar o carnaval brasileiro. Mas eles tentaram e, por dois terços do jogo, se rebelaram contra o destino. Também tinham jogadores de talento, homens de caráter, e talvez até mesmo um sistema de jogo mais estabelecido, embora cauteloso. Eles perderam, como todos os times antes deles, para a genialidade ofensiva de uma equipe que muitas vezes pareceu ter deficiências na defesa.

...,opassedeP
...eirosemocionadoscomogoldeCarlosAlbert
...driblaum,dribladois.Éoepílogodeuma
...pelapontaesquerda,atraiuFacchetti,p
...vre.Correuocaminho,atirou...Gooool!Go
...ero4!Maravilhoso,meusamigos,opassedeP
...doresbrasileirosemocionadoscomogoldeCarlosAlbert
...aldodriblaum,dribladois.Éoepílogodeuma
...Correupelapontaesquerda,atraiuFacchetti,p
...tálivre.Correuocaminho,...ooool!Goo
...mero4!Maravilhoso,meu...ssedeP
...gadoresbrasileirosciona...oldeCarlosAlbert
...doaldodriblaum,dribla...epílogodeuma
...r.Correupelapontaesquer...Facchetti,p
...tálivre.Correuocaminho,a...ooool!Goo
...mero4!Maravilhoso,meus...ssedeP
...doresbrasileirosemocionad...goldeCarlos...rt
...aldodriblaum,dri...dois.Éoepílogodeuma
...rreupelapontaesquerda,atraiuFacchetti,pa
...livre.Correuocaminho,atirou...Gooool!Goo
...ero4!Maravilhoso,meusamigos,opassedeP
...doresbrasileirosemocionadoscomogoldeCarlosAlberto
...aldodriblaum,dribladois.Éoepílogodeuma
...Correupelapontaesquerda,atraiuFacchetti,pa
...tálivre.Correuocaminho,atirou...Gooool!Goo
...mero4!Maravilhoso,meusamigos,opassedePe
...doresbrasileirosemocionadoscomogoldeCarlosAlberto
...aldodriblaum,dribladois.Éoepílogodeuma
...elapontaesquerda,atraiuFacchetti,pa
...aminho

orele.Lança
oooooooooooool!Ca
aCarlosAlberto.Invadidoog
ampeonatomundialdefutebol!Podemco
erdeeamarela!BolaparaRivellino,
orele.LançaapelotaaPelé,Pelédominou,
oooooooooooool!CaaaaarrrrrlosAlbeer
aCarlosAlberto.Invadidoogramadopelosi
ampeonatomundialdefutebol!Podemcomemorar,chor
erdeeamarela!BolaparaRivellino,deRivel
orele.LançaapelotaaPelé, Pelédominou,Ca
oooooooooooool!CaaaaarrrrrlosAlbeerr
aCarlosAlberto.Invadidoogramadopelosfo
ampeonatomundialdefutebol!Podemcomemorar,chore
erdeeamarela!BolaparaRivellino,deRivellin
orele.LançaapelotaaPelé,Pelédominou,Carlos
oooooooooooool!CaaaaarrrrrlosAlbeerrrto,c
aCarlosAlberto.Invadidoogramadopelosfotógra
ampeonatomundiald defutebol!Podemcomemorar,choremcon
erdeeamarela!BolaparaRivellino,Rivellinopa
orele.LançaapelotaaPelé,Pelédominou,CarlosAl
ooooooooool!CaaaaarrrrrlosAlbeerrrto,c
aCarlo .Invadidoogramadopelosfotógra
ampeona defutebol!Podemcomemorar,choremcor
erdeeamarela!BolaparaRivellino,deRivellino
orele.LançaapelotaaPelé,Peléd u,Carlos
oooooooooool!Caaaaarrrrrlos eerrrr
aCarlosAlberto.Invadidoogramadopelosfo
ampeonatomundialdefutebol!Podemcomemorar,cl
erdeeamarela!BolaparaRivellino.d
orele.LançaapelotaaPelé

Quase não havia mais tempo e todos sabiam que o jogo já estava definido. Fotógrafos correram em direção ao centro do campo para conseguir fazer fotos da comemoração dos campeões e alguns torcedores se juntaram a eles. Segundos após o reinício da partida, soou o apito final.

Narração da TV britânica: *Não sobra mais tempo no relógio. Os torcedores brasileiros estão agitando suas bandeiras. Fotógrafos invadiram o campo para tirar fotos das comemorações. A banda está pronta para marchar... Agora a multidão promove um pandemônio. O árbitro Rudi Glöckner terá que lidar com a situação... Há centenas de fotógrafos, espectadores e torcedores sendo perseguidos por todo o campo. Há jogadores no campo, há torcedores no campo, e agora há polícia no campo também, todo mundo está no campo. O jogo acabou. O Brasil venceu. Pelé está sendo cercado.*

As cenas que se seguiram ao apito final são inesquecíveis. Eufóricos, os torcedores mexicanos, que tinham abraçado a seleção brasileira com imenso entusiasmo, invadiram o campo. Alguns deles queriam tocar seus heróis, erguê-los nos ombros e carregá-los pelo campo. Outros atacaram os atletas como abutres, tiraram suas camisas, calções, meias e chuteiras. A cena parecia alegre, mas os jogadores estavam apavorados.

Carlos Alberto (Brasil): Ao final do jogo, quando o árbitro soprou o apito, houve um pandemônio. Todos os nossos jogadores ficaram sem roupa! Todo mundo estava delirando, os mexicanos amam o futebol e tínhamos uma relação boa com eles por conta da latinidade. Se a Itália tivesse vencido, você não teria visto aquelas cenas.

Pelé (Brasil): O que aconteceu quando o árbitro apitou o fim do jogo foi indescritível. O campo foi invadido. Arrancaram minha roupa. Fiquei só de cueca. Quando vi os torcedores vindo na correria, eu sabia que fariam qualquer coisa para ter uma lembrança do momento, então tirei minha camisa e meu shorts. Fiquei assustado com toda aquela agarração. Quando isso acontece, alguém pode se machucar. Eles pegaram minhas chuteiras, puxaram dos meus pés. Sempre disse que queria guardar as chuteiras do meu último jogo [em Copas do Mundo] e, felizmente, consegui guardar as que usei no primeiro tempo. Notei que o campo estava pesado e escorregadio, então coloquei as chuteiras de travas mais compridas. Mas troquei no intervalo, quando percebi que não precisava daquelas travas altas. Elas são minha única lembrança da Copa do Mundo do México.

Carlos Alberto (Brasil): Não tinha como escapar. Não tinha como, porque eles vieram de todos os lados. O Rivellino desmaiou. Os mexicanos realmente deram um show que impressionou muita gente. A forma como nos receberam, a alegria que demonstraram com a vitória da seleção brasileira. Cara, foi tão legal, foi realmente fantástico. É algo que fica com você. Foi inesquecível. De verdade. De verdade.

Tostão (Brasil): No vestiário depois do jogo, dei ao dr. Roberto Abdalla Moura a medalha de campeão e a camisa que eu usei no primeiro tempo. Eu tinha deixado ela separada porque sabia que a usada no segundo tempo acabaria sendo arrancada do meu corpo se conquistássemos o título, e foi exatamente o que aconteceu. O dr. Roberto foi o médico que operou meu olho nos Estados Unidos, oito meses antes da Copa do Mundo. Ele tinha sido convidado para assistir à Copa e veio de Houston para o México. Dormia no hotel da equipe com os jogadores e ia para o estádio junto com a gente para assistir aos nossos jogos.

Edu (Brasil): Quando marcamos o quarto gol, saímos da arquibancada e descemos para o vestiário porque sabíamos que não conseguiríamos chegar depois. A gente estava usando o uniforme da seleção e eles teriam arrancado tudo de nós. Estávamos usando jaquetas do Brasil, tínhamos todo o equipamento oficial. Então, quando fizemos o quarto gol, dissemos: "Vamos sair daqui porque vai ser uma loucura". Os torcedores mexicanos avançaram sobre os jogadores brasileiros. Estavam nos amando. O Brasil tinha acabado de derrotar a Itália por 4 a 1, e a Itália tinha tirado o México da Copa. Então, os mexicanos disseram que nós tínhamos vingado a seleção deles. Foi maravilhoso. Quando chegamos perto do campo, não dava para entrar, porque muitas pessoas tinham invadido. Aí começaram a tentar nos despir. Até os reservas. Eles queriam tudo. O Tostão saiu do campo de cuecas. Só não pegaram nossas coisas porque não chegamos até o campo. Só chegamos até o túnel e, quando vimos o que estava acontecendo, fomos para o vestiário. E aí foi uma festa!

Piazza (Brasil): Naquele dia, quando pensei que 70% dos torcedores que estavam comemorando eram mexicanos, torcedores empolgados com a vitória como se fossem brasileiros, foi, bem... O que posso dizer? Eu ainda fico emocionado quando penso nisso. Quando as pessoas me perguntam: "O que mais marcou você na Copa do Mundo?", eu respondo: "Cara! Acho que principalmente ver a alegria e o apoio que os mexicanos nos deram, essa humildade e a beleza desse espírito esportivo". Isso é o que queremos, essa conexão entre os povos, que o futebol sirva de instrumento de paz e alegria. Então, sempre digo: fiquei muito feliz de ver a alegria no rosto daqueles mexicanos depois que derrotamos a Itália. Uma alegria total, uma forma de curtir o título como se fosse deles. Então, olha, isso para mim foi um dos momentos mais inesquecíveis. Que ainda está vivo em mim. Ainda hoje.

Depois de descansar no vestiário por alguns instantes, os brasileiros tiveram que voltar ao campo para receber o troféu. A seleção brasileira foi a primeira a ganhar a Copa do Mundo três vezes, e isso significava que o Brasil ficaria com a Taça Jules Rimet para sempre.

Carlos Alberto (Brasil): Sabíamos que se ganhássemos aquela Copa o troféu seria nosso para sempre. Na verdade, acho que a Fifa poderia rever a decisão de fazer uma rotatividade de troféus, Se alguém ganhar três vezes, que possa mantê-lo, e eles fazem outro. Porque isso motiva os jogadores. Vou ver o troféu e daí? Depois eu tenho que devolver. Não, o sentimento é diferente. Joga-se por algo que será seu para sempre depois que você ganha duas ou três vezes.

Pelé (Brasil): Tivemos que voltar a campo para pegar a Jules Rimet, que seria nossa para sempre. Foi uma loucura, porque nós não tínhamos camisas, shorts ou meias sobrando. Todo mundo estava chorando, os jogadores abraçavam os torcedores e os jornalistas.

Piazza (Brasil): Quando terminou a partida contra a Itália e as pessoas me perguntavam: "Como você está se sentindo?". O apito tinha soado, nós pensamos: "Somos campeões! É real!". A euforia foi enorme. Nós ficamos, tipo: "Uau, o que está acontecendo?". Tantas coisas passaram pela nossa cabeça. "Como está minha mãe? Como está minha noiva? Como está meu irmão? Como está meu amigo? Como está lá no Brasil?"

Carlos Alberto (Brasil): Receber a taça é uma alegria, é muito emocionante. Eu até posso tentar dizer como me senti, mas simplesmente não é possível. Saber que naquele momento você está representando um país, recebendo aquele troféu, porque naquele momento não é um indivíduo que está recebendo, é uma nação, é um elenco de jogadores, e não apenas aqueles que estavam lá, mas todos eles. Ganhar a Copa do Mundo não é apenas o sonho dos jogadores. Todo mundo no país também vira campeão mundial, certo? Então eu peguei o troféu e dei um beijo, porque achei a taça linda e nunca a tinha visto antes. Quando o presidente mexicano me entregou a taça, achei ela tão bonita que senti vontade de beijá-la, e foi a primeira vez, certo? O Bellini foi o primeiro a levantá-la e disse que era pesada, e era mesmo. E então esse desejo de beijar a taça virou moda. Agora você vê todo mundo beijando a taça antes de levantá-la.

As comemorações continuaram depois de a seleção brasileira deixar o Estádio Azteca. Os jogadores cantaram a plenos pulmões durante o percurso de volta ao hotel e, depois de trocarem de roupa, participaram de um evento após o outro, alguns mais oficiais do que outros.

Pelé (Brasil): Demos uma volta em torno do campo sob uma chuva de papel picado e uma ovação espetacular. Foi um longo dia e a festa do Azteca parecia nunca ter fim. E a festa continuou no ônibus, estávamos todos felizes e todos cantavam. Consegui me afastar um pouco. Peguei meu rosário e fui rezar. Se você olhar todas as fotos e filmes das celebrações, não estou lá. Não que eu não quisesse estar lá. Mas eu tinha um compromisso com Deus. Eu pedi a ele que nos levasse para casa em segurança, para nossas famílias. Quando voltamos ao hotel, desapareci sem pedir licença e fui para o meu quarto rezar. É que eu tinha uma responsabilidade importante, meu dever para com Deus. Agradeci a ele por nossa saúde, e pela saúde dos nossos adversários. Pedi uma viagem segura para casa para todos que tinham participado do torneio. E então tive que parar, porque meu quarto estava sendo invadido. Era hora de sair para o banquete que marcaria o encerramento dos jogos de 1970. O banquete foi realizado no Hotel Maria Isabel, no [bairro] Reforma, no centro da Cidade do México. Teve um show estrelado por um músico brasileiro, o Wilson Simonal, e todos ficaram muito contentes a noite inteira. O show continuou até uma hora da manhã, mas a festa nas ruas durou a noite toda, apesar da chuva. Alguém poderia pensar que se tratava do carnaval carioca, com as ruas do Reforma congestionadas e as pessoas cantando, dançando, bebendo — uma mistura de mexicanos e brasileiros satisfeitos por termos vencido.

Carlos Alberto (Brasil): Houve recepção na embaixada antes de viajarmos de volta ao Brasil e a taça ocupava um lugar de destaque. Ela teve até um assento só para ela no avião.

Tostão (Brasil): Horas depois da final houve um jantar e uma festa organizada pela Fifa para os vencedores. Depois da sobremesa, dei uma escapada. Peguei uma carona com um mexicano e voltei para o hotel para encontrar os meus pais. Nós nos abraçamos e choramos.

Pelé (Brasil): Antes de voltarmos ao Brasil queríamos visitar a catedral da Cidade do México. Queríamos ir a uma missa e agradecer a Deus pelo título e pela saúde de todos. Mas não foi possível. Havia gente demais esperando na porta da catedral. Chegamos até lá de ônibus, mas não pudemos descer, foi impossível.

Dadá Maravilha (Brasil): Que festa. E depois em Brasília, o desfile... Naquela altura a ficha ainda não havia caído. Estávamos dizendo: "Será que isso tudo é um sonho?". A primeira coisa que pensamos foi que era tudo um sonho. A gente não conseguia acreditar. Era bom demais para ser verdade.

Enquanto isso, na Itália, poucas pessoas poderiam dizer que os azzurri não tinham sido derrotados pelo melhor time da Copa do Mundo. Os italianos equilibraram o duelo durante grande parte do jogo e foi só na última meia hora que sucumbiram àquela que foi uma das maiores equipes de futebol de todos os tempos. Mas os torcedores não aceitaram o fato de a staffetta *ter sido abandonada. Com Rivera como jogador-chave, o sistema parecia funcionar, já que a Itália marcou três gols no segundo tempo na vitória contra o México, nas quartas de final, e novamente na semifinal, quando venceu a Alemanha Ocidental por 4 a 3 numa partida épica — quando Rivera marcou o gol da vitória. O técnico Ferruccio Valcareggi, porém, rejeitou a ideia da* staffetta *para a decisão, e só colocou Rivera em campo quando tudo já estava perdido, restando apenas seis minutos de jogo. Para muitos torcedores, sua decisão ou, mais precisamente, a demora para tomá-la, foi revoltante e inexplicável.*

Tarcisio Burgnich (Itália): As pessoas só falavam disso [a *staffetta*]. É que nós, italianos, somos famosos por criticar. Somos assim, temos muitas falhas.

Enrico Albertosi (Itália): A partida ficou muito tempo em 1 a 1, então Valcareggi não queria mudar as coisas imediatamente. Quando passamos a perder por 2 a 1, fizemos a primeira alteração. Tínhamos bons jogadores que não jogaram bem. Os efeitos da semifinal e da altitude se fizeram sentir. Quando chegamos aos 3 a 1, Valcareggi disse para o Rivera entrar. Talvez o Gianni nem estivesse mais esperando jogar na final.

Tarcisio Burgnich (Itália): Na minha opinião, o Valcareggi não notou que faltavam poucos minutos. É possível porque, em suma, foi uma partida agitada.

Enrico Albertosi (Itália): Acontece que o Rivera, no segundo tempo contra o México, deu assistências ao Riva e também marcou um gol contra a Alemanha Ocidental, que foi um gol decisivo. Por isso, os torcedores italianos estavam convencidos de que o Rivera entraria no segundo tempo contra o Brasil.

Angelo Domenghini (Itália): Ficamos muito desapontados quando os repórteres enfatizaram só os seis minutos do Rivera na final da Copa do Mundo. Quando voltamos para a Itália, para Roma, algumas pessoas da delegação chegaram a ser atacadas, houve feridos. Além disso, nós, os jogadores, fomos levados para um galpão e praticamente julgados pelos jornalistas. Muito ruim. Foi importante para nós termos jogado a final da Copa do Mundo.

Enrico Albertosi (Itália): A *staffetta* não foi colocada em prática após o intervalo porque havia dois jogadores em campo que não estavam em boa forma. E o Valcareggi disse que se fizesse a substituição, só teria mais uma para fazer até o final do jogo.

Angelo Domenghini (Itália): O Rivera entrou em campo contra o México e nós vencemos. O Valcareggi continuou fazendo esse movimento e foi assim que a *staffetta* nasceu. A *staffetta* também funcionou contra a Alemanha Ocidental nas semifinais. Foi o Rivera quem marcou o nosso gol decisivo. [O Rivera] Não disse absolutamente nada [para mim]. Ele não reclamou de só ter jogado seis minutos contra o Brasil. Era um profissional sério. Afinal, você está vestindo a camisa da seleção nacional. Jogando apenas seis minutos, você ainda está representando a Itália. Claro, não acho que ele gostou de jogar somente seis minutos, mas ele sempre aceitou bem. Eu não teria aceitado entrar em campo com apenas seis minutos para o término da partida, com o resultado em 4 a 1 para o Brasil. O que eu não gosto é que quando falamos sobre a Copa do Mundo de 1970, falamos apenas desses seis minutos. Por causa desses seis minutos, fizeram um pandemônio.

A decisão de não colocar em campo um jogador que estava em forma e que tinha sido vital nas duas partidas anteriores confundiu os torcedores italianos, que direcionaram sua raiva a Valcareggi e sua comissão técnica. Também havia indignação a respeito da organização do torneio.

Enrico Albertosi (Itália): Nunca entendemos o ressentimento dos torcedores com o Valcareggi. Nós, jogadores, sabíamos por que ele [Rivera] não tinha entrado em campo. O Rivera teve um ótimo rendimento e poderia ter ajudado, mas descontar no treinador não é certo. O Valcareggi liderou a Itália até a final, após eliminar a Alemanha Ocidental nas semifinais numa partida ainda hoje considerada a mais bonita do século, da história do futebol, de todos os tempos. No que se refere ao Valcareggi, simplesmente não houve gratidão. Em 1968, o Valcareggi nos levou ao título da Eurocopa. Nossa seleção nacional tinha talento, tinha grandes campeões. E dois anos depois dessa vitória, conseguimos eliminar a Alemanha Ocidental e chegar à final da Copa do Mundo para jogar contra o Brasil mais forte de todos os tempos. Além disso, a Itália vinha de um histórico desastroso de Mundiais. Em 1958, não se classificou, em 1962 no Chile não nos saímos bem e, em 1966, fomos eliminados pela Coreia do Norte, o que foi uma grande derrota para nós. Em 1970, finalmente chegamos à final.

Angelo Domenghini (Itália): Na Itália, apenas o primeiro lugar conta. Eles deveriam ter nos parabenizado pela Copa do Mundo que fizemos. Em vez disso, era como se nada tivesse acontecido. Infelizmente, apenas os que terminam em primeiro contam.

Depois da festa, os brasileiros seguiram rumo ao aeroporto para um longo voo de volta ao Brasil. Não sabiam o que os aguardava na chegada, e suas expectativas foram temporariamente frustradas por uma parada não programada em Acapulco.

Zagallo (Brasil): O voo para Acapulco foi ótimo. Quando pousamos lá, tivemos uma surpresa desagradável: um dos motores do avião teve um problema. Fizemos um pouso forçado, para que o problema pudesse ser reparado. Me dei conta de uma coisa que nunca tinha pensado antes: quando você não tem uma hélice para ficar de olho no momento do voo, você simplesmente confia que os motores estão funcionando corretamente. Nós tivemos que esperar duas horas para que os reparos fossem concluídos. Eu fiquei petrificado quando descobri que o problema surgiu quando ainda estávamos no ar, não muito depois de decolarmos do aeroporto principal da Cidade do México. O medo se apoderou de mim e só passou quando estávamos em terra, em Acapulco. Não seria nada engraçado se a morte nos pegasse tão longe do Brasil, bem quando estávamos com mais saudades de casa. O atraso em Acapulco nos deixou com mais fome. Nós não tínhamos jantado. A única coisa que tínhamos em fartura era o nervosismo. Mas talvez tenha sido a fome que manteve nosso medo sob controle. Os rapazes se reuniram na parte de trás do avião, ajeitaram seus instrumentos improvisados e foram em frente, com seus apitos e batuques. Fizemos um show mesmo, com a melhor música da freguesia. Os líderes do samba, como sempre, foram o Brito, o Paulo Cézar, o Pelé e o Jairzinho. Metade deles era do Botafogo.

Pelé (Brasil): Gosto de dormir em viagens, mas não consegui dormir no voo para casa. Primeiro por causa do meu nervosismo natural e segundo porque meus companheiros não me deixaram. Alguns cantavam e outros, ainda emocionados, choravam de felicidade. Foi assim o caminho todo, até chegar no Brasil. Eu também não tinha dormido na noite anterior. Só consegui dormir dois dias depois, quando cheguei na minha casa em Santos.

Zagallo (Brasil): Só conseguimos comer por volta das duas da manhã. Estávamos muito cansados e os jogadores dormiram até a gente se aproximar de Brasília. Quando estávamos para pousar, o Pelé e eu tivemos que acordar todo mundo. Eu não parava de repetir: "Olha, gente, vai ser uma loucura! Vocês vão ver, vai dar um nó na garganta que não vai dar para segurar! Quero ver quem aguenta!".

A chegada da seleção em Brasília entrou para a história. Na época, os brasileiros estavam proibidos de se juntar nas ruas por conta de leis draconianas aprovadas pelo regime militar. Liberdades de reunião, expressão e movimento haviam sido restringidas numa tentativa de evitar qualquer oposição ao governo. Então, para muitos brasileiros, aquela era a chance de fazer o que mais amavam: ir para a rua e festejar, dançar, cantar e beber. Foi como um Carnaval, só que por um time de futebol.

Ado (Brasil): Não sabíamos que os torcedores estavam participando tanto do torneio. Foi como se tivessem recebido um passe livre. Como se pudessem dar um suspiro de alívio. O povo estava sendo oprimido. E os brasileiros são muito emotivos. Não houve protestos em 1970, mas nunca aconteceu uma celebração tão grande para um time de futebol. Foi fantástico, maravilhoso, mas nunca imaginamos que seria assim. As pessoas estavam livres e saíram para as ruas para comemorar. Foi uma loucura. Eu realmente não entendia aquilo. Pensei: o futebol realmente significa tanto assim? Joguei em times pequenos, como o Londrina, e num time muito grande, o Corinthians, onde a média de torcedores era de 40 mil, 50 mil, e já era uma loucura. Mas 80 milhões de pessoas nas ruas comemorando... Eram crianças, velhos, jovens, foi uma loucura.

Zagallo (Brasil): O que aconteceu quando nós chegamos em Brasília ressoou mais do que eu jamais poderia ter imaginado. Não havia muitas pessoas no aeroporto. Mas a caminho para o Palácio do Planalto, a quantidade de gente que estava lá era enorme. Eu nunca tinha visto tanta gente. Toda a população de Brasília estava nas ruas. As pessoas ali, ombro a ombro, batiam palmas, gritavam, cantavam, atravessavam as barreiras. Todo mundo queria chegar perto dos carros abertos que nos levavam para o Planalto. Tudo o que vimos e sentimos foi sem precedentes, surpreendente, singular e incrível. Esse espetáculo em Brasília vai ficar na minha memória para sempre.

Dadá Maravilha (Brasil): Como estávamos numa ditadura quando o Brasil ganhou a Copa, a vitória veio como um grande bálsamo para a alma brasileira, para aqueles que viviam sob pressão ou ameaça. Era como se fôssemos reis, e só faltou mesmo nos estenderem um tapete vermelho. Honestamente, nunca vou esquecer esse momento. Foi maravilhoso [risos].

Ado (Brasil): Quando chegamos, a recepção das pessoas em Brasília foi impressionante. Todo mundo estava nas ruas, no Planalto estava uma loucura, o presidente [Emílio Garrastazu Médici] nos recebeu e começamos a perceber o que significávamos para o Brasil naquela época.

Pelé (Brasil): A recepção em Brasília foi espetacular. O presidente Médici se transformou no mais humilde dos torcedores de futebol, como todos os demais.

Zagallo (Brasil): É uma delícia sentir que o Presidente da República é tão humano quanto qualquer outra pessoa.

Pelé (Brasil): O primeiro telefonema [ainda no vestiário do Azteca] que recebemos foi do presidente Médici. Ele falou comigo, com o Carlos Alberto, com o Rivellino, com o Gérson e com os outros. A qualidade da chamada não era muito boa. Havia muito barulho porque tinha muitos repórteres lá falando ao mesmo tempo. A linha caía e voltava. Foi uma honra para nós falar com o presidente, e dava para dizer que ele estava tão animado quanto a gente. Eu acho que o principal motivo que fez as pessoas se identificarem com ele foi o apoio que ele deu à seleção. Ele era mais um brasileiro. Aplaudiu cada gol e a felicidade do povo também o envolveu. Ele foi de presidente a torcedor... E era respeitado e admirado por ser as duas coisas.

Carlos Alberto (Brasil): Tudo veio junto. Foi um momento de grande alegria e estávamos todos conscientes disso, todos os jogadores, da felicidade que estávamos proporcionando ao povo brasileiro em tempos difíceis. Acho que contribuímos de alguma forma, contribuímos de forma positiva, vamos colocar assim, porque uma derrota naquele ponto, nem sei como seria. Mas graças a Deus tudo deu certo e as pessoas foram capazes de esquecer a política e a rigidez do regime por um tempo.

De Brasília, a equipe voou para o Rio de Janeiro, onde, depois de desfilar vinte quilômetros do aeroporto internacional do Galeão até o centro da cidade em um carro de bombeiros, outra comemoração havia sido planejada.

Zagallo (Brasil): Chegamos muito tarde no Galeão. E como chovia! Não havia estrelas no céu, mas havia observadores de estrelas nas ruas, esperando a seleção. As pessoas estavam lá para nos ver, apesar da chuva torrencial. Era como se estivesse chovendo álcool de tão animada que estava a multidão. Não podíamos nos acreditar dignos de tal recepção. Quando vimos todas aquelas pessoas ainda esperando, três horas depois, sob uma chuva torrencial, só para nos ver de relance enquanto passávamos, mesmo que não desse para enxergar os jogadores direito no caminhão de bombeiros, deu vontade de chorar novamente. Mas não chorei, porque a alegria daquelas pessoas me forçava a segurar as lágrimas. Nenhum de nós jamais esquecerá aquela recepção.

Ado (Brasil): Quando saímos de Brasília fomos para o Rio de Janeiro e foi uma loucura — eles invadiram nosso hotel. As pessoas conseguiram entrar nos nossos quartos, queriam nossas camisas ou qualquer coisa que você tivesse que pudessem levar. Fiquei apenas com as roupas do corpo.

Zagallo (Brasil): Houve um momento particularmente emocionante. Aconteceu quando estávamos no Túnel Novo, que estava todo aceso. Lá, uma senhora vestida com calças compridas pretas e uma blusa vermelha correu e pulou no nosso caminhão. Ela veio de braços abertos e com um grande sorriso no rosto. E então, de repente, ela desmaiou.

Os jogadores esperavam que, ao chegar ao hotel, poderiam descansar nos quartos, tomar um banho e relaxar antes de serem forçados a participar de mais um compromisso oficial. No entanto, suas esperanças logo desapareceram...

Zagallo (Brasil): Estávamos totalmente exaustos. A gente esperava poder descansar e se refrescar. Mas não fomos para a cama no Hotel Plaza. Pelo contrário, tivemos que ficar em um vestíbulo cheio de pessoas, tão cheio que você não conseguia respirar devidamente. De repente, comecei a ficar ansioso e ter dificuldade para respirar. Comecei a suar frio e não conseguia mais me conter. Então abri minha jaqueta e gritei: "Não aguento mais, preciso cair fora daqui!". Um detetive veio até mim e sussurrou no meu ouvido:"Segure no meu cinto e venha comigo". Ele foi abrindo caminho na multidão. Seguimos em frente, com alguns dribles dignos dos próprios jogadores da seleção. Quando percebi o que estava acontecendo, já estava na cozinha do Hotel Plaza. No fim encontramos uma escada e eu subi. Chegando ao quarto andar, vi toda a nossa bagagem. Sentei em uma das malas e pude descansar um pouco. Alguns dos jogadores ficaram no hotel e dormiram lá, mas o Gérson, o Roberto e eu conseguimos sair por volta de uma da manhã, escapulindo pela porta dos fundos. Lá fora havia mais pessoas esperando e mais autógrafos a serem assinados. Por um golpe de sorte, nossa Kombi apareceu e uma escolta de motos da polícia nos acompanhou. Com toda a confusão, não consegui avisar à minha família que voltaria para casa, para dormir. Quando passou da meia-noite, as pessoas que tinham ficado esperando por mim em frente ao meu prédio tinham começado a se afastar. Quando o carro me deixou na porta, subi para o meu andar e me encontrei com meus pais e alguns residentes do prédio de quem eu era mais próximo. O que realmente me surpreendeu, porém, foi que quando desci do carro havia uma sirene muito alta tocando; era a mesma, as pessoas me contaram, que disparava toda vez que as pessoas comemoravam um gol do Brasil durante a Copa do Mundo. Tive outra surpresa no meu apartamento: amigos íntimos e velhos vizinhos vieram me dar um abraço em meu lar, doce lar. Meu apartamento tinha se transformado numa pequena versão do vestíbulo do Hotel Plaza. Então, fizemos outra festa improvisada, com champanhe e tudo. Só fui dormir lá pelas três da manhã. Eu não poderia estar mais feliz!

O Rio era a última parada oficial, mas outras cidades e estados também planejaram celebrações para seus heróis locais. Ado, Rivellino e Emerson Leão, por exemplo, foram para São Paulo, e Tostão e Piazza seguiram para Belo Horizonte. Pelé, que era muito aguardado em Santos, deixou o Rio e foi direto para casa se encontrar com Rosemeri, sua esposa, que estava grávida, decepcionando muitos torcedores que, desesperados, esperavam para vê-lo.

Pelé (Brasil): Segundo o pessoal que mandava, o Rio seria a última etapa da nossa jornada. Desfilamos pelas ruas em carro aberto. Quando chegamos ao Hotel Plaza, recebi uma mensagem do João Havelange [presidente da CBD] e do Antônio do Passo [diretor de futebol da CBD] dizendo que minha esposa queria falar comigo. Até aquele momento, eu não tinha conseguido um telefone para ligar para Santos. Minha esposa estava esperando nosso segundo filho e eu estava preocupado. Continuei tentando até que finalmente consegui a ajuda de uma operadora de telefonia. Eram três horas da manhã. Ela estava bastante nervosa e disse que precisava de mim. É claro e natural que eu precisasse estar com a minha esposa num momento como aquele. Eu queria ver minha família. Então no meio da noite eu aluguei um táxi aéreo e voei para casa. Quando vi as repercussões da minha decisão, fiquei com pena das pessoas que queriam ver seus heróis e que nos apoiaram ao longo da nossa trajetória. Mas a gente tinha passado seis meses treinando, longe de casa, dei tudo que tinha para a seleção nacional, sem pensar na minha família ou em qualquer outra pessoa. Não era justo, eu pergunto, que eu fosse para casa? Fiquei com pena das pessoas que foram ao aeroporto e que tinham saído nas ruas, mas pensei que iriam entender minha situação. Lutamos muito e vencemos a Copa, foi um verdadeiro sonho tornado realidade. Será que as pessoas realmente pensariam mal de mim por conta da minha ausência? Eu fiz a coisa certa e tenho a consciência limpa. Uma coisa é certa: se antes da final contra a Itália alguém da minha família tivesse morrido, minha esposa, meus filhos, meu pai, minha mãe, meu tio, seja quem fosse, eu não voltaria para o Brasil. Teria ficado e jogado. Não acho justo que, uma vez em casa, com minha esposa precisando de mim, eu não fosse até ela. As pessoas entenderam o que fiz, disso tenho certeza.

Ado (Brasil): E depois viemos para São Paulo. E isso foi muito louco também. Alguns dos jogadores não vieram porque não aguentavam mais. Aqui [em São Paulo], desfilamos em carro aberto, fomos ao gabinete do prefeito [Paulo Maluf] e cada um de nós ganhou um Fusca. As pessoas falam disso até hoje.

Emerson Leão (Brasil, goleiro): Ganhei um carro e nem sabia dirigir, nem tinha carteira. Eles me levaram para o Parque do Ibirapuera, que fica perto de onde moro agora. "Olhe, os carros estão lá, em cada um deles tem o nome de um jogador." Eu peguei um Fusca verde que eu tive que levar dirigindo para casa. Você acredita nisso? Eu entrei no carro e fui dirigindo para casa. Eu tinha feito umas "aulas", entre aspas, numa Kombi que meu pai tinha. Então eu dirigi até em casa, estacionei o carro na garagem e fechei a porta. Meu pai disse: "Como foi?". "Tudo bem. O carro está aí." "Quem trouxe você até em casa?" "Eu mesmo." "Não acredito nisso." Eu disse: "Nem eu" [risos]. Dei a ele as chaves e só as recebi de volta quando tirei a carteira de motorista. Então a Copa do Mundo me proporcionou muitas coisas. Eu era só um menino, certo?

Baldocchi (Brasil, zagueiro): Levei três dias para chegar em casa. Ficamos um dia no Rio de Janeiro, no dia seguinte fomos para Brasília, eles homenagearam a gente lá, depois fomos para São Paulo. Em São Paulo, do aeroporto para minha casa era uma ladeira. E estava tudo lotado. A rua em que eu morava estava toda enfeitada. Demorei três dias para chegar em casa. E quando a poeira começava a baixar, chegou o pessoal de Batatais — meu primo era o prefeito lá naquela época — e eles disseram que Batatais ia me homenagear na prefeitura, nada muito grande, coisa simples. Aquilo foi no quarto dia. Então eu peguei minha esposa, que estava grávida, e disse para ela: "Vamos até lá". Entramos no carro e fomos, só que quando estávamos chegando na entrada da cidade, vimos que estava tudo parado. Eles fizeram uma festa e foi incrível. Então demorei uns quatro ou cinco dias para me sentar e pensar: "Certo, agora estou em casa com minha família". Mas valeu a pena, valeu a pena.

Piazza (Brasil): A gente não tinha acesso às imagens em tempo real, como os jogadores têm hoje em dia. Não tínhamos essa facilidade de comunicação. Então, quando chegamos ao Brasil, quando vimos todo mundo na rua, comemorando, recebendo a gente, cara, foi muito emocionante.

Informações da partida

FINAL

21 de junho. Cidade do México, Estádio Azteca   BRASIL 4 × 1 ITÁLIA

Gols: Pelé, aos 18'1ºT (1-0); Boninsegna, aos 37'1ºT (1-1); Gérson, aos 21'2ºT (2-1); Jairzinho, aos 26'2ºT (3-1); Carlos Alberto, aos 41'2ºT (4-1)

13. O legado do Brasil de 1970

13. O legado do Brasil de 1970

Grandes homenagens foram prestadas à seleção brasileira e vários jogadores ganharam destaque ainda mais especial. Gérson foi considerado o cérebro da equipe; Clodoaldo, o elemento surpresa. Tostão era o jogador técnico e altruísta, cujo sacrifício havia permitido que seus companheiros de equipe encontrassem espaços para atacar, e Rivellino entrou para a história como o dono de um dos chutes mais potentes e venenosos do planeta. O capitão Carlos Alberto Torres foi elogiado por liderar com segurança, e Jairzinho porque bateu recordes: sua façanha de marcar gols em todos os seis jogos do torneio — incluindo a final — nunca foi superada, e seu recorde de 47 dribles na Copa do Mundo foi batido apenas uma vez, por Diego Maradona em 1986, também no México.

Bobby Moore (Inglaterra): O Pelé pode estar no topo da lista, mas não se deve subestimar a enorme capacidade dos jogadores que o cercavam e tornaram possível a conquista das três taças pelo Brasil. O ponta Jairzinho marcou em todos os jogos e demonstrou excelente controle de bola, além de um chute poderoso; o Tostão, que misturava o jogo duro e agressivo dos europeus com a magia no contato com a bola dos sul-americanos, era o ponta de lança ideal; o Rivellino era perigoso e ameaçava sempre que estava com a bola, quase conseguia fazê-la dobrar a esquina de tanta curva que colocava nela; e no Gérson o Brasil teve um dos meias mais astutos, eficientes e talentosos dos últimos tempos. Sei que ele foi o homem que mais impressionou os jogadores ingleses em Guadalajara.

Ildo Maneiro (Uruguai): Jogar contra o Pelé era impressionante, e o Jairzinho voava. A qualidade dos jogadores que o Brasil tinha era impressionante. Dizem que era uma seleção de cinco camisas 10 [no time titular]: Jairzinho começou a carreira como um 10, o Gérson, o Tostão, o Pelé, o Rivellino e o [reserva] Paulo Cézar eram todos camisas 10, todos jogadores de classe.

Angelo Domenghini (Itália): Vimos um grande Brasil na Copa do Mundo de 1970. Eu diria que, com os nomes que o Brasil tinha, foi o melhor time de todos os tempos. Especialmente no ataque. Na defesa e no meio de campo, porém, era uma equipe normal. Mas na frente eles tinham o Tostão, o Rivellino, o Pelé e o Gérson. Nenhum time de futebol da história teve um ataque tão forte. Nunca. Esse foi o ataque mais forte de todos os tempos, mas na defesa eles tinham lacunas.

Ronnie Hellström (Suécia): Acho que eles nunca tiveram um time melhor do que aquele, quando o Pelé estava no auge. Eu só vi o Brasil em campo depois que já tinha voltado para casa. Eles tinham um futebol técnico e de ataque. O Pelé era incrível. Suas qualidades individuais estavam num nível diferente em comparação com o futebol europeu. Além disso, eles jogavam em velocidade e fazendo combinações. Na final, os italianos ficaram para trás. Os brasileiros foram excelentes.

Tostão (Brasil): Foi um time que teve o maior [jogador] de todos os tempos, com vários outros que entraram para a história também como os melhores. Havia ainda um entendimento excepcional e jogamos um futebol revolucionário para a época.

Berti Vogts (Alemanha Ocidental): Eles tinham os melhores jogadores que seria possível conseguir. Suas personalidades, o que eram capazes de fazer com a bola, a atitude deles; jogavam com um bom ritmo, tinham muita posse de bola. Foi o melhor time que já existiu? Eu não saberia dizer. Não conheço as seleções brasileiras dos anos 1950 e do início da década de 1960. Mas essa equipe de 1970 foi uma grande experiência; eles tinham o Pelé e mais gente.

Tommy Svensson (Suécia): O Brasil mereceu absolutamente a vitória; eles foram o melhor time do torneio por uma margem razoável. É complicado comparar times diferentes ao longo dos anos mas aquela equipe do Brasil deve ter sido uma das melhores de todos os tempos.

Inevitavelmente existia um carinho especial por Pelé, o homem que havia silenciado os pessimistas e conseguido se tornar o primeiro jogador a conquistar três Copas do Mundo. O gol contra a Itália foi seu décimo segundo em Mundiais e o fez se tornar o segundo atleta a marcar gols em duas finais, ao lado do compatriota Vavá. Seu recorde de seis assistências não foi superado em nenhuma Copa desde então.

Clodoaldo (Brasil): Foi um sonho, um verdadeiro privilégio jogar com esses caras. Tanta criatividade e habilidade para iniciar os ataques. Sem falar no Pelé, porque ele não está no mesmo nível — é de um planeta diferente.

Tostão (Brasil): O Pelé se preparou muito para essa Copa do Mundo. Ele queria encerrar a carreira internacional com uma grande vitória, tanto individual quanto coletivamente, para que ninguém tivesse dúvidas de que ele foi o maior de todos os tempos.

Rivellino (Brasil): O Pelé era uma grande estrela. O melhor jogador do mundo. De todos os tempos. Para mim não há igual. Ele sempre liderou pelo exemplo dentro e fora do campo. E, mesmo sendo um grande astro, o Pelé nunca gritava que você tinha que passar a bola para ele. Nunca. Ele sempre teve uma atitude positiva e sempre fez os outros jogarem melhor.

Bobby Moore (Inglaterra): O que dizer sobre o Pelé, apropriadamente intitulado o "Rei do Futebol"? Nenhum jogador instigou a imaginação, mexeu com as emoções ou despertou mais adoração em um campo de futebol do que esse homem. Em uma época na qual a individualidade se sobrepunha ao trabalho em equipe e à eficiência do jogo coletivo, ele continuou sendo um homem-espetáculo. No final, foi quase como se a Copa do Mundo do México tivesse sido organizada para ele brilhar. O futebol é um jogo de emoção e eu duvido que algum homem tenha comovido mais corações do que o Pelé.

Tostão (Brasil): Eu tentava acompanhá-lo. Antes mesmo de receber a bola, ele já estava em movimento e, com seus olhos expressivos, me dizia o que queria fazer. A comunicação pelos olhos e pelo corpo é imprecisa, mas muito mais rica do que a feita com palavras. O corpo fala e não mente.

Zagallo (Brasil): Ele se preparou como nunca para fazer uma boa Copa do Mundo em 1970, queria que fosse seu ponto alto. O Pelé tinha se machucado no início de 1958. E aos dezessete anos, ele ainda não era bem o Pelé que depois passou a ser. Em 1962, se machucou no segundo jogo; em 1966, se lesionou de novo. Então, em 1970, era sua chance de mostrar sua genialidade. Ele, portanto, realmente se preparou para mostrar seu futebol. A influência do Pelé era coletiva e tornou as coisas mais fáceis para os outros, porque ele atraía a marcação. Então, o desejo de mostrar seu talento era algo completamente natural. Ele sempre foi um bom companheiro de equipe e estava sempre preocupado com as coisas que achava que não eram corretas do ponto de vista coletivo. Dou um exemplo de 1970: estávamos em nossa base no México, ela era cercada por grades e o público ficava do outro lado. Os jogadores continuavam dando autógrafos até que ele convocou uma reunião com todos os jogadores e a comissão disse: "Olha, estamos aqui para ganhar a Copa do Mundo e sinto que nossa atenção não está devidamente focada, porque o tempo todo estamos indo dar autógrafos e tirar fotos. Isso não é bom, temos que mudar nossa maneira de pensar sobre isso". Então, tanto dentro quanto fora do campo, ele era excepcional.

Roberto Matosas (Uruguai): O Pelé foi sem dúvida um dos maiores jogadores que enfrentei, em todos os sentidos: pela parte técnica, pela parte mental. [Ele era] Um jogador que você poderia conseguir marcar por 89 minutos, mas se bobeasse no último segundo ele podia vir com algum lance de gênio. Ele não era um daqueles jogadores de futebol que desaparecem por vinte minutos. Se você conseguia se antecipar a ele, melhor. Senão, estava ferrado. Ele inventou o "um-dois" com o rival: o Pelé vinha na sua direção, jogava a bola na sua perna e depois corria para pegá-la de novo à frente. Chamavam de "tabelinha do Pelé". Ele era o único que fazia isso.

Edu (Brasil): O Pelé era quem se preocupava com o planejamento. Ele nos disse: "Estou me preparando para esta Copa para que o mundo saiba quem é o Pelé". Ele estava chateado porque as pessoas tinham comparado ele ao Eusebio em 1966. E havia uma grande diferença entre o Pelé e o Eusebio. Ele estava machucado, e ficou realmente chateado com isso. Na Copa do Mundo de 1970, ele fez de tudo. Queria mostrar ao mundo o verdadeiro Pelé; queria que o mundo soubesse quem o Pelé realmente era. No vestiário ele era alegre, o mesmo de sempre. Alguns jogadores gostavam de brincar com a bola fazendo "bobinho", essas brincadeiras, aquela gritaria. Já o Pelé era diferente: ele pegava seu uniforme, sentava no banco, enrolava o uniforme nas chuteiras para usá-las de travesseiro e tirava um cochilo. Esse era o jeito dele de se concentrar, fazia isso no Santos também. A gente naquela gritaria e ele dormindo. Ele fazia isso antes de todos os jogos, sempre fez.

Martin Peters (Inglaterra): No México, foi como jogar contra um deus. Embora eu o tivesse visto várias vezes na televisão, só no ano anterior [1969] nós conhecemos o Brasil, em nossa turnê pela América do Sul, e eu o vi em carne e osso. Para ser honesto, eu não estava particularmente interessado nele. Ele teve alguns bons momentos, mas não se envolveu tanto no jogo onde mais importava, dentro da área. Só que, com o desenrolar da Copa do Mundo, ficou claro que eu tinha subestimado a competitividade do Pelé, sua capacidade de assumir posições de onde podia fazer estragos no adversário e a pura magia do seu controle da bola em situações complicadas. O Moore, que o marcou brilhantemente em Guadalajara nas ocasiões em que o Pelé conseguia escapar do Alan Mullery, me disse que ainda havia sutileza ali [nos seus movimentos], mas que já não existia aquela mudança de velocidade eletrizante.

Angelo Domenghini (Itália): O melhor jogador de todos os tempos foi o Pelé. Ele marcou mais de mil gols. Além disso, tinha um grande poderio físico. Sem dúvida, o Pelé era o mais forte de todos. Acho que todo mundo comete erros, mas o Pelé cometia menos erros.

Javier Valdivia (México): Ele é um superastro, ponto final. Você não pode comparar o Pelé com qualquer outra pessoa, porque ele era o jogador completo. Ele não tinha defeitos como jogador de futebol: cabeceava bem, chutava bem, era forte, não tinha fraquezas. Ainda hoje ele seria uma estrela. Você não pode compará-lo com ninguém, nem mesmo com o Maradona. Cada época é diferente, mas ele era de outro nível.

Tommy Svensson (Suécia): O que mais lembro da Copa é do Pelé. Ele era um jogador versátil. Muito técnico e fantástico na leitura do jogo. Era um pouco baixo em estatura, mas tinha um grande talento para pular na hora certa nas jogadas aéreas.

Zagallo (Brasil): Depois de termos vencido a Itália na final, ele se aproximou de mim, me deu um abraço e disse: "Tínhamos que estar juntos para ganhar a Copa do Mundo pela terceira vez". Ali ele foi o melhor Pelé que a seleção já teve.

Ronnie Hellström (Suécia): O Pelé era versátil. Ele conseguia saltar mais do que qualquer um, tinha um chute poderoso, sabia ler o jogo. O mundo nunca havia visto um cara como ele, mesmo que ele já tivesse jogado em 1958. Dos outros, tive a chance de jogar contra o Rivellino no [Estádio] Råsunda no verão de 1973. Ele tentou dois chutes de bola parada que eu defendi. A bola desviava e mudava de trajetória. Ele também era forte. Aquela seleção do Brasil foi tremenda.

O amor por Pelé foi crescendo ao longo dos anos conforme jogadores, treinadores e torcedores se davam conta de que provavelmente nunca veriam outro jogador com as mesmas habilidades ou o mesmo domínio sobre o jogo. O Brasil de 1970 foi a terceira equipe na história a vencer todas as partidas de uma Copa do Mundo. O único time a repetir esse feito desde então foi o próprio Brasil, em 2002.

Piazza (Brasil): Às vezes me pego olhando para minhas fotos antigas. Tenho uma ao lado do Pelé, do Rei. Tudo era tão natural para ele. Era tão bom jogar atrás daqueles caras e ver as jogadas incríveis que a equipe fazia. Era lindo assistir até as jogadas que não resultavam em gols, como contra o Uruguai ou a cabeçada do Pelé contra o Gordon Banks. Foi um privilégio jogar naquele time, ficar na retaguarda vendo tudo de perto. Às vezes eu pensava: "Ainda bem que sou do time deles, porque ia ser difícil marcá-los". Eu sabia que, se levássemos três, marcaríamos sete.

Martin Peters (Inglaterra): Se o melhor jogador do torneio tiver que vir de um dos finalistas, então que outra escolha é possível? O Pelé fez tudo soberbamente, com a possível exceção de ter se jogado na área adversária em uma ocasião. Ele tem muito o que aprender sobre essa arte de encenar, embora com suas habilidades eu não possa imaginar por que ele se rebaixaria a isso. Deixe os outros, aqueles com apenas uma fração do seu talento, bancarem os bobos. O Pelé não precisava dessa infantilidade e sabia que os árbitros não seriam influenciados por atuações amadoras.

César Luis Menotti (ex-técnico da Argentina): Você quer saber como seria o jogador de futebol perfeito? É o Pelé. Fisicamente, ele era incrível. Ele podia pular e ficar suspenso no ar. Era como se tivesse com um paraquedas. Ele fazia de tudo, tudo. Para mim, foi o maior da história.

Tarcisio Burgnich (Itália): Eu pensei que o Pelé fosse feito de carne e osso, como eu. Estava errado.

Wolfgang Overath (Alemanha Ocidental): Eu senti um medo, um medo terrível, quando olhei para aqueles olhos. Eram como olhos de um animal selvagem, olhos que cuspiam fogo.

Tostão (Brasil): Ele jogava com muita objetividade. Não havia em seu futebol lugar para excessos, enfeites ou faltas. Ele quase nunca fazia embaixadinhas, não driblava a não ser em direção ao gol. Quando tentavam derrubá-lo, ele não caía, graças à sua massa muscular impressionante e ao seu equilíbrio.

César Luis Menotti (ex-técnico da Argentina): Os cinco melhores jogadores da história são o Pelé, o Maradona, o Di Stéfano, o Messi e o Cruyff. Eu não gosto de colocá-los em ordem. Mas se você realmente quer saber, o Pelé foi o maior de todos eles. O que ele fazia como jogador de futebol era muito fora do normal. Ele foi o maior numa era de jogadores de futebol espetaculares, e ele também foi o grande nome da seleção do Brasil em 1970, o melhor time que eu já vi jogar.

Arsène Wenger (ex-treinador do Arsenal): O escolhido. O Rei Pelé cimentou o seu lugar na história.

Tite (Brasil, atual técnico): Você sabe o que eu faço quando uma pessoa tenta comparar alguém com o Pelé? Eu ouço, mas nem escuto. Entra por uma orelha e sai pela outra. Eles não sabem nada sobre a história dele, as qualidades dele. Não acompanharam o que ele fez. O Pelé era acima de todos os padrões normais, e não estou dizendo isso porque sou brasileiro. Aqueles que conhecem a história viram os seus gols, sua magnitude, sua coragem física. E agora vou falar como treinador: os méritos físicos individuais, as cabeçadas, o uso dos dois pés, a habilidade de passar e criar chances de gol, a competitividade, a força do salto. Encontre uma fraqueza para mim, porque para mim ele não tem nenhuma. Por isso, quem tenta compará-lo com os outros não tem credibilidade.

Em termos coletivos, o mesmo pode ser dito da seleção brasileira. Conforme os anos passaram, aquela equipe de 1970 entrou para a história como a melhor representação do que pode ser um time de futebol com mentalidade ofensiva. Meio século depois, ela ainda é considerada a régua pela qual todas as outras seleções devem ser medidas.

Gordon Banks (Inglaterra): A atuação do Brasil na Copa do Mundo de 1970 foi uma *master class*. Naquele dia [do título contra a Itália], o Brasil fincou firmemente sua bandeira no topo do futebol mundial, um ápice ao qual todas as outras equipes devem aspirar. Seu sucesso foi um triunfo para um futebol aventureiro da mais sublime qualidade. Aquele foi o dia em que a equipe mais voltada para o ataque que já se viu enfrentou o que possivelmente era a melhor defesa do mundo. O futebol de samba ganhou do *catenaccio* e fez os italianos comerem poeira. O triunfo do Brasil também foi o do Pelé e do futebol em geral.

Tostão (Brasil): Uma grande equipe acontece quando você monta um jogo coletivo com improvisos individuais, e foi isso que a seleção de 1970 fez. Nosso futebol foi considerado o melhor futebol de equipe de todos os tempos — para muitos, mas não todos — porque trazia, junto do jogo coletivo e da preparação física, improvisações individuais espetaculares. O que quero dizer é que quando você tem um grupo de grandes jogadores onde todos são altamente individualistas, você não tem uma grande equipe. O oposto também vale: não há sentido em ter um grupo maravilhosamente organizado se você não tem qualidade individual.

Bobby Moore (Inglaterra): Independentemente de qual fosse sua nacionalidade, não dava para evitar ficar maravilhado com esses gigantes do futebol sul-americano que faziam arte pura, de forma simples e com alegria.

Roberto Matosas (Uruguai): No México, em 1970, enfrentamos um time que tinha tudo, principalmente do meio do campo para a frente. Somente na Copa do Mundo de 1982, na Espanha, o Brasil teve um time com tantos grandes jogadores quanto em 1970. Era uma ótima equipe. Eu acho que eles influenciaram treinadores em todo o mundo, que queriam que seus times jogassem como o Brasil. Eu acho que a Holanda se inspirou muito nesse Brasil.

Talvez por apresentar tantos grandes jogadores (ou justamente por isso), a qualidade tática e de preparação do Brasil para aquele Mundial foi muitas vezes subestimada. Muita gente achou que o Brasil havia vencido a Copa do Mundo porque tinha os melhores jogadores. Mas os próprios atletas sabiam que era mais do que isso. A perspicácia tática de Zagallo foi frequentemente minimizada, apesar de Tostão — o mais lúcido dos analistas — ter descrito seu trabalho como muito à frente de seu tempo.

Tostão (Brasil): O Zagallo, para a época, estava muito à frente dos outros treinadores, porque além de ter sido um jogador muito inteligente, era extremamente obsessivo com táticas, algo que naquela época sempre era deixado meio de lado. Com o passar do tempo, outros treinadores o superaram, mas em 1970 ele foi um treinador extremamente importante e inovador. Usava botões coloridos para nos mostrar o posicionamento e a movimentação dos jogadores. Insistia que quando perdêssemos a bola tínhamos de ter os três meios-campistas [Clodoaldo, Gérson e Rivellino] na frente dos zagueiros. Se um dos três estivesse avançado e não tivesse tempo de voltar, então um dos três atacantes [Pelé, Jairzinho ou eu] tinha que voltar para marcar. Frequentemente, era o Jairzinho que fazia esse papel, usando sua velocidade na direita para voltar e formar uma linha de quatro no meio de campo. A intenção de Zagallo era repetir o esquema tático que usava no Botafogo, onde se marcava mais atrás para ter uma melhor chance de contra-ataque.

Carlos Alberto Parreira (preparador físico do Brasil em 1970): Ele foi um grande estrategista. Taticamente, o Zagallo mudou a seleção de uma forma que ninguém podia ter imaginado, dando equil à equipe, e isso foi crucial para o nosso triunfo.

Anatoly Byshovets (URSS): A formação tática que usaram naquela Copa do Mundo foi perfeita para eles — o 4-3-3 com o Clodoaldo sendo um meio-campista central defensivo, que não apenas interrompia os ataques adversários como também permitia as funções de ataque do Gérson e do Rivellino. A formação foi essencial para essa equipe. A mudança tática do 4-2-4 para o 4-4-2 e depois para o 4-3-3 foi um golpe de mestre. Nós sabíamos que não tínhamos chance de vencê-los, não acho que nenhum time no mundo na época teria alguma chance. Eu diria que a seleção do Brasil na Copa do Mundo de 1970 foi o melhor time da história do futebol.

Tostão (Brasil): Naquela época, a tática no Brasil não era como hoje, quando passamos o dia inteiro falando sobre tática na televisão, sobre os treinadores e tudo o mais. Antes da Copa do Mundo, as pessoas desprezavam táticas no futebol brasileiro, porque era uma coisa vista como de menor importância. Então, isso foi um avanço, um avanço muito importante. Muitas coisas que imaginávamos que iam acontecer realmente aconteciam no campo. Apesar de tudo isso, a geração de hoje — o que você ouve na televisão, nos bares etc. — entendeu tudo errado: existe essa ideia de que o time de 1970 foi espetacular porque os jogadores tinham liberdade em campo para fazer o que quisessem. E isso não era assim. Era um jogo totalmente coletivo, todo organizado.

Zagallo (Brasil): Nossa equipe de 1970 foi muito moderna, jogamos um futebol coeso, sólido, em bloco, defendendo em grupo e atacando em grupo, reunindo a segurança e a força do futebol europeu com o tipo de liberdade que você só vê em jogadores brasileiros.

Talvez ainda mais importante tenha sido a preparação física que permitiu ao Brasil acelerar o ritmo quando outras equipes estavam perdendo força. De todas as reveladoras estatísticas envolvendo a Copa do Mundo do México, uma das mais impressionantes resume bem a resistência superior dos atletas brasileiros: de seus dezenove gols no torneio, doze vieram no segundo tempo.

Carlos Alberto Parreira (Brasil): Nosso treinamento desde o início até o último jogo do torneio foi inovador. E se tornou uma referência para o futebol. Ainda hoje, perguntam sobre o trabalho que fizemos. Para a Copa do Mundo, foram cerca de quatro meses de trabalho árduo. Cada jogador recebeu a sua carga de trabalho específica.

Tostão (Brasil): Até a Copa de 1970, o futebol brasileiro era considerado um jogo de habilidade e craques, mas inconsistente quando se tratava de eficiência. Era um futebol feito para divertir, dar show, mas sem a consistência de um jogo vencedor. Entre 1962 e 1970, o futebol europeu evoluiu, especialmente na Inglaterra. E o Brasil ficou fora desse movimento em 1966. Todo mundo só falava sobre como o futebol europeu era mais objetivo e que faltava ao futebol brasileiro força e resiliência física. Mas os preparativos para a Copa de 1970 foram ótimos. Nosso grupo teve acesso a estudos sobre preparação física e foi elaborado um programa específico para a altitude do México que era extremamente moderno para a época. Então o Brasil, além de vencer, mostrou um grande trabalho em equipe, mostrou um futebol coletivo, não apenas individualidades. Foi exatamente o oposto. Todos estávamos extremamente bem preparados fisicamente. Foi uma revolução no futebol brasileiro.

Carlos Alberto Parreira (Brasil): A seleção teve força para se impor graças à nossa preparação física. Isso ficou muito claro na vitória sobre a Inglaterra, mas também em outros jogos em que a equipe se manteve forte no segundo tempo.

Para os jogadores da equipe, foi uma experiência que mudou suas vidas — mesmo aqueles que não jogaram um minuto sequer.

Ado (Brasil): Minha vida mudou. Aonde quer que eu vá, sou bem-vindo. Mas ninguém mais me reconhece na rua. Eu sempre preferi ficar longe dos holofotes. Quando as pessoas olhavam para mim, eu realmente não gostava. Quando ia ao cinema, todos queriam meu autógrafo, nos restaurantes também. E eu ficava pensando: eu realmente mereço tudo isso?

Dadá Maravilha (Brasil): Eu era um ser humano comum antes do título de 1970. Depois disso, me tornei um mito. Virei um santo. A única coisa que faltava era ser canonizado. Onde quer que a gente fosse, éramos respeitados e as pessoas demonstravam afeto. Eu me tornei uma personalidade. Cheguei ao ponto de ter que me beliscar. "Esse Dadá que eles estão falando é realmente eu?"

Pelé (Brasil): Há muitos vídeos disponíveis e vários programas de TV reprisam as partidas, então eu assisti aos jogos. E vou dizer uma coisa: se eu não tomo cuidado, começo a chorar. Quando vejo aqueles jogadores e as pessoas torcendo por mim, fico emotivo. Eu sou um cara sensível!

Tostão (Brasil): Muitos jovens hoje, que só viram os destaques dos jogos de 1970, dizem que o time era muito bom, até excelente, mas não tanto quanto se dizia. O piloto de corrida Nelson Piquet disse uma vez que preferia o time de 1994 ao time de 1970. Outros, geralmente idosos ou nostálgicos, dizem que a seleção de 1970 fica melhor a cada vez que eles a veem. E eu entendo. Quando ouço músicas antigas do Tom Jobim ou do Chico Buarque, também acho que são as melhores.

Bibliografia

Playing Extra Time, Allan Ball
Banksy, Gordon Banks
My English Years: The Autobiography, Bobby Charlton
Back Home, Jeff Dawson
Ich bin doch kein Tor, Sepp Maier
Moore on Mexico, Bobby Moore
Lembranças, opiniões e reflexões sobre futebol, Tostão
Pelé: A autobiografia, Pelé
Pelé: My Life and the Beautiful Game, Pelé e Robert L. Fish
Pelé: Why Soccer Matters, Pelé e Brian Winter
Mexico 70, Martin Peters
Danke, Fußball!, Uwe Seeler
After the Ball: My Autobiography, Nobby Stiles
As lições da Copa, Zagallo

Índice onomástico

A

Alemanha Ocidental
Berti Vogts 29, 30, 37, 39, 142, 146, 147, 148, 149, 151, 152, 154, 155, 200, 201, 210, 231, 232, 233, 238, 245, 314
Gerd Müller 146, 147, 148, 149, 151, 152, 154, 200, 201, 217, 218, 219, 222, 235, 239, 240, 242, 244, 247
Jürgen Grabowski 148, 200, 201, 202, 205, 209, 210, 212, 213, 218, 235, 238
Karl-Heinz Schnellinger 200, 201, 214, 215, 231, 235, 236, 238
Sepp Maier 29, 146, 147, 200, 201, 206, 207, 208, 215, 220, 233, 234, 235, 238, 240, 241, 243, 245, 246
Sigfried Held 148, 149, 235, 238, 239, 240, 241, 246
Uwe Seeler 29, 146, 148, 151, 152, 155, 199, 200, 201, 208, 211, 212, 214, 215, 216, 217, 218, 219, 220, 222, 226, 232, 233, 234, 235, 239, 240, 241, 242, 243, 244, 247
Wolfgang Overath 29, 30, 37, 146, 148, 149, 151, 152, 153, 154, 201, 202, 205, 209, 210, 214, 215, 216, 217, 218, 220, 224, 233, 234, 235, 236, 238, 239, 240, 241, 242, 245, 246, 319

B

Bélgica
Wilfried Van Moer 21, 39, 64, 65, 68, 69, 70, 71, 72

Brasil
Ado 117, 125, 261, 263, 272, 279, 280, 287, 302, 303, 304, 306, 323

Baldocchi 307
Carlos Alberto 41, 48, 108, 115, 116, 119, 120, 259, 261, 262, 263, 264, 266, 272, 286, 289, 290, 291, 294, 295, 296, 298, 303
Carlos Alberto Parreira 186, 289, 321, 323
Clodoaldo 101, 113, 162, 259, 260, 261, 262, 263, 264, 265, 266, 267, 284, 285, 286, 287, 289, 315, 321, 322
Dadá Maravilha 264, 298, 302, 323, 324
Edu 100, 120, 261, 295, 316
Emerson Leão 306
Félix 43, 47, 100, 118, 119, 120, 121, 123, 124, 125, 131, 188, 260, 261, 263, 264, 267, 272, 284, 285
Gérson 46, 48, 49, 101, 184, 186, 188, 191, 192, 193, 258, 260, 261, 262, 263, 264, 265, 266, 272, 286, 287, 289, 291, 303, 305, 313, 314, 321, 322
Jairzinho 101, 104, 106, 115, 120, 121, 122, 123, 124, 125, 130, 188, 193, 206, 262, 263, 267, 272, 279, 286, 287, 289, 290, 301, 313, 314, 321
Pelé 43, 46, 47, 48, 79, 90, 97, 100, 101, 104, 106, 107, 108, 109, 110, 111, 112, 113, 114, 115, 116, 117, 119, 120, 121, 122, 123, 124, 125, 126, 128, 129, 130, 131, 183, 184, 185, 187, 188, 193, 204, 253, 256, 257, 258, 259, 260, 261, 262, 263, 265, 266, 267, 268, 269, 272, 273, 279, 280, 282, 283, 284, 285, 286, 287, 288, 289, 290, 294, 296, 297, 298, 301, 303, 305, 313, 314, 315, 316, 317, 318, 319, 320, 321, 324
Piazza 43, 48, 110, 123, 125, 257, 265, 295, 296, 307, 318
Rivellino 42, 43, 100, 101, 110, 121, 162, 187, 193, 264, 266, 283, 286, 287, 290, 295, 303, 313, 314, 315, 318, 321, 322
Tostão 42, 46, 47, 48, 112, 121, 122, 123, 124, 186, 187, 188, 192, 193, 263, 264, 267, 279, 289, 290, 295, 298, 313, 314, 315, 319, 320, 321, 322, 323, 324
Zagallo 42, 43, 46, 47, 97, 106, 107, 108, 109, 110, 123, 185, 186, 187, 188, 190, 253, 256, 257, 258, 259, 260, 261, 263, 264, 265, 266, 269, 280, 285, 286, 289, 290, 301, 302, 303, 304, 316, 318, 321, 322
Zé Maria 42

Bulgária
Dimitar Penev 32, 33, 36, 141, 142, 144, 152, 153, 156

E

El Salvador
Mario Monge 23, 65
Mauricio Rodríguez 22, 23, 24, 64, 65, 66, 67, 69, 74
Salvador Mariona 23, 66

I

Inglaterra
Alan Ball 56, 99, 111, 112, 113, 121, 123, 125, 132, 133, 134, 206, 210, 212, 218, 219, 221, 223, 225, 226
Alan Mullery 98, 113, 114, 121, 124, 206, 207, 210, 213, 215, 221, 223, 317
Alex Stepney 106, 203, 204, 205, 221
Allan Clarke 39, 99, 131, 132, 133, 134, 205, 213, 222
Bobby Charlton 50, 51, 52, 53, 54, 56, 57, 101, 105, 108, 111, 118, 121, 125, 126, 128, 133, 200, 204, 205, 206, 207, 208, 209, 210, 211, 212, 213, 214, 215, 216, 218, 220, 222, 224, 225
Bobby Moore 49, 50, 51, 52, 53, 54, 55, 56, 98, 99, 100, 105, 107, 113, 115, 117, 118, 123, 124, 126, 132, 133, 134, 208, 216, 218, 219, 220, 223, 283, 291, 313, 315, 320
Francis Lee 99, 110, 111, 113, 118, 119, 120, 125, 126, 204, 205, 206, 207, 211, 213, 217, 223, 225
Gordon Banks 49, 50, 52, 53, 54, 56, 99, 105, 106, 111, 112, 113, 115, 116, 117, 118, 119, 121, 123, 124, 126, 128, 133, 134, 202, 203, 204, 205, 206, 208, 210, 211, 214, 215, 222, 223, 224, 318, 320
Jack Charlton 106, 121, 126, 128, 132, 134, 216
Martin Peters 35, 52, 54, 70, 101, 105, 109, 120, 121, 122, 124, 125, 128, 133, 199, 201, 204, 206, 207, 208, 209, 210, 212, 213, 215, 219, 220, 221, 222, 223, 225, 317, 318
Nobby Stiles 41, 51, 57, 114, 117, 126, 204, 209, 216, 222
Peter Bonetti 27, 204, 205, 210, 211, 214, 215, 217, 222, 224
Terry Cooper 111, 122, 123, 124, 126, 128, 213

Israel
Giora Spiegel 85, 89
Mordechai Spiegler 26, 80, 81, 85, 86, 87, 89, 90, 92
Shmuel Rosenthal 26, 80
Yehoshua Feigenbaum 25, 26, 89
Yochanan Vollach 25, 86
Zvi Rosen 25, 89

Itália
Angelo Domenghini 31, 83, 84, 89, 173, 174, 234, 238, 287, 299, 300, 314, 317
Enrico Albertosi 84, 91, 173, 174, 235, 236, 239, 240, 242, 246, 281, 283, 285, 288, 289, 291, 299, 300
Giacinto Facchetti 89, 161, 282, 284, 286, 289
Gianni Rivera 84, 173, 174, 240, 242, 243, 245, 299, 300
Sandro Mazzola 30, 37, 83, 84,

México 70 **333**

172, 173, 174, 176, 231, 232, 236, 240, 244, 245, 246, 281, 282, 283, 287
Tarcisio Burgnich 172, 175, 176, 177, 178, 231, 238, 240, 241, 243, 244, 246, 281, 283, 284, 285, 286, 288, 291, 299, 319

M

Marrocos
Allal Ben Kassou 34, 146, 147, 149, 155
Said Ghandi 147, 150

México
Alberto Onofre 19, 20, 21
Gustavo Peña 70, 71
Ignacio Calderón 19, 20, 62, 63, 65, 67, 70, 71, 72, 171, 172, 174, 175, 177
Javier Valdivia 20, 21, 61, 62, 66, 70, 72, 172, 175, 176, 177, 317

P

Peru
Héctor Chumpitaz 143, 144, 145, 150, 155, 183, 184, 185, 186, 187, 188, 190, 191, 192
Hugo Sotil 144, 145, 154, 190, 193
Orlando de la Torre 186, 191
Teófilo Cubillas 144, 145, 154, 183, 184, 188, 190

R

Romênia
Alexandru Neagu 121
Angelo Niculescu 129
Mircea Lucescu 130
Necula Răducanu 129, 130, 131
Nicolae Lupescu 121, 129, 131

S

Suécia
Ronnie Hellström 27, 28, 36, 38, 81, 82, 83, 85, 86, 87, 88, 90, 91, 314, 318
Tommy Svensson 27, 38, 80, 82, 85, 86, 87, 88, 91, 314, 318

U

URSS
Anatoly Byshovets 39, 62, 63, 64, 68, 161, 162, 163, 164, 165, 322
Evgeny Lovchev 61, 62, 63, 162, 165

Uruguai
Ariel Sandoval 254, 267
Atílio Ancheta 254, 256, 257, 261, 266, 267, 269, 272
Dagoberto Fontes 79, 163, 269, 273
Ildo Maneiro 32, 79, 80, 84, 88, 163, 164, 254, 256, 266, 269, 273, 314

Juan Hohberg 32, 38, 163, 255, 273
Ladislao Mazurkiewicz 32, 80, 164, 256, 267, 268, 269
Luis Ubiña 32, 273
Roberto Matosas 31, 32, 38, 80, 81, 84, 89, 164, 255, 256, 258, 261, 267, 316, 321

Este livro foi composto nas fontes
Bembo Std [texto], Roboto Condensed [títulos]
e Mexcellent [título do livro], impresso
pela Lis Gráfica em papel Pólen Natural 80g
e diagramado pela BR75 texto | design | produção.
São Paulo, 2022